2016年2月6日，丁冰应中共中央办公厅、国务院办公厅邀请，参加在人民大会堂举行的春节团拜会留影。

1954年5月16日，丁冰在离开重庆市政府人事局时，调配科全体同志合影。
一排右起：王松美、冯世琛、×××、杨健坤、陈淑芳；
二排右起：孙仲华、丁冰（栾长暇）、刘承瑶、谢守言、周明体、田雁；
三排右起：王湘楠、×××、杨继明、高峰（科长）、郭扬。

1957 年元旦，丁冰在四川大学读书时留影。

1987 年 10 月，丁冰教授在家与到访的同窗挚友、地球物探专家黄作华教授合影。

1990 年 5 月，丁冰两名硕士研究生（前排左起：高翔、臧红）毕业论文答辩会全体成员合影。
后排左起（教授）：姚子范、杨国昌、詹君仲、丁冰。

1991年10月23日，丁冰教授（右4）在杨州瘦西湖与著名经济学家李宗正（右2）、蒋自强（右3）教授等合影。

1991年10月23日，丁冰教授在杨州瘦西湖与中共中央编译局著名资深翻译家周亮勋（中，副局长）、张钟朴（左）合影。

1994 年 4 月 1 日，丁冰教授（左）在国家教委社会科学发展研究中心举办的学术讨论会期间与著名经济学家刘涤源教授（中）、冯金华教授（右）合影。

1994 年 5 月 4 日，著名经济学家陶大镛教授的博士研究生赵春明论文答辩会全体成员合影。
前排左起（教授）：丁冰、赵春明（博士生）、陶大镛、朱绍文、杨德明；
后排左起（教授）：杨国昌、程树礼、詹君仲。

1999 年 9 月 4 日，在郑州举行的庆祝新中国成立五十周年国史学术讨论会上，丁冰和河南一些坚信马克思主义的老同志与马克思主义理论家、前中宣部部长邓力群同志合影。
左起：丁冰、梁心明、原虎林、朱丸如、邓力群、张倩夫、李寒。

2000 年 5 月 18 日，丁冰回母校四川大学与同窗好友欢聚合影。
左起：赵立人、张传文、陈世萍、罗节礼、丁冰、古竞成、李伯文、王淑惠、龙力、廖君沛。

2001 年 7 月 5 日，中华外国经济学说研究会主要领导祝贺著名经济学家、名誉会长高鸿业教授八十大寿合影。
右起：吴易风（会长）、丁冰（总顾问）、高鸿业、胡代光（名誉会长）、李翀（副会长兼秘书长）。

2001 年 12 月 6 日，由国家教委社科发展研究中心主办的，全国著名马克思主义经济学家参加的劳动价值论学术讨论会全体人员合影。
一排左起：张帆、丁冰、胡钧、卫兴华、高鸿业、胡代光、项启元、于祖尧；
二排左起：曹智伟、郭清杰、王群英、田心铭、李新中、樊建新、×××、×××、×××、丁堡骏。

2002 年 10 月，丁冰与原北京经济学院马列主义教研室同仁合影。
右起：祝文新、金方、丁冰。

2003 年 7 月 31 日，坚定的马克思主义学者在纪念毛泽东主席诞辰 100 周年学术座谈会上合影。
前排左起：丁冰、黄如桐、郑天翔、袁木、徐非光；
后排左 5 韩西雅。

2004 年 6 月 27 日，丁冰在昆明举行的学术研讨会上与参会代表合影。
左起：郭熙宝教授、丁冰教授、×××、徐光远教授。

2004年10月下旬，丁冰回重庆与原市行政干校老战友们欢聚合影。
前排左起：尹秀菊、陈文兰、徐大同、丁冰、文淑兰、兰庭洁；
后排左起：任群、孙绍文、任孝宁、陈定琛。

2005年1月21日，丁冰在商务印书馆副总编、原中华外国经济学说研究会总干事会干事胡企林八十大寿的庆祝会上，与商务印书馆同志们合影。
前排左起：丁冰、胡企林、王庆功；
后排左起：张胜纪（左2）、吴衡康（左3）、杨宝兰（左4）、胡企林夫人（左5）、张宗理（左6）。

2005 年 11 月 13 日，由深圳党校和深圳大学承办的中华外国经济学说研究会第十三次全国年会闭幕式上，研究会领导（教授）合影。
左起：徐长生、方福前、彭松建、郭熙宝、左大培、吴易风、陶一桃、胡代光、×××、杨致恒、丁冰、李翀、颜鹏飞、杨玉生、王振中、余文烈。

2006 年 5 月，丁冰在北京市郊参加会议后，参观太申祥和国际养老院后花园时与著名经济学家吴易风教授合影。

2006 年 10 月，丁冰陪同好友田雁同志（左）游览北京团结湖公园合影。

2007 年 7 月 17 日，丁冰参加新疆学术讨论会后，与新疆师范大学司正家教授（右）、李全胜教授（左）在吐鲁番火焰山前合影。

2007 生 7 月 18 日，丁冰参加新疆学术讨论会后，与参会的各地经济学家在天池贵宾室合影。
左起：郭熙宝、杨玉生、陈栋生、丁冰、马颖、李品（董事长）。

2009年6月，丁冰教授（左）在中国人民大学明德楼办公室与两任会长胡代光教授（中）、吴易风教授（右）合影。

2011 年 4 月 23 日，在中国社会科学院举行的学术讨论会上，丁冰教授与中共中央党校资深教授吴健合影。

2015 年 5 月中旬，丁冰在家与毕业来访的硕士、博士学生们热议自己的新著《国内外若干经济热点问题探析》。
右起：刘向军、李春风、韩婧、车卉淳（博士）、韩学丽（博士）、丁冰。

2016 年 2 月 6 日，丁冰（右 3）应中共中央办公厅、国务院办公厅的邀请，在人民大会堂出席春节团拜会。右 4 为国家电网总工程师张启平同志。

2018 年 5 月 11 日，丁冰在纪念陶大镛先生诞辰 100 周年研讨会上发言。

丁冰在纪念陶大镛先生诞辰 100 周年研讨会议上与参会者合影。
前排左起：詹君仲、王同勋、程树礼、贺永清、孙红培（北师大党委副书记）、牛平清（陶先生夫人）、丁冰、宋慰祖（民盟北京市委副主任）、王志伟、李翀；
二排左起：赖得胜（左 4）、宿景祥（左 9）、沈越（左 12）、关雪凌（左 13）、赵春明（左 14）、申杲华（左 15）。

丁冰在纪念陶大镛先生诞辰 100 周年研讨会议上与詹君仲教授合影。

2019 年 1 月 17 日，丁冰夫妇和外甥游树丰夫妇及家人合影。

2019 年 2 月 19 ～ 23 日，丁冰（左 5）同顾凌英、丁又锋、丁海、李琢等家人游览粤港澳大湾区期间，与同窗老友、著名力学家薛大为教授（左 4）、王仪德、王钧等家人合影。

2019 年 2 月 22 日，丁冰同家人进入大湾区跨海大桥港口——拱北口岸合影。

2019 年 3 月 2 日，丁冰教授在中国社会科学院学术研讨会上与何干强教授合影。

2019 年 5 月，丁冰、顾凌英与车卉淳教授（左）在北京物资学院合影。

2019 年 6 月 1 日，丁冰教授应邀参加在中国社会科学院举行的中国政治经济学学会学术讨论会后，与会长、著名经济学家程恩富教授共进午餐。

丁冰教授在中国政治经济学学会学术讨论会后，与厦门大学原党委书记、资深教授吴宣恭合影。

丁冰教授在中国政治经济学学会学术讨论会前，与著名经济学家周新城教授（中）、文魁教授（右）合影。

2019 年 10 月 23 日，首都经济贸易大学经济学院退休职工党支部教师合影。
前排左起：濮晔、朱伟奇、丁冰、王利、安燕、解小娟；
后排左起：胡少平、 高福来、高永健、蒋东生、廖明球、艾春歧。

丁冰全家福（2019 年 2 月 4 日除夕）。

丁冰自选集

丁冰◎著

首都经济贸易大学出版社
Capital University of Economics and Business Press
·北京·

图书在版编目（CIP）数据

丁冰自选集/丁冰著 . --北京：首都经济贸易大学出版社，2020. 4

ISBN 978-7-5638-3069-5

Ⅰ. ①丁…　Ⅱ. ①丁…　Ⅲ. ①经济学—文集　Ⅳ. ①F0-53

中国版本图书馆 CIP 数据核字（2020）第 027024 号

丁冰自选集

丁冰　著

DINGBING ZIXUANJI

责任编辑　洪　敏

封面设计　砚祥志远 · 激光照排 TEL：010-65976003

出版发行　首都经济贸易大学出版社

地　　址　北京市朝阳区红庙（邮编 100026）

电　　话　（010）65976483　65065761　65071505（传真）

网　　址　http//www. sjmcb. com

E-mail　publish@cueb. edu. cn

经　　销　全国新华书店

照　　排　北京砚祥志远激光照排技术有限公司

印　　刷　北京九州迅驰传媒文化有限公司

开　　本　710 毫米×1000 毫米　1/16

字　　数　378 千字

印　　张　21. 5

彩　　插　24 页

版　　次　2020 年 4 月第 1 版　2020 年 4 月第 1 次印刷

书　　号　ISBN 978-7-5638-3069-5

定　　价　82. 00 元

前言

本书是我继《丁冰学术文选》（2004）、《中国经济热点问题研究》（2010）、《国内外若干经济热点问题探析》（2013）、《从中国走向世界》（2017）之后的第五本论文选集性的学术著作，名曰《丁冰自选集》，也是我一生最后一本“选集性的学术著作”。唯其是最后一本，自然就与前4本具有鲜明的不同特点，即除了有已公开发表的重要论文外，还列入了我一生90年来共约4万字的传记和全部论著作品清单，以便长辈、领导、同志、朋友们和广大读者对我有个全面的了解和做出批评指正；同时已选入的最近一两年公开发表或写成的一些重要论文，主要也是力图用我一生主要从事的经济学（包括马克思主义经济学和以马克思主义为指导分析研究的西方经济学）专业为工具，来观察判断当前国内外经济政治形势，从而选准努力的方向和应有对策，聊以此对社会尽自己最后的绵薄之力。本书共分五篇，相互联系，浑然一体，共同表达这一心愿。

第一篇名为“高举习近平新时代中国特色社会主义思想伟大旗帜奋勇前进”，意在说明，我们只要坚持作为21世纪中国化的马克思主义一系列基本原理——不含糊、不动摇的习近平治国理政思想，切实坚持以公有经济为主体的中国特色社会主义道路，最终共产主义远大理想就一定能够实现。其中：

《中华民族伟大复兴的中国梦必将计日程功》，乃从中国曾有“辉煌的过去”“中国拥有独特的经济政治制度优势”“对生产力和科技拥有巨大后发优势和发展潜力”“中国拥有深厚而巨大的独立自主的科技创新潜力”“我国现正处于第五个长波上升期”等五个方面充分阐明了，如果不发生大战等意外的干扰，或者即使发生也能因应以对，我们党为远大理想而提出的在近期实现中华民族伟大复兴的目标，就一定能计日程功。

《重读列宁〈国家与革命〉有感》，是为纪念伟大的十月革命胜利100周年而写的文章。其意在说明，我国之所以能有今天这样蒸蒸日上的大好局面，就是由于中国共产党从诞生之日起，一直在马克思列宁主义的指导下，沿着伟大十月革命的道路前进，并且紧密结合中国实际和国内外形势的发展，创造性地提出了毛泽东思想和中国特色社会主义理论体系，开辟出继续迈步前行的中国特色社会主义道路。当前，我国继续坚持走十月革命和中国特色社会主义道路所需注意的四个问题是：一是必须牢记坚持公有制经济主体地位是坚持中国特色社会主义的生命线，二是必须重视当前我国政府高额债务的隐患，三是认真准备应对和防控智能机器人的挑战，四是应高度警惕陷入“修昔底德陷阱”。

《试析“一带一路”与中国特色大国外交的关系》，旨在说明，在当前世界面临百年未有的大发展、大变局、大调整，各国竞争日趋激烈，单边主义、保护主义、霸凌主义重新抬头的形势下，中国倡导的以严格遵守平等互利、合作共赢、坚持以共商共建共享的“一带一路”为基础的大国外交，必将有力地推进人类命运共同体的发展和最终实现。因此，如果说我们坚持以习近平新时代中国特色社会主义思想为指导，在国内必将实现中华民族伟大复兴的近期目标；那么，在国际上也必将实现人类命运共同体，及至世界大同和共产主义远大理想。

第二篇名为“坚持‘一分为二’正确对待西方经济学”，意在说明，作为西方资本主义国家意识形态的西方经济学，既有务实可取、可参考借鉴之处；同时也更有反映资产阶级剥削压迫利益的阶级意识形态因素。后者随着中国经济的快速发展，其理论也日益难以服人。正如习近平同志最近指出的："一些外国学者认为，中国的快速发展，导致一些西方理论正在被质疑，一种新版的马克思主义理论正在颠覆西方的传统理论。"① 因此我们一定要坚持"四个自信"，坚持以马克思主义为指导，实事求是"一分为二"的科学态度，正确对待西方经济学，切忌盲目崇拜或全盘照搬西方经济学。本篇收入的文章，除两篇译文可供阅读分析外，其余3篇文章都是按照"一分为二"的原则来处理的，特别指出了吴易风教授的《吴易风文集》在这个问题上给我们做出了榜样。马克思主义从来就是在不断争论中得到坚持和发展的，因此面对当今强劲的西方经济学国际思潮，我们只有逆势而上，正确对待它，而不是回避它，才能真正坚持和发展马克思主义。

第三篇名为"缅怀伟人和先贤"，是为缅怀伟大领袖毛主席和陈岱孙、陶大镛、胡代光、高鸿业4位前辈著名经济学家而写的文章。他们在创造性地发展马克思主义经济学方面，或者是有独创系统性的重大发展，或者是以"一分为二"的科学态度正确对待西方经济学，从而在坚持和发展马克思主义经济学方面做出了不同程度的重要贡献。笔者在此著文怀念他们的目的就是要继承、学习他们所做出的这些重大贡献和留下的宝贵精神财富，用以更好地理解、丰富、贯彻、落实习近平新时代中国特色社会主义思想，更好地坚持走中国特色社会主义道路，实现"两个一百年"的中华民族伟大复兴的中国梦和最终的共产主义远大理想。

第四篇名为"丁冰自传"，顾名思义，就是要实事求是地叙述自己90年来的成长发展历程，印证一个人要真正对社会主义事业有所贡献，就必须坚持马克思主义。我生在旧社会，长在新中国，1949年11月30日我老家重庆刚解放约一个月后，就正式退学参加革命工作。从此我一直在新中国的革命大家庭里，在党的亲切培养教育下，随着新中国的前进步伐而不断成长发展起来。因此，完全可以说，没有新中国，没有共产党，就没有我的今天。我几十年成长发展的历程与其他任何事物的发展一样，不可能总是一帆风顺

① 习近平：《关于坚持和发展中国特色社会主义的几个问题》，《求是》2019年第4期。

的，而是在不断总结经验教训中螺旋式发展的。我的主要经验可归结为一句话：“乱云飞渡遮望眼，紧盯马列指航程。”

第五篇名为“丁冰作品年表”，梳理了本人一生的著作与论文，帮助读者了解我一生的学术生涯与贡献。

不当之处，请读者不吝批评指正。谢谢！

目录

第一篇　高举习近平新时代中国特色社会主义思想伟大旗帜奋勇前进

一、中华民族伟大复兴的中国梦必将计日程功

——学习党的十九大精神的一点体会　/　3

（一）中国辉煌的过去　/　3

（二）中国拥有独特的经济政治制度优势　/　4

（三）中国对生产力和科技拥有巨大后发优势和发展潜力　/　7

（四）中国拥有深厚而巨大的独立自主的科技创新潜力　/　9

（五）中国正处于第五个长波的上升期　/　16

二、重读列宁《国家与革命》有感

——纪念伟大十月革命胜利100周年　/　20

（一）《国家与革命》的基本内容和中心思想　/　20

（二）伟大十月革命对中国的重大影响　/　22

（三）《国家与革命》对十月革命道路并非平坦之途的原因分析　/　24

（四）苏联的兴衰史　/　26

（五）“民主社会主义”与“欧洲共产主义”的失败　/　29

（六）坚持中国特色社会主义道路 / 33
三、试析"一带一路"与中国特色大国外交的关系 / 44
（一）帝国主义国家以对外经济扩张为基础的对外政策 / 44
（二）"一带一路"基础上的中国特色大国外交思想 / 46
（三）打造新型"伙伴关系网络"，构建人类命运共同体 / 47
（四）结语 / 53

第二篇 坚持"一分为二"正确对待西方经济学

一、《政治经济学原理的历史考察》绪论 / 57
（一） / 57
（二） / 59
（三） / 63
（四） / 70
（五） / 73
（六） / 78
（七） / 84
（八） / 87
（九） / 90
二、浅谈新经济对西方经济理论的挑战 / 93
（一）对生产要素理论的影响 / 94
（二）对成本、收益变动理论的影响 / 95
（三）对传统均衡价格理论的挑战 / 96
（四）外生经济增长理论向内生增长理论发展 / 97
（五）新经济使传统的菲利普斯曲线理论失灵 / 97
（六）新经济使经济周期理论发生了新的变化 / 98

三、吴易风教授是怎样正确对待西方经济学的
——简评《吴易风文集》 / 100
（一）理论的系统性 / 101
（二）理论的彻底性 / 102
（三）理论的坚定性 / 103
（四）理论的实践性 / 107
（五）理论的创新性 / 107
四、译文 / 110
（一）凯恩斯政策思想的发展 / 110
（二）发展中国家政府贸易组织之间的合作 / 122

第三篇 缅怀伟人和先贤

一、毛泽东同志对马克思主义政治经济学的伟大贡献
——纪念伟大领袖毛主席诞辰126周年 / 127
二、正确对待西方经济学，坚持为我国社会主义改革开放事业服务
——缅怀陈岱孙教授逝世22周年 / 133
（一）如何正确对待西方经济学 / 134
（二）在清除“精神污染”形势下及时发出有力之声 / 136
（三）在20世纪90年代多次强调反对盲目崇拜西方经济学 / 137
（四）为丁冰主编的《现代西方经济学说》作序 / 138
三、陶大镛先生百年诞辰纪念讨论会暨新时代理论经济学学科
建设论坛上的发言 / 141
四、名师仙逝 风范长存
——纪念胡代光教授诞辰100周年 / 143
五、为人谦逊 淡泊名利 光耀照人
——纪念高鸿业教授逝世12周年 / 149

第四篇 丁冰自传

一、青少年时期 / 155
(一) 我的老家 / 155
(二) 从小学到国立十二中 / 155
(三) 从重庆市中到青木关中学 / 156
(四) 进重大(重庆大学),迎解放 / 157
二、离开重庆大学,参加工作初期 / 159
(一) 退学进银行 / 159
(二) 紧张狼狈工作的第一天 / 160
(三) 从川东分行转入重庆分行 / 161
(四) 干劲冲天"风华正茂"的日子 / 162
(五) 温暖的人事局 / 163
(六) 开始从事教育事业 / 164
(七) 决心重上大学 / 165
三、重上四川大学读书时期 / 167
(一) 初进川大友人送温暖 / 167
(二) 整风反右风暴进校园 / 167
(三) 热火朝天"大跃进",全班同学写书忙 / 168
(四) 睡通铺,吃大锅饭,丰产不丰收 / 170
(五) 尊敬老师是我的本分 / 171
(六) 初试讲台,教学信心大增 / 171
四、进北京劳动学院 / 173
(一) 统一分配到北京 / 173
(二) 建立温暖的小家庭 / 174
(三)"文化大革命"的冲击 / 174

（四）冷静思考，抓紧一切机会读经典　/　175
五、下放河南“五七干校”　/　177
（一）住场院茅草屋，半夜开天窗　/　177
（二）自力更生，“飞车”运石头　/　179
（三）迁北河，进厨房，大显身手　/　180
（四）迁罗山，游武汉，当上了“插秧标兵”和猪班副班长　/　181
（五）奔走相告：林彪摔死了　/　182
六、回北京，重登讲台，干劲倍增　/　185
（一）给社会单位上课，从早讲到晚，不知累　/　185
（二）编写马列经典著作辅导教材　/　186
（三）重新调整学术活动的主攻领域　/　187
（四）积极准备经济学说史教材，幸遇高人高论　/　187
七、党的十一届三中全会后学术活动的新征程　/　189
（一）参加小型学术座谈会，为评价西方经济学定调　/　189
（二）1980 年开始为经济系应届生讲授经济学说史　/　190
（三）我是改革开放的受益者　/　190
（四）积极参加外国经济学说研究会活动　/　191
（五）和蔼可亲的老局长——田伯萍　/　192
（六）学术成果初显　/　193
（七）喜有新的学术阵地——国家教委社会科学发展研究中心　/　196
（八）主编出版《现代西方经济学说》　/　198
（九）参加“九五”规划重点项目“马克思主义经济学体系的继承与创新”的研究撰稿工作　/　201
（十）参加中国史学会庆祝新中国成立 50 周年活动　/　202
八、进入新世纪的学术活动　/　205
（一）任中华外国经济学说研究会总顾问　/　205

（二）中华外国经济学说研究会进入欣欣向荣发展时期 / 206
（三）修订再版《现代西方经济学说》和主编“现代外国经济学大系”丛书 / 207
（四）加强与国史学会和《中华魂》杂志的联系 / 208
（五）主要学术活动阵地转向中国社科院 / 210
（六）进入几十位著名学者纵论天下大事的行列 / 211
（七）“一带一路”是构建人类命运共同体的有效途径 / 212
（八）难忘两本期刊的热情支持 / 213
（九）参加《马克思主义大辞典》的审改工作 / 215
（十）补充三个京外有关的重要人物 / 216
九、结束语 / 219
附录　自传补充参考资料 / 223
（一）社会兼职 / 223
（二）难忘育我成长的摇篮——青木关中学 / 224
（三）青中的点滴回忆——穆松学社与驱赶汪仁培揭秘 / 230
（四）1977 年畅游江南小记 / 232
（五）我一生的四个高度 / 264
（六）丰富的退休生活——2013—2019 年 / 266

第五篇　丁冰作品年表（1959—2020）

一、著作类 / 297
二、论文与译文类 / 303

后记 / 329

第一篇

高举习近平新时代中国特色社会主义思想伟大旗帜奋勇前进

一、中华民族伟大复兴的中国梦必将计日程功

——学习党的十九大精神的一点体会

2017年10月，党的十九大提出，新时代中国特色社会主义的总任务是实现社会主义现代化和中华民族伟大复兴。即从现在起，经过三年精准脱贫攻坚，将在全面建成小康社会的基础上，分两步走，到21世纪中叶，把我国建设成为富强、民主、文明、和谐、美丽的社会主义现代化强国，实现中华民族伟大复兴的中国梦。这是以习近平同志为核心的党中央，根据对国内外形势和条件的深刻分析、准确判断而提出来的宏伟目标，并向全党全国人民发出的为此宏伟目标继续艰苦奋斗的动员令。笔者相信，只要上下团结一心，不畏艰险，努力奋斗，这个宏伟目标就必将计日程功。根据何在？本文拟就此从经济与现实的条件出发，略抒管见，以就教于专家和读者。

（一）中国辉煌的过去

中国是一个拥有5 000年优秀文化传统的文明古国。在公元前221年秦始皇统一六国，中国就成为全球最早实现由奴隶社会进入封建社会的先进文明国家；曾有汉唐盛世，四方来朝，俨若世界文明中心；推动人类文明发展的纸张、火药、指南针、印刷术四大发明，也出自中国。只是到中世纪以后，欧洲列强在中国四大发明等先进技术的启示下，进一步发明出热兵器和远航利舰，特别是随着15世纪新大陆的发现，开辟了新的世界市场，它们

杀人越货，残酷掠夺原始、弱小民族才逐渐强盛起来，迎来了新的资本主义时代。马克思说："火药、指南针、印刷术——这是预告资产阶级社会到来的三大发明。火药把骑士阶层炸得粉碎，指南针打开了世界市场并建立了殖民地，而印刷术则变成新教的工具，总的来说，变成科学复兴的手段，变成对精神发展创造必要前提的最强大的杠杆。"① 世界格局在几百年间沧桑巨变，中国的经济、政治和科学技术，却由于长期受到较完备的封建制度的束缚而相对进步缓慢或停滞。到 1840 年鸦片战争之后，中国更是受尽西方列强的欺凌，而逐渐陷入半殖民地半封建的困境。但即便如此，在鸦片战争爆发前 20 年的 1820 年，中国经济发展的水平，按购买力平价计算，GDP 约占全球的 30%②，位居世界榜首。当然，这与中国是一个地大物博、人口众多的国家有关，但毕竟说明，中国凭着人多地广等独特优势，特别是在当前已走上了唯一符合我国国情的中国特色社会主义的康庄大道，只要全民团结起来，努力奋斗，就完全有可能，也应该重登世界大国、强国的位置，实现中华民族伟大复兴的中国梦。

（二）中国拥有独特的经济政治制度优势

经济增长的速度和规模水平，主要是由一定生产力与相应的生产关系和经济政治制度在辩证统一的矛盾运动中共同作用决定的。

从生产关系和经济政治制度方面看，人类经历的五种社会形态的生产力总是后者超过前者。例如，资本主义社会的生产力就超过之前的一切社会的生产力。正如马克思、恩格斯在 1848 年说的："资产阶级争得自己的阶级统治地位还不到 100 年，它所造成的生产力却比过去世世代代总共造成的生产

① 马克思、恩格斯:《马克思恩格斯全集》第47卷. 人民出版社，1979年版，第427页。

② 经济学家安格斯·麦迪逊估计数据（转引自英国《经济学家》周刊网站2014年8月22日文章:《捕捉老鹰》）。

力还要大、还要多。”① 同理，社会主义社会的生产力也必将比资本主义社会的生产力以更快速度向前发展。其根本原因在于，社会主义生产资料公有制使劳动者摆脱了被资本家剥削、压迫的雇佣劳动地位而成为国家和企业的主人，以致在生产中能充分发挥主人翁的生产积极性和创造性；同时在政治上有以马克思主义为指导的无产阶级政党的领导和无产阶级专政政权的保障，以及在宏观经济上有自觉的协调安排，因而能集中力量办大事，也能避免资本主义市场经济所固有的周期性危机与失业，从而使经济能持续稳定地增长。

中华人民共和国成立以来，在中国共产党领导的社会主义和中国特色社会主义制度下的生产，尽管因各种原因有曲折，但总的说来，其经济增长速度要比旧社会和西方世界快得多。统计数据显示：我国 GDP 年均增长速度，1952—1978 年为 7.7%，1978—1998 年为 9.7%②，都高于同期世界经济包括发达国家在内的 GDP 年均增长 3%~4%的水平；进入 21 世纪后，在全党和全国人民的共同努力下，我国经济又以更快的速度增长，2003—2007 年 GDP 年均增长 11.65%；2008—2012 年，因受国际金融危机的影响，GDP 增速虽呈下降趋势，但各年仍分别增长 9%，8.7%，10.4%，9.3%，7.7%，即平均每年仍保持在 8%以上的高速增长线上。2013—2017 年，以习近平同志为核心的新一届党中央，重申为人民服务的宗旨，强调坚持以马克思列宁主义、毛泽东思想和中国特色社会主义理论，特别是习近平新时代中国特色社会主义思想为指导，励精图治，反腐倡廉，大得人心，同时又紧紧围绕统筹推进“五位一体”总体布局和协调推进“四个全面”战略布局、五个发展理念，并及时出台十分务实的“三去一降一补”的供给侧结构性改革的方针政策，使我国的经济虽然处于产业结构调整的转换时期，也并未陷入所

① 马克思、恩格斯：《马克思恩格斯全集》第47卷，人民出版社，1979年版，第471页。
② 邓立群主编：《中华人民共和国国史百科全书》，中国大百科全书出版社，1999年版，第568页。

谓的“中等收入陷阱”[1] 而呈新常态的增长，随后又转向高质量发展阶段。即 GDP 在此 5 年年均增长 7.1%，各年分别增长 7.7%，7.3%，6.9%，6.7%，6.9%。中国经济长期持续快速增长，以至从原来“一穷二白”的国家，到 2010 年的 GDP 仅次于美国，成为世界第二大经济体。时至今日，中国经济要赶超美国已为期不远，这也是中国多年来梦寐以求的目标。

1958 年“大跃进”时期，中国就曾提出过“超英赶美”的口号。如果说在那时还只表明中国人民的雄心壮志和美好愿望，那么在今天乃是一个实实在在的行动方针，甚至说要“超美”也不过分。当然我们仍须保持冷静，不能盲目乐观。2014 年 12 月 12 日，德国一位研究中国问题的专家弗兰克·泽林在德国《商报》发文称，根据购买力平价（PPP）计算，在当年（2014）中国的 GDP 将达到 17.6 万亿美元，而美国则只有 17.4 万亿美元[2]。即认为中国 GDP 在四年前似乎就已超过美国而跃居世界第一了。笔者认为，这无疑是一种不切实际的说法，不能当真，谨防坠入盲目乐观的“陷阱”。因为在现实国际经济的交往关系中，实际都是通用国际汇率，而没有依 PPP 计算成交的；更不用说若按人均 GDP 计算，在 2014 年，中国人均 GDP 只有 7 485 美元，还排在世界很多个国家之后，不仅远低于人均 5.3 万美元的美国，也落后于土库曼斯坦、塞尔维亚、多米尼加等人均 GDP 属于中下等国家的水平。但话又说回来，现在我们毕竟有中国特色社会主义经济和政治制度的优势，以往既已长期保持快速增长的历史纪录，若再继续艰苦奋斗若干年，在实际经济体量上超过美国是完全有可能的。试测算如下：

据媒体报道，2017 年中国和美国的 GDP 分别为 12.725 万亿美元和 18 万亿美元。参照以往经验和现实情况，则今后 GDP 年均增长率，对于中国

---

① 这是西方资产阶级经济学家于2006年提出的妄图把我国经济引入歧途的一个伪命题和“理论”陷阱。笔者曾撰文批驳。参见《〈世行报告〉的主要问题在哪里——兼评所谓“中等收入陷阱”之谜》，收入丁冰著《从中国走向世界》，中国经济出版社2017年9月出版。

② 见《参考消息》2014年12月15日，第15版。

来讲，按保守的估计为6.5%；对于美国来讲，按乐观的估计为3%（2017年为2.3%，达到了10年来的最高水平；美国商务部预计，2018年将升到3%）。同时假定目前国际汇率不变，用复利公式计算，11年后，2028年中国GDP预计为25.439 2万亿美元，美国为24.915 6万亿美元①，中国GDP明显超过美国，居世界榜首，这已成为目前世界舆论的共识②。

（三）中国对生产力和科技拥有巨大后发优势和发展潜力

现撇开生产关系和经济政治制度的影响不谈，单从生产力和科学技术的进步对经济增长的影响来讲，我国经济发展的空间依然很大，甚至比经济制度方面的影响还大。

按英国经济学家哈罗德的经济自然增长率模型（$G_n = S/C_r$），从长期看，只要实际GDP的增长率与自然增长率（或称潜在增长率）相等，就会使经济处于长期持续稳定均衡增长，因而一国GDP的实际最佳增长率的上限乃是它的自然增长率。

自然增长率是指劳动力的增长率与技术进步的增长率之和。例如，假定一国某年劳动力对GDP增长的贡献率为1%，技术进步的贡献率为6%，该国某年GDP的自然增长率便为7%，因而GDP的实际最佳增长率也为7%。

就劳动力的增长率来说，从长期看，一般与人口的自然增长率正相关。中国由于过去长期实行独生子女政策，人口自然增长率下降，甚至过早出现人口老龄化、劳动人口减少现象。数据显示，2015年劳动年龄人口减少487万人，降至9.11亿人。到2016年虽然放开二孩，但因整个社会已临近实现全面小康社会的繁荣时期，养育成本增大，人口的自然增长率依然较低，所以，在影响GDP增长率的劳动力的增长因素中，自然劳动力增长贡献较小，

① 具体算法：中国为12.725 0万亿美元×$(1.065)^{11}$ = 25.439 2万亿美元。美国为18万亿美元×$(1.03)^{11}$ = 24.915 6万亿美元。

② 佚名：《中国经济总量或10年内超美国》，《参考消息》2018年1月20日。

实际直接影响GDP增长率较大的是相对剩余劳动力转到就业岗位的人数。失业率越大，潜在就业率增加的幅度就越大，因而对GDP增长率的贡献就越大。以此而论，中国近些年来登记的失业率都保持在约4%的水平，估计今后一个时期内也不会有大的变化。因此，我们可以假定，中国今后若干年内有1%~2%的劳动力的增加去促进GDP增长，是不会有什么问题的。

从技术进步来说，技术进步一般可分为仿创式和原创式两种类型。仿创式是指通过引进、消化、仿造、创新途径获得的技术进步，可视为技术后发优势所取得的成果。原创式是指在一定科学技术基础理论指导下，独立自主地开发创造出来的新技术，可视为从无到有的技术创新发明。正因为它是从无到有的创新发明，所以与由后发优势所取得的技术进步成果比较起来，所需时间要长得多、风险要大得多、成本费用也要多得多，总之要困难得多。

那么，中国现在还有多少技术进步的后发优势呢？在社会大生产的市场经济条件下，假定一国的资源充裕，劳动者每天的劳动时间与强度不变，一般而论，该国年人均GDP水平，乃是随着该国因技术进步而引致的生产率的提高而提高的。可见，在正常情况下，一国人均GDP水平便能大体反映该国技术进步的程度和发展水平。因此，如果撇开各国自然资源的差异和国际贸易收支的影响不谈，各国人均GDP的差异，能大体反映各国的生产技术发展水平的差距。以此而论，前述中国在2014年人均GDP为7 485美元，尚处于世界排名第80多位，只及技术最先进的美国约5.3万美元的1/5，这就意味着我国的生产技术水平总体上只及美国的1/5，差距很大。这个差距就是我国GDP增长可利用的后发优势空间，或者说能促使经济增长的潜力。林毅夫先生在《中国的奇迹是否可持续》一文中参照日本、韩国经济增长赶超时，以美国的经济技术水平为标杆，研究了日本、韩国在相当于我国2008年与美国技术差距时的生产技术水平的年份，分别是在1951年和1997年。然而它们因利用技术后发优势，各自GDP分别继续维持了20年年均9.2%和7.6%的高速增长。由此，他断定“我国从2008年开始应该还有20

年平均每年8%的增长潜力”①。我觉得这种分析是有一定道理的，但又有所不足。主要是在考察日本、韩国GDP增长速度时，只注意到技术后发优势效应，而完全忽视了经济制度和“战后”恢复性增长的影响，从而未能说明日本、韩国为什么只能维持20年的高速增长，而不像中国那样远多于20年且以后仍能继续维持中高速增长，特别是日本自20世纪90年代以来还出现了经济停滞或缓慢增长20年的现象②。但不管怎么说，林毅夫先生认为从2008年开始的20年内，中国GDP应有年均增长约8%的观点还是值得重视的。他的这种预测与笔者上述按以往几十年实践经验做最保守估计年均增长6.5%的观点并不矛盾；或者说，林的观点进一步佐证了笔者6.5%增速的预期，若把利用技术后发优势因素考虑在内，是绝对有把握实现的。

（四）中国拥有深厚而巨大的独立自主的科技创新潜力

与上述技术后发优势相比较，在技术进步因素中重要的是原创式的技术创新。纵观历史，原创式的科技创新始终是一个国家、一个民族发展的重要力量。从现实看，它的重要性更加明显。现代国家间的竞争，说到底是包括经济、军事实力在内的综合国力的竞争，关键是科学技术的竞争。谁掌握了科技优势，谁就掌握了经济军事竞争的主导权，谁就更有可能在经济军事竞争中取胜。特别是在当今世界科技日新月异、突飞猛进的形势下，一个国家的科技不创新不行，创新慢了也不行；只重视仿创式创新不行，只重视原创式创新也不行。

过去中国虽然在仿创式创新方面下了很大功夫，也取得了很大成绩，但对原创式创新却重视不够，甚至有人认为，“造船不如买船，买船不如租

① 林毅夫:《中国的增长奇迹是否可持续》,《参考消息》2014年12月12日。

② 日本GDP在1991—2012年的22年间年均增长仅1%。(参见丁冰著:《从中国走向世界》,中国经济出版社2017年9月出版,第215页,《“安倍经济学”的破产及其对我国的启示》一文)

船”，连一点自力更生的志气也没有。即使要创新，也多在一般先进技术，或只需仿创式的创新方面，而把前沿先进技术、企业核心技术寄托于用市场去换取、用金钱去购买，或者用合资、引资去取得，结果多以失败而告终。2005年5月获得中共中央、国务院颁发的国家级科技奖的优秀专家们根据自己的经验，几乎异口同声地说：“真正的核心技术是买不来的。”因此，只有下定决心在原创式科技创新上努力拼搏，才是我国赶超世界先进技术水平的唯一正确的战略选择。

为此，2016年5月30日，习近平同志在全国科技创新大会上指出：“实现‘两个一百年’奋斗目标，实现中华民族伟大复兴的中国梦，必须坚持走中国特色自主创新道路，面向世界科技前沿、面向经济主战场、面向国家重大需求，加快各领域科技创新，掌握全球科技竞争先机。这是我们提出建设世界科技强国的出发点。”他并明确提出科技发展进程的时间表：“我国科技事业发展的目标是……到2020年时使我国进入创新型国家行列，到2030年时使我国进入创新型国家前列，到新中国成立100年时使我国成为世界科技强国。”接着他又特别强调：“科技创新不能等待观望，不可亦步亦趋，当有只争朝夕的劲头。时不我待，我们必须增强紧迫感，及时确立发展战略，全面增强自主创新能力。我国科技界要坚定创新自信，坚定敢为天下先的志向，在独创独有上下功夫，勇于挑战最前沿的科学问题，提出更多原创理论，做出更多原创发现，力争在重要的科技领域实现跨越发展，跟上甚至引领世界科技发展方向，掌握新一轮全球科技竞争的战略主动。”① 总之一句话，就是要把科技创新的重点放在原创式的创新上。尽管这比仿创式创新费时长、花费多、风险大，也必须如此，否则，就不能实现“两个一百年”的中国梦和赶超世界先进的强国梦。

自全国科技创新大会以来，全国广大科技工作者和各族人民在习近平同志伟大号召的鼓舞下，进一步振奋精神，意气风发，积极投身于科技创新的

① 习近平:《为建设世界科技强国而奋斗》,《经济日报》2016年6月1日。

热潮之中，并已取得了可喜成绩。2016年8月16日，我国成功发射了世界首颗量子科学实验卫星“墨子号”，标志着我国在世界上首次实现卫星和地面的量子通信，构建起天地一体化的量子保密通信科学实验体系，成为世界量子通信的领跑者。再看“长征七号”“长征五号”运载火箭先后完成首飞，“天宫二号”“神舟十一号”接连升空，还有“蛟龙号”深潜7 000米、“海斗号”深潜超万米等世界领先科技成就，好似实现了神话般的“可上九天揽月，可下五洋捉鳖”的梦想。再如《厉害了，我的国》纪录片中所描述的中国船、中国车、中国桥、中国港、中国网等震撼人心的“超级工程”，无一不是领先于世界的骄人成就。更可喜的是，在作为世界科技前沿的基础设施建设方面，我国在一些重要领域，如超算设施、互联网电子商务、人工智能的发展等都已居世界领先地位或前列。据媒体报道，2017年11月13日公布的全球超级计算机500强榜单中，中国“神威·太湖之光”和“天河二号”的浮点运算速度分别为每秒9.3亿亿次和每秒3.39亿亿次。这样，中国在超算速度上，继2016年首次超过美国之后再次超过美国而居世界榜首①。标志着新的工业革命到来的人工智能（AI）技术的发展，中国也已名列世界前茅。数据显示：2016年，我国智能制造业产值达1.4万亿元，从2011年开始，过去5年年均增长率超过20%，远高于同期GDP的增速，预计到2020年产值还将翻一番，达到3万亿元②。在当前制造业中，作为机器人化程度高的汽车制造业的智能化发展也很出色。据媒体报道，我国智能网联汽车创新联盟已于2017年6月12日成立，将拉动5G、车联网、大数据等领域快速发展③；再如2017年12月2日，深圳市海梁科技有限公司有4辆公交车在福田保税区开展“全球首次在开放道路上进行智能驾驶公交试运行”，它必将有力推动我国整个智能驾驶业和智能制造业的发展。美国《纽约时报》报道，波士顿咨询公司的研究显示，中国将在15年内成为世界

① 佚名：《中国再登顶全球超算500强榜单》，《北京日报》2017年11月14日。
② 黄鑫：《智能制造业推进体系已基本形成》，《经济日报》2017年11月25日。
③ 董碧娟：《引领产业革命的颠覆性技术》，《经济日报》2016年10月21日。

上最大的自动驾驶车辆市场[①]。总之，中国目前的科技创新，特别是AI技术创新的整体水平已达到一个新的高度。正如中国科技部权威人士所指出的：目前，我国科技创新在党和国家全局中的战略地位显著提升，整体创新能力和创新效率显著提高；从全球看，中国的科技创新由过去的跟跑为主，逐步转向更多领域中并跑、领跑；从促进经济增长的角度看，中国科技进步贡献率在2013—2017年间由52.2%提高到57.5%[②]；从创新的项目看，中国重大科技创新成果不断涌现，数字经济、共享经济等新业态、新模式正在引领世界新潮流。

值得注意的是，作为新一轮技术革命主要标志的AI技术的应用范围十分广泛，除上述制造业等行业外，金融、房产、教育、法律、医疗、能源、物流、翻译、对话、家务、城市大脑、语音图像识别等无所不在，必将成为中国科技创新和国际科技竞争的焦点与重点。因此，中国现已把发展AI产业提升至国家战略层面的高度。2017年7月，国务院印发的《新一代人工智能发展规划》（以下简称《规划》）指出："必须放眼全球，把人工智能发展放在国家战略层面系统布局、主动谋划，牢牢把握人工智能发展新阶段国际竞争的战略主动，打造竞争新优势、开拓发展新空间、有效保障国家安全。"《规划》还提出，2020年中国人工智能总体技术和应用与世界先进水平同步；到2025年，人工智能基础理论实现重大突破，部分技术与应用达到世界领先水平，人工智能届时要成为中国产业升级和经济转型的主要动力；到2030年使中国成为全球人工智能创新中心，引领全球智能技术发展。笔者认为，《规划》的宏伟目标是完全有可能实现的。主要根据是，除有以习近平同志为核心的党中央的坚强领导和以中国共产党领导为本质特征的中国特色社会主义唯一正确道路外，还有六点重要理由。

（1）有党和政府的高度重视、扶持、引导。除前述习近平同志的讲话、

① 赵觉埕，刘扬，任重：《"无人驾驶巴士"在深圳上路了》，《环球时报》2017年12月3月。

② 佚名：《中国科技创新正走向领跑》，《参考消息》2018年3月11日。

国务院印发的《规划》以外，政府还在科研经费上给予大力支持。2000年以来，中国对科技研发资金的投入年均增长18%，而同期美国年均增长4%。2016年，中国科研经费投入4 080亿美元，已接近于美国投入的4 969亿美元。二者分别占2015年全球投入近2万亿美元科研经费总额的21%和26%，说明中美两国在科研投入上的差距不大①。

（2）中国拥有世界第一的作为AI技术基础的超算设施建设。这在前面已阐明，此处不再赘述。

（3）中国拥有大量的生产和研发智能技术平台。目前，中国拥有智能企业592家，占全球同类企业总数的22.52%，仅次于占全球同类企业总数41%的美国（1 078家），居世界第二位②；其中大型研发生产企业，中国有15家（如华为、BAT三巨头、科大讯飞、中车、新松、海梁等），仅次于美国（30家，如苹果、亚马逊、谷歌、脸书、微软等），居世界第二位③；目前全球十大互联网企业中国占了4家。这些说明，中国AI技术虽然起步较晚，却发展很快，已拥有强大的研发基地，总体的发展水平仅次于美国，居世界第二位。

（4）中国有关科技的学术论文、专利申请大量涌现。仅2016年公开发表的论文有42.6万余篇，占全球总数的18.6%，首次超过美国的40.9万篇，居世界第一④；中国受理的发明专利申请量占全球总量的42.8%，而美国仅占19.4%、日本占10.2%，韩国占6.7%，欧盟和其他国家分别占5.1%和15.8%，稳居世界首位⑤；2017年人工智能领域的科研论文，中国占全球的23%，仅次于美国的34%，位居第二⑥。这都意味着中国已蕴藏着巨大的科技原创潜力。

---

① 佚名：《中国改变世界科学技术格局》，《参考消息》2018年1月26日。

② 根据陈青青：《人工智能产业“挤泡沫”》，《环球时报》，2018年3月3日提供的数据推算。

③ 佚名：《中美欧展开人工智能争霸战》，《参考消息》2018年2月23日。

④ 佚名：《中国改变世界科学技术格局》，《参考消息》2018年1月26日。

⑤ 佚名：《全球智力资源加速流向中国》，《参考消息》2018年4月22日。

⑥ 佚名：《中美欧展开人工智能争霸战》，《参考消息》2018年2月23日。

（5）中国科技人才的来源充足，后劲看好。2000—2014 年，中国理工科本科毕业生从每年约 35.9 万人增至 165 万人，增加了 360%；同期美国从 48.3 万人增至 74.2 万人，仅增 53.6%①；在中国政府“千人计划”的召唤和影响下，学业有成的科技归国留学人员，目前已呈日益增多之势。据有关负责人士估计，10 年前出国留学与归国就业的比例是 7∶1，现在已变为 7∶6②；2012—2016 年共有约 250 万留学生学成回国，其中 2016 年有 43.2 万人，远高于 2012 年。随着中国经济发展和国际地位的提高，近 5 年，外籍专家来华应聘者增加 40%，而且据负责“千人计划”筛选工作的有关人士透露，每年约有数千外籍科技专家申报该计划③。这些人是中国科技发展，特别是人工智能技术发展所需要的宝贵人才资源。

（6）中国国内有极其广阔的 AI 产品市场。全国 14 亿人口中有一半以上（7.3 亿人）是网民。他们构成了庞大的智能应用程序的参与者和产品的消费者群体。表现在：第一，中国互联网的电子商务交易额，到 2016 年已占同年全球的 42%，移动支付交易额达 7 900 亿美元，是美国的 11 倍④，稳居世界第一。第二，由于 AI 技术发展需要有大量数据积累进行训练，7 亿多网民使用同样的语言在数据积累方面具有举世无双的绝对优势。第三，2015 年国内工业机器人销量达到近 7 万台，同比增长 20%，约占同年全球总销量的 27%，排名世界第一；2016 年中国新投入使用的工业机器人占世界总量的 1/3。第四，作为当前象征人工智能发展尖端之一的 5G，据 CCS 洞察公司公布的数据显示，“到 2022 年中国估计会成为 5G 技术的最大市场”⑤。如此庞大广阔的国内市场，便成为中国 AI 技术迅速发展的强大驱动力，也使中国成为全球 AI 技术发展的最大试验场。

---

① 佚名：《中国向科技超级大国惊人转型》，《参考消息》2018年2月23日。

② 佚名：《中国人才流失“已看到尽头”》，《环球时报》2018年3月1日。另据 CCTV2018年4月1日《新闻联播》报道：近5年来我国有230余万留学人员学成回国。仅2017年学成归国者就有48.09万人，较上年增长11.9%，其中获硕博研究生学历及博士后出站人员共22.74万人，较上年增长14.9%。

③ 佚名：《中国正在“爆买世界头脑”》，《参考消息》2018年5月8日。

④ 佚名：《数字化发展正在改写中国经济》，《参考消息》2017年12月12日。

⑤ 佚名：《中国在全球5G 竞赛中“占优势”》，《参考消息》2018年3月9日。

可以预见，中国完全能够独立自主地实现习近平同志提出的“力争在重要科技领域实现跨越发展，跟上甚至引领世界科技发展方向，掌握新一轮全球科技竞争的战略主动”的要求，完满地实现《规划》提出的宏伟目标，从而有效引领和推动产业升级，促使经济快速增长。

作为把中国视为自己安全战略两大竞争对手之一的美国，眼见中国科技的快速发展，则心生恐惧和忌恨，竟公然发动贸易战，并挥舞所谓“301条款”大捧来遏制中国技术进步和经济崛起，着重阻挠中国为适应第四次工业革命要求的“中国制造2025”计划的进行。众所周知，中国经过几十年的改革开放，在保护知识产权方面已日益完善。中国走向科技创新的第一线是大势所趋，无人可挡。无论是原创式的创新，还是仿创式的创新，美国均无法阻挡，更无权干涉。因为美国的产品只要往外卖，世界必然会在不违反知识产权法的情况下学习、跟进、超越，美国妄想规定中国只买只用，但不能超越，这是霸王条款，与全球化的逻辑格格不入。因此，遭到中国针锋相对的坚决反击和世界各国人民的厉声谴责，也就势所必然了。不仅如此，从唯物辩证法的观点看，美国对中国科技发展的遏制，必将成为激发中国进一步奋发图强、加紧迎头赶超的强大动力。2018年4月27日，美国宣布对中国中兴科技企业实行“301条款”的监管制裁，禁售芯片。5月3日，中国全球新一代人工智能芯片发布会在上海召开，中科院旗下的寒武纪科技公司发布中国自主研发的Cambricon MLU100云端智能芯片和板卡产品、寒武纪IM终端智能处理器IP产品，其中芯片的理论峰值速度达每秒128万亿次定点运算，已达到世界先进水平。中国人工智能芯片市场规模在2016年仅36亿美元，在当下，经大家奋发图强加油干，据预测，到2021年将超过110亿美元，发展极为迅速①。

现在不可忽视的一个理论问题是，技术先进的发达国家的经济增速为什么一般比后进的发展中国家低？须知技术先进的发达国家，因技术进步的后

① 郭静:《国内首款云端人工智能芯片发布》,《经济日报》2018年5月4日。

发优势较弱，而原创式技术成果的成本又太大。撇开非内生的制度因素不谈，这是技术先进发达国家的经济增长往往慢于发展中国家经济增长的一个主要原因。有的学者惯用发达国家经济增长的基数很大解释其增长缓慢的原因，笔者觉得是不准确的①。在此，我们还应看到，后进国家的经济虽因利用技术进步的后发优势，比先进国家有较快速度增长，但后发优势效应却会随其技术的继续发展而递减，遂只得越来越主要靠原创式的技术创新来支撑其经济继续增长，以致其增速将会日益趋缓。当然，就中国来说，将来经济增速尽管也可能面临同样趋缓的命运，但凭着拥有社会主义制度的优势和现有深厚的原创式潜力，将来至少要比当前发达国家的增速快一些，这是毫无疑问的。中国现在如果把技术的后发优势效应和原创式效应叠加在一起，前述预计 2028 年，即在 10 年内 GDP 以年均增长 6.5%的速度达到在总量上超过美国就更没有什么问题了。

（五）中国正处于第五个长波的上升期

在近代世界经济发展史上，有所谓短周期（又称基钦周期，约 3 年半）、中周期（又称尤格拉周期，约 9~10 年）、长周期（又称康德拉季耶夫周期，约 50~60 年）。长周期又称长波，是由俄国经济学家康德拉季耶夫（1892—1938 年）在 1925 年的一篇论文中提出来的。随后，美国经济学家熊彼特（1883—1950 年）沿袭康氏的思路，以自己的创新理论为指引，以能形成主导产业兴衰的重大技术革命的发展为依托，把百多年来资本主义经济发展过程划分为三个长波，并以三种周期在时间上的重叠交叉共同作用的节点为标志，判定长波的起点、终点和从上升到下降的转折点。即认为：第一个长波是由蒸汽机问世引起的第一次产业革命时期，起

① 因为若按此逻辑，在中古时代各国经济增长的基数都很低，其经济增长的速度就应很快了，然而事实是那时经济发展十分缓慢，甚至停滞。据著名经济史学家麦迪逊的研究发现，在高度发达的欧洲工业化国家，18世纪以前平均每年人均 GDP 的增长仅为0.05%，到1400年才翻一番。

于1783年，终于1842年，从上升到下降的转折点是1813—1814年；第二个长波是由蒸汽机引起的铁路化时期，或称钢铁时代，起于1842年，终于1897年，从上升到下降的转折点是1869—1870年；第三个长波是由电气、化学、汽车业蓬勃兴起发展的时期，或称电气、化学、汽车时代，起于1897年，终于1939年，从上升到下降的转折点是1924—1925年。后来又有经济学家提出，第二次世界大战后世界进入了第四个长波时期，是由电子、核能、计算机、网络、航空航天等高新技术引起的，起于1949年，终于2008年，从上升到下降的转折点是1973—1974年。其中在20世纪90年代，从作为世界唯一超级大国的美国看，其经济因享有"冷战"结束和信息技术网络等高新科技迅猛发展的有利条件，曾一度获得连续10年（1991年3月—2001年11月）的增长。但随即开始下滑，至2008年跌至谷底。这可以说是第四个长波中因"冷战"结束而出现的一个特殊现象。

这里应当说明，马克思主义经济学认为，上述资本主义社会经济中的中周期、短周期是由资本主义经济的基本矛盾引起并必然要产生的，因而与社会主义经济或社会主义市场经济无关。有人硬要从中国社会主义经济发展中找出中周期和短周期，如果不是在缘木求鱼，就是在张冠李戴，误用一些非经济的或某种偶然因素去解释本来属于规律性范畴的经济周期问题。其结果就不可避免地把社会主义经济发展中的起伏波动视同资本主义经济特有的范畴去考察，因而混淆了两种不同性质经济的原则区别。然而就长波来说，既然主要是由重大技术革命，以致引起主导产业的兴衰而形成的，那就与不同性质的经济制度无关，不仅资本主义经济会受其影响，社会主义经济也同样要受其影响。

按此长波论逻辑，笔者认为，当前世界已进入第五个长波时期，主要是由信息互联网和AI技术引起的，起于2009年。受2008年国际金融危机的冲击，世界经济经过约10年的缓慢复苏后，现正在继续缓慢攀升。IMF公布：全球经济在2016年、2017年分别增长3.2%，3.7%，并预测2018年、

2019 年都将可能是 3.9%，从而恢复到危机前约 20 年的年均增长水平①。这样，我们在可预见的将来，一是伴随着第四次工业革命高潮的到来，特别是 AI 技术的进一步发展，和作为 AI 技术基础设施的互联网的发展，即以人与人相连为特点的互联网将变成人与人、人与物、物与物相连的三位一体的新一代互联网以及区块链等技术的发展；二是由甲醇制烯烃（由煤变油）技术的生成、对深海可燃冰的开发等新能源的利用；三是对石墨烯等新材料、新技术的开发，航空航天事业的深入发展等便有可能不断地引领推动新产业的产生、升级，从而使经济在新的更高层级上继续不断发展。因此，这第五个长波就有可能延续到本世纪中叶。若能如此，前面设定中国今后年均经济增长 6.5%的 10 年（2018—2028 年——经济总量开始超过美国的年份），则正处于第五长波的上行期，因而 6.5%的年均增长指标有此上行期的支撑，就如虎添翼，何愁不能实现。进而言之，以习近平同志为核心的党中央所提出的两个一百年强国梦的时限，也恰好处于第五个长波的机遇期，因此实现这个梦想的客观条件无限好，只待我们去开发、利用、落实。当然，一艘巨轮在向前行进的航程中，总难免有顽石暗礁，有汹涌波涛。但这正是七尺男儿千载难逢的大显身手的好时机。长风破浪会有时，直挂云帆济沧海。只要大家看清形势、挺直腰杆、撸起袖子加油干，中华民族伟大复兴的中国梦就必将计日程功！

参考文献

[1] 丁冰等:《我国利用外资和对外贸易问题研究》,中国经济出版社,2006 年版,第 93 页。

[2] 马克思、恩格斯:《马克思恩格斯全集》第 47 卷,人民出版社,1965 年版,第 427 页。

① 佚名:《IMF 上调今明两年世界增长预期》,《环球时报》2018年1月23日。

[3] 马克思、恩格斯:《马克思恩格斯全集》第4卷,人民出版社,1965年版,第471页。

(原载中国社会科学院马克思主义研究部编:《35位著名学者纵论改革开放》,中国社会科学出版社2018年11月出版)

二、重读列宁《国家与革命》有感

——纪念伟大十月革命胜利100周年

1914—1918年，各帝国主义国家因重新瓜分世界而爆发的第一次世界大战，为无产阶级社会主义革命造就了大好时机。这是列宁在《帝国主义论》等著作中预见的；同时列宁还因发现资本主义发展不平衡规律而认定，革命有可能在资本主义统治最薄弱环节的一个或几个国家首先取得胜利。但马克思主义政党在当时由于受第二国际“议会道路”等机会主义思潮的干扰，却有可能坐失良机。为此，列宁便在1917年八九月不辞辛劳地奋笔疾书，写成了洋洋7万多字的巨著——《国家与革命》，创造性地发展了马克思、恩格斯的国家与革命和无产阶级专政的学说，深入地分析、批判了第二国际机会主义及其在俄国的影响，扫除了革命行进中的思想障碍，从而促进并赢得了伟大的俄国十月革命的胜利。本文即将《国家与革命》对十月革命及其道路的影响，与中国当前应注意的问题做系统、简要分析，以兹热烈庆祝十月革命100周年。

（一）《国家与革命》的基本内容和中心思想

《国家与革命》全书除序言外，共由六章正文组成。第一章扼要系统地阐明了国家的起源、本质、特征、作用、消亡与暴力革命的关系等基本原理，说明了国家是阶级矛盾不可调和的产物和表现，资产阶级思想家，特别是小资产阶级思想家却把国家说成是阶级调和的机关；说明了国家的本质是一个阶级压迫另一个阶级的工具，即使是最民主的资产阶级共和国和全民普选制、议会制，都不能掩盖其资产阶级在“民主”外衣下剥削压迫无产阶级的工具的实质；说明了作为对无产阶级“实行镇压的特殊力量”的资产阶级国家不会“自行消亡”，无产阶级只有通过暴力革命使之消灭而代之以自己的无产阶级国家；说明了随着经济上的生产资料全社会占有和经济实力增长，政治上的完全民主与人民觉悟的提高，国家才会“自行消亡”。因此，列宁断言：“无产阶级国家代替资产阶级国家，必须通过暴力革命。无产阶级国家的消灭，即任何国家的消灭，只能通过自行消亡。”①

《国家与革命》第二~四章，列宁考察、总结了马恩国家学说和无产阶级专政理论的形成和发展，全面总结了1848—1917年的革命实践经验，着重阐述无产阶级在革命中如何对待国家的问题，强调无产阶级革命必须打碎资产阶级国家机器，并应以新型的巴黎公社式的无产阶级国家机器取而代之。为此，列宁针对第二国际机会主义者的歪曲，以革命实践经验为依据，历史地详尽阐明了马恩关于无产阶级专政的思想。由于无产阶级的民主、国家与资产阶级的民主、国家有根本性质的区别，无产阶级如果不用革命手段摧毁资产阶级国家机器，就不能真正建立起自己专政的国家政权。

《国家与革命》第五章，列宁以马克思《哥达纲领批判》的基本理论为依据，着重探讨了无产阶级国家消亡的经济基础和条件。进一步阐明马克思关于共产主义分为两个阶段的原理。在第一个阶段即低级阶段或称社会主义阶段，是由资本主义向共产主义高级阶段的过渡时期。在刚从旧社会脱胎出来的过渡时期，由于经济条件的限制，不可避免地存在实际不平等的资产阶级式的权利或法权，以及相应的资产阶级思想等旧的“残余”。因此，列宁认为，为了彻底消除旧社会的残余和阶级差别，防止复辟的危险，就必须实行无产阶级专政；并认为只有在坚持和加强无产阶级专政，使单一公有制的

① 列宁:《列宁全集》第25卷，人民出版社1958年版，第388页。

社会主义经济不受侵蚀并高度发展到充分满足人们需要，从而为消除一切旧的残余创造了条件时，作为阶级压迫工具的无产阶级专政的国家，便因其没有存在的必要而自行消亡。

《国家与革命》第六章，列宁集中揭露批判了考茨基之流回避、歪曲马恩国家学说的各种庸俗观点。如“盲目崇拜”国家，否认打碎资产阶级国家机器的革命任务，“迷信”官僚制度，把无产阶级斗争的目的局限于“取得议会多数”“使议会变成政府的主宰”等错误观点，强调在无产阶级革命即将来临之际，必须加强对机会主义的斗争。《国家与革命》一书，是在十月革命前的紧急关头及时写成出版的，完成了它应有的历史使命，赢得了伟大十月革命的胜利。

（二）伟大十月革命对中国的重大影响

俄国十月革命开辟了人类社会主义革命的新纪元。它像一座拔地而起的灯塔，照亮了无产阶级革命的光辉前程，鼓舞着全世界无产阶级和广大劳动群众信心百倍地为求得自己和全人类的解放，最终实现壮丽的共产主义远大理想而努力奋斗。对中国来说，正如毛泽东同志说的：“十月革命一声炮响，给我们送来了马克思列宁主义。”① 毛泽东在马列主义指导下，通过对半殖民地半封建中国的社会经济政治的深刻分析，创造性地提出了具有中国特色的农村包围城市的道路，创立了毛泽东思想，并亲自领导中国共产党和中国各族人民，经过 29 年艰苦卓绝的英勇奋斗，于 1949 年建立了新中国，赢得了伟大新民主主义革命的胜利；紧接着又在马克思“不断革命”论的思想指导下，于 1952 年及时提出过渡时期的经济理论和方针政策，到 1956 年便基本建立起以公有制为基础的社会主义基本经济制度；仅短短 20 多年，就把一个“一穷二白”的旧中国建设成为具有基本完整的工业体系和国民经

① 毛泽东:《毛泽东选集》第4卷,人民出版社1960年版,第1476页。

济体系的社会主义大国；在探索社会主义建设道路的过程中，又及时提出了社会主义基本矛盾理论、统筹兼顾、注意综合平衡、以农业为基础、工业为主导、农轻重协调发展等一系列独创性的重要理论观点，从而为丰富马列主义理论体系做出了贡献。

1978 年年底，以党的十一届三中全会的胜利闭幕为标志，中国开始进入改革开放的新时期，全国各族人民在党的领导下，迈上中国特色社会主义道路，使中国经济获得了举世瞩目的长时期持续稳定快速增长，并登上全球第二大经济体宝座。党的十八大以来，以习近平同志为核心的党中央，重申以为人民服务为宗旨，励精图治，反腐倡廉，人心振奋；同时党中央有条不紊地推行“四个全面”的战略布局，并切实遵循经济建设规律，创造性地提出创新、协调、绿色、开放、共享五大发展理念，使中国经济进一步保持持续、稳定、中高速增长的新常态，创造了国家综合实力提高的大好局面。在此有利条件下，为进一步扩大、加深对外开放，2013 年以来，党中央又不失时机地提出和推行以“一带一路”为代表的一系列大踏步“走出去”的战略决策；2016 年 9 月在杭州主办的 G20 峰会上，首次全面阐释中国的全球经济治理观等一系列开创性的见解和主张，明确提出了“建设创新、活力、联动、包容的世界经济”的治理方案，获得与会者的广泛认同和支持，在 20 国集团发展史上留下了深刻的中国印记；同年 11 月，习近平在秘鲁利马举行的 APEC 峰会上，面对世界保护主义重新抬头的新形势，旗帜鲜明地强调“反对一切形式的保护主义”①；翌年 1 月 17 日，在瑞士达沃斯世界经济论坛上，又力主并推动构建平等互利、合作共赢的世界新秩序②，这些主张获得世界人民和国际舆论的普遍欢迎和赞誉，特别是发展中国家和欠发达国家人民的欢迎与支持。所有这些外事活动的辉煌成绩，都象征着中国已由过去处于世界经济边缘，逐渐走近世界经济治理的中心；同时也使中国特色

① 2016年11月习近平主席在秘鲁利马举行的 APEC 峰会上的发言。

② 参见习近平主席2017年1月17日在瑞士达沃斯世界论坛的演讲:《共担时代责任，共促全球发展》，人民网，2017年1月18日。

社会主义事业在沿着十月革命道路前进的征程中又跨进一个新的历史阶段。正如习近平同志最近指出的，在当前，“中国特色社会主义进入了新的发展阶段。中国特色社会主义不断取得的重大成就，意味着近代以来久经磨难的中华民族实现了从站起来、富起来到强起来的历史性飞跃……意味着中国特色社会主义拓展了发展中国家走向现代化的途径，为解决人类问题贡献了中国智慧、提供了中国方案”①。

（三）《国家与革命》对十月革命道路并非平坦之途的原因分析

十月革命的道路，对无产阶级和广大劳动群众来说，虽然是一条十分诱人的金光大道，却绝不可能是一帆风顺的平坦之途。个中缘由，列宁的《国家与革命》可以说是早有预见地抓住要害并穷尽其理了。

列宁说：“毫无疑问，任何一个革命的最主要的问题都是政权问题。政权在哪一个阶级手里，这一点决定一切。”② 列宁的《国家与革命》则在理论上对这个问题给予了深刻系统的分析，实际上也就深刻系统地说明了十月革命的道路为什么不可能是一帆风顺的平坦之途。

在《国家与革命》中，列宁指出，马克思主义学说最主要的问题是无产阶级专政，而不是仅限于阶级斗争。他引用马克思 1852 年 3 月 5 日致魏德迈信中的一段论述③之后评论说：“在这一段话里，马克思非常清楚地指出了两点：第一，他的学说同资产阶级最渊博的先进思想家的学说之间的主

---

① 2017年7月27日习近平同志在省部级主要领导干部研讨班开班式上的讲话。《人民日报》2017年7月28日第1版。

② 列宁：《列宁全集》第25卷，人民出版社1958年版，第357页。

③ 马克思在信中说：“至于讲到我，无论是发现现代社会中有阶级存在或发现各阶级间的斗争，都不是我的功劳。在我以前很久，资产阶级的历史学家就已叙述过阶级斗争的历史发展，资产阶级的经济学家也已对各个阶级做过经济上的分析。我的新贡献就是证明了下列几点：①阶级的存在仅仅同生产发展的一定历史阶段相联系；②阶级斗争必然要导致无产阶级专政；③这个专政不过是达到消灭一切阶级和进入无阶级社会的过渡。”

要的和根本的区别；第二，他的国家学说的实质。”[1] 这就是说，在列宁看来，马克思主义国家学说的实质虽然离不开阶级斗争，但主要不在于阶级斗争，而在于实行无产阶级专政。谁要是仅限于承认阶级斗争，那他就可能还没有走出资产阶级思想和政策的圈子。列宁说：“只有承认阶级斗争，同时也承认无产阶级专政的人，才是马克思主义者。马克思主义者同庸俗小资产者（以及大资产者）之间的最大区别就在这里。”[2] 因而是否承认无产阶级专政，乃是测验真假马克思主义者的“试金石”。

首先，无产阶级专政是指无产阶级通过革命的阶级斗争手段摧毁资产阶级的国家机器，建立起不与其他阶级分享的无产阶级统治的政权。由于这个被取代的资产阶级政权，主要是依靠武装到牙齿的暴力机器维系的；而且随着不同阶级属性政权的更替而来的，还必将是公有制经济取代私有制经济的结局，涉及各个阶级之间政治地位与经济利益的根本性变化，因此一般说，不经过激烈的阶级斗争，及至暴力革命，而幻想通过“议会斗争”“和平过渡”的方式是绝对建立不起无产阶级专政的政权的。

其次，无产阶级专政是指从资本主义向共产主义社会过渡时期的必要的国家形式。由于无产阶级在夺取政权后建立起来的社会主义社会，是刚刚从资本主义脱胎出来的，难免在各方面都带有旧社会的“痕迹”。例如，虽然生产资料已经归全社会所有了，但物资还不丰富，人们的思想道德水平也很有限，而只能实行“等量劳动给予等量产品”的消费品分配原则。此中，就“等价交换”而言，貌似平等，实际“这个平等的权利还仍然被限制在一个资产阶级的框框里”。即仍然保留了在“事实上”不平等的“资产阶级法权”（权利）[3]。因此，在这个向共产主义过渡的社会主义时期，仍然需要有坚持无产阶级专政的国家，以保卫生产资料公有制，对劳动量、消费量实行严格监督，并保证劳动和产品分配的相对平等；同时还需不断加强对人们

---

① 列宁：《列宁全集》第25卷，人民出版社1958年版，第398页。

② 列宁：《列宁全集》第25卷，人民出版社1958年版，第399页。

③ 马克思、恩格斯：《马克思恩格斯全集》第19卷，人民出版社1963年版，第21-22页。

的思想教育，以保证不受旧思想的侵蚀，防止资本主义复辟；由于社会主义是在资本主义，特别是在帝国主义包围之中发展的，为了抗击国际敌对势力的侵略也必须坚持和加强无产阶级专政的国家力量。只有在以生产资料完全公有和生产力高度发展的基础上，才能使产品实行按需分配原则；同时人们的共产主义思想道德修养也有相当水平的条件下，由于已彻底消灭阶级和阶级差别，因而已无阶级和阶级斗争，更无阶级需要镇压，国家也就“自行消亡”了。那时如果还需要有政府形式的“国家”存在，那最多也不过是担负社会管理的职能，而与传统的作为阶级统治压迫工具的国家有本质区别。这样，马克思列宁主义的国家与无产阶级专政的学说，既与否认通过暴力革命建立无产阶级专政政权的机会主义划清了界线，同时也否定了妄想在无产阶级夺取政权后立刻废除国家的无政府主义的谬论。

总之，十月革命的道路，首先在政治上要坚持被一切机会主义和无政府主义所否认的无产阶级专政的学说。这就必然要遭到国内外一切仇视和反对无产阶级专政的敌对势力的激烈反抗，甚至在革命阵营内部的机会主义分子在革命的关键时刻也会附和敌对势力从内部破坏革命；加上社会主义革命是史无前例的伟业，由于缺乏经验而导致革命事业遭到挫折也是在所难免的。如十月革命的故乡——苏联的兴衰史就是一个典型的例证。

（四）苏联的兴衰史

在俄国，当无产阶级和广大劳动人民在列宁的领导下于1917年10月25日（公历11月7日）夺取了政权后，在1918年的上半年就立刻遭到英国、法国、日本、美国等帝国主义者，尤其是德奥协约国[①]的武装干涉和国内哥萨克上层份子的叛乱。他们内外勾结，共同向苏维埃政权大举进攻。在党内也出现了托洛茨基和以布哈林为首的“左派共产主义者”集团，反对列宁

① 指德奥等帝国主义集团。

为巩固苏维埃政权而不得不与德国缔结《布勒斯特和约》。他们企图以此来里应外合，颠覆刚刚诞生的苏维埃政权。幸得有列宁的坚强正确的领导、红军的英勇奋战、工农大众积极热烈的拥护，以及各帝国主义国家工人罢工游行的大力支持，才很快平息了国内外敌人的疯狂进攻，使初生的无产阶级专政的苏维埃政权站稳了脚跟，并使国民经济得到恢复和初步发展。1924 年列宁逝世后，苏联在斯大林的领导下，不仅使苏维埃政权得到进一步的巩固和发展，而且使社会主义经济制度很快建立和发展起来，经济、科学文化、国防建设等各方面都得到迅速发展和提高，提前超额完成了举世瞩目的第一个五年计划，特别是英勇果敢地粉碎了希特勒法西斯的猖狂进攻，为赢得第二次世界大战的胜利做出了卓越的贡献。随之，在战后，包括中国革命的胜利在内，在世界上形成了以苏联为首的强大的社会主义阵营和“东风压倒西风”的局面。这是国际共产主义运动空前辉煌繁荣的鼎盛时期，也是全世界无产阶级和广大劳动群众感到最开心的时期。

1953 年斯大林逝世后，赫鲁晓夫于 1956 年苏共第 20 次代表大会上，采取突然袭击式的手法，发表了全面否定斯大林的秘密报告，从此便使一个好端端的苏联社会主义国家逐渐偏离十月革命的道路，逐渐削弱和抛弃了无产阶级专政学说与国家体制。到 1985 年 3 月 11 日，在西方国家猖狂的和平演变攻势与严峻的冷战双重打击下，戈尔巴乔夫当选苏共中央总书记。他一上台就宣称要实行改革的“加速”战略，先后提出了改革的“新思维”“公开性”。他所谓的“新思维”，实质是承认西方的“普世价值”，主张按照西方的价值观来决定苏联的内外政策。他所谓的“公开性”，实际就是在资产阶级“民主化”的幌子下，反对无产阶级专政。1988 年，苏共第 19 次全国代表会议还把“人道的民主的社会主义”确立为改革的“最终目标和理想”①。很明显，“人道的民主的社会主义”的实质，是攻击社会主义对最广大人民群众的民主和对极少数敌人的专政是“不人道”“不民主”的，从而妄图把

① 李慎明:《苏联亡党亡国20年祭——俄罗斯人诉说》,社会科学文献出版社2013年版,第10页。

对极少数人的无产阶级专政偷换演变为对绝大多数人的资产阶级专政。这样，戈尔巴乔夫就完全背离了十月革命的道路，完全抛弃无产阶级专政的武器，甚至丧心病狂地公开宣布解散苏联共产党，最终于 1991 年导致苏联解体，东欧剧变，使国际共产主义运动坠入最低潮。

苏共亡党亡国的教训实在是太深刻了。穷其原因，最根本的一条，就是背离了马克思列宁主义的十月革命道路，否定了无产阶级专政学说。

邓小平说："东欧、苏联的事件从反面教育了我们，坏事变成了好事。"①

江泽民说："东欧剧变、苏联解体，最重要的教训是：放弃了社会主义道路，放弃了无产阶级专政，放弃了共产党的领导地位，放弃了马克思列宁主义。"②

2000 年 12 月，胡锦涛指出："苏联解体原因是多方面的，其中很重要的一条，就是从赫鲁晓夫丢掉斯大林这把刀子，到戈尔巴乔夫公开背叛马克思列宁主义。"③

习近平说："苏联为什么解体？一个重要原因就是意识形态领域的斗争十分激烈，全面否定苏联历史、苏共历史，否定列宁，否定斯大林，搞历史虚无主义，思想搞乱了，各级党组织几乎没有任何作用了，军队都不在党的领导之下了。最后，苏联共产党偌大一个党就作鸟兽散了，苏联偌大一个社会主义国家就分崩离析了。这是一个前车之鉴啊！"④

归根结底就是一句话：由于苏联修正主义者背叛了马克思列宁主义，背离了伟大十月革命道路，才酿成了苏联解体，东欧剧变，以至国际共产主义运动跌至谷底的悲剧，教训十分深刻。

---

① 中共中央文献研究室编：《邓小平年谱（1975—1977）》（下），中央文献出版社2004年版，第1332页。

② 江泽民：《江泽民文选》第3卷，人民出版社2006年版，第230页。

③ 李慎明：《苏联亡党亡国20年祭——俄罗斯人诉说》，社会科学文献出版社2013年版，第3页。

④ 中共中央文献研究室编：《十八大以来重要文选编》（上），中央文献出版社2014年版，第113页。

（五）“民主社会主义”与“欧洲共产主义”的失败

在国际共产主义运动中，还有一些国家的共产党企图抵制十月革命道路而又欲实现共产主义社会的目标。他们的这套思路，当然更是痴心妄想。例如，所谓“民主社会主义”“欧洲共产主义”就是如此。

1. 关于“民主社会主义”问题

“民主社会主义”是西方社会民主党人从过去社会民主主义的思想演变而来的，实质上是一种改良的资本主义思想体系。在19世纪中叶以前，本来社会民主主义属于以改良社会为目的的小资产阶级思想体系的范畴，而与革命的共产主义有原则区别。但1871年巴黎公社失败后，马克思、恩格斯出于策略性的考虑，暂且“容忍”① 了那种提法，以便更有利于为最终实现共产主义的目标而斗争。1895年，恩格斯逝世后，第二国际的伯恩斯坦则全面修正了社会民主党人原先所信奉的马克思主义基本理论和基本政治路线，认为资本主义经济和民主制度可以使资本主义获得一种自我调节的能力，因此只需改良，而无须通过革命斗争即可和平长入社会主义，从而否认了无产阶级的阶级斗争和无产阶级专政，同时也否认了变资本主义私有制为社会主义公有制的必要性。第二次世界大战后，欧洲各国社会民主党继承了伯恩斯坦第二国际社会民主主义的思想，并把社会民主主义的名称改为民主社会主义，以示他们所主张的是“民主”的社会主义，根本不同于共产党人所主张的实行无产阶级专政的社会主义，同时也弱化了对生产资料公有制的要求，而只强调收入分配方面的公平。赞同这种观点和基本路线最典型的是瑞典社会民主党人所推行的民主社会主义。

---

① 列宁说过：“‘社会民主党’这个名称是不恰当的，在科学上是不正确的。马克思、恩格斯不止一次说过这一点。他们‘容忍了’这个名称，那是因为1871年以后形成了一种特殊形势：必须慢慢训练群众，革命还没有提上日程。”（列宁：《列宁全集》第29卷，人民出版社1985年版，第241页。）

瑞典社会民主党理论家卡尔松（Karson，1934—），1986—1991年该党执政期间曾任内阁首相，他在所著的《职能社会主义》一书中认为：一种可行的、合理的社会形态，应该是使社会主义和资本主义在生产资料所有权的各种权能中进行分割，求得双方可以接受的一种妥协办法，从而达到实现“社会主义”的目的。例如，可以把属于私人的生产资料所有权中的收益分配权分割出来交给国家或其他公共机构处理，以达到各个社会成员共享社会成果的“社会主义”的目的。在此，卡尔松完全背离了马克思关于收入分配的方式和性质取决于生产资料占有的方式和性质的基本原理，妄图在保留资本主义私有制的条件下，依赖国家的调节来实现公平合理的分配。由社会民主党执政的瑞典政府，按照这种理论实行高工资、高福利、高税收政策的结果，不仅没有使劳动群众摆脱资本家压迫剥削的地位，过上真正社会主义的生活，而且还影响社会经济效率和健康发展。例如，其具有特色的从“摇篮到坟墓”的高福利政策，实际形成了社会“大锅饭”，有时失业比在职的收入多，告假比上班的收入多，以致经济增长缓慢甚至下降。数据显示，瑞典大力推行高福利政策的20世纪60年代以后的三四十年，其年均经济增长率日趋于下①。不仅如此，由于社会福利通常都具有能增不能减的特点，长期高福利的压力必然会带来过高的财政赤字。据统计，瑞典政府的财政赤字由1950年的3.1亿克朗增至1981年的662.7亿克朗，31年增加了212.8倍，其所占GNP的比重同期由3%上升到12%，超越同期西方各发达国家的比例。例如，1980年财政赤字所占GNP的比例，美国为1.9%，联邦德国为3.7%，英国为5.2%，加拿大为4.2%，而瑞典却高达两位数的水平②。严重的财政赤字必然带来严重的通货膨胀或沉重的主权债务负担，甚至债务危

① 据统计，瑞典1960—1965年的年均经济增长率为5.7%，1965—1970年为3.8%，1970—1974年为3%，1974—1979年为0.3%；1982年后随着世界各国经济缓慢复苏与发展，瑞典经济虽也稍有好转，但从1989年起，经济又开始滑坡，进入90年代更进一步恶化，1990年工业产值下降2.8%，整个国民经济较上年增长0.3%，1991年还出现了GNP绝对下降1.1%的局面。（见丁冰著：《中国经济热点问题研究》，中国经济出版社2010年版，第88页。原载《中华魂》2007年第6期）

② 丁冰：《中国经济热点问题研究》，中国经济出版社2010年版，第87页。

机。这些问题可以统称为“瑞典病”。在欧洲，除瑞典外，其他一些由社会民主党或工党执政并实行民主社会主义高福利政策的国家，在不同程度上都犯有类似的“瑞典病”。2010 年开始爆发的希腊、西班牙、葡萄牙、爱尔兰、意大利等国家的严重债务危机，与这种“瑞典病”有很大关系。这表明，对于作为自称代表工人利益，甚至标榜是为实现社会主义而奋斗的社会民主党来说，他们所推行的民主社会主义已走进了死胡同，自己也已坠落为地地道道的资产阶级政党。究其原因，就是由于他们抛弃了无产阶级专政，偏离了十月革命道路。

2. 关于“欧洲共产主义”问题

“欧洲共产主义”是第二次世界大战以后一些欧洲资本主义发达国家的共产党，在新的国际形势下，为了寻找一种既不同于苏联，又不同于社会民主党人的社会主义模式的道路。这种道路在当时不仅得到了欧洲大陆大部分共产党的支持，也得到了欧洲以外地区的发达国家共产党的赞同。但这样的“欧洲共产主义”道路始终没有成功，其政党也没有执掌过政权。这是他们与曾有执政经历的民主社会主义者不同的一点。

第二次世界大战后“欧洲共产主义”的兴起，绝不是偶然的，是由于当时西方资本主义国家进入了一个相对和平发展时期，经济恢复发展较快，工人阶级日趋白领化、知识化，而且由于资产阶级为缓和阶级矛盾，收买人心，实行高工资、高福利政策，使工人阶级特别是工人贵族过上了相对安闲优裕的生活，逐渐弱化了革命的锐气和意志。加之，人们刚告别两次世界大战不久，对战争的残酷和灾难记忆犹新，以致普遍产生厌恶暴力革命，贪图安逸，希望轻松过渡到社会主义的情绪，从而为“欧洲共产主义”道路的出现提供了社会思想基础。

“欧洲共产主义”者的基本观点：一是主张通过民主的途径走向社会主义。他们认为，十月革命式的道路并不是到处都适用，各国走向社会主义应有多种形式，具有民主传统的发达国家可以不搞暴力革命，而应充分利用现有的民主制度，通过议会选举同时和议会外的群众运动相结合，和平过渡到社会主义。二是不再提马克思列宁主义。他们认为，“列宁主义”这个概念是列宁逝世以后，斯大林和苏联著作家为了“适应当时苏联党内各派内部斗争的需要”和“把苏共的领导权强加给国际共运而制造出来的”；承认列宁对马克思主义有重大发展，但认为他的许多论点已经过时，再说“列宁主义是当代的马克思主义”是不恰当的。

第二次世界大战结束后，特别是在50年代，中西欧及东欧一些国家的共产党人中秉持这种“欧洲共产主义”观点的绝不是个别的。其中具有代表性的人物有意大利共产党的创始人葛兰西。葛兰西是欧洲共产主义者推崇的思想先驱。20世纪30年代初期，葛兰西在狱中写的札记和书信中，提出了一系列他认为适合于欧洲和意大利的独立思想和主张。例如，他提出由于西欧的上层建筑不同于列宁时代的沙皇俄国，“中欧和西欧各国必须有一个不同于俄国十月革命时期的战略”。另一个主要代表人物是意共总书记陶里亚蒂。陶里亚蒂最早提出反对国际共运“世界中心”论，主张各党独立自主地走自己的路。陶里亚蒂认为，发达的资本主义国家有可能用改革内部结构的方法，通过和平、民主走向社会主义，不必诉诸武力打碎国家机器；陶里亚蒂主张阶级联盟，要求广泛加强、扩大工人阶级和其他劳动群众的力量和民主力量的团结。陶里亚蒂的这套“独立自主”“结构改革”“广泛联盟”的主张，成为意共长期执行的基本路线，影响甚广。特别是在1953年斯大林逝世，1956年苏共二十大和赫鲁晓夫秘密报告全盘否定斯大林后，在欧洲共运中产生了较大影响。

但是，这个“欧洲共产主义”思潮，尽管反对暴力革命的要求，但因仍然打着共产主义的旗号，在当时的欧洲政坛上，依然是一个令人望而生畏，唯恐避之不及的政治力量，因而遭到各国当局广泛而强烈地抵制，以致一直没有一个信奉“欧洲共产主义”的政党通过议会民主的道路执掌政权，更别说过渡到社会主义了。这个道理很简单，马克思主义与资产阶级的利益是根本对立的。哪怕是稍带一点马克思主义的色彩，资产阶级统治者也会像害怕洪水猛兽一样而必欲除之而后快，绝不能让其登堂入室，执掌政权。2017 年法国总统大选中，号称毛派总统候选人的梅朗雄，自称崇拜毛泽东，身着貌似中山装的打扮格外引人注目；在 2012 年总统竞选海报中，还曾在大红的底色上，并列着马、恩、列、斯、毛的头像，并用中文配写着“战无不胜的马克思列宁主义、毛泽东思想万岁”，给人很深刻的印象。在当年众多竞选候选人中，他的民意调查显示跃居榜首，占比 25%。但是在第一轮投票选举中就被排挤出参加第二轮选举的候选人之列而落选了。原因就在于梅朗雄的马克思主义的色彩太浓，在资产阶级力量占据压倒优势的国度里，妄想通过资产阶级的“民主”选举取胜，无异于缘木求鱼，是根本不可能的事。同样的道理，“欧洲共产主义”尽管在 20 世纪 50 年代兴盛一时，但却从没有在一个国家通过议会选举执掌政权。不仅如此，随着形势的发展，特别是苏联解体，东欧剧变，国际共运陷入低谷，“欧洲共产主义”思潮也日趋衰落，以至彻底消失了。

总之，无论是苏东的剧变，还是“民主社会主义”和“欧洲共产主义”的失败，从根本上说，都是否定或背离、偏离了马克思列宁主义的无产阶级专政国家学说和十月革命道路的结果。

（六）坚持中国特色社会主义道路

中国继续坚持走十月革命和中国特色社会主义道路所需注意的四个。

如前所述，中国之所以能有今天这样蒸蒸日上的大好局面，就是由于中国共产党从诞生之日起，一直在马克思列宁主义的指导下，沿着伟大十月革命的道路前进，并且能紧密结合中国实际和国内外形势的发展，创造性地提出了毛泽东思想和中国特色社会主义理论体系，开辟出继续前行的中国特色社会主义道路。

然而，事务总是复杂辩证地发展的。凡事预则立，不预则废。习近平同志最近告诫全党同志特别是各级领导干部，在当前已取得巨大成绩面前，

"决不能因此而沾沾自喜、盲目乐观"。要增强忧患意识，做到居安思危、知危图安……从最坏处着眼，做最充分的准备，朝好的方向努力，争取最好的结果[①]。为此，在中国风生水起快步前进之际，笔者认为，确有一些问题或"困难"，需预做应对之策，以收未雨绸缪之效。

1. 必须坚持公有制经济主体地位

必须牢记坚持公有制经济主体地位是坚持中国特色社会主义的生命线。党的十八大闭幕后的2013年1月5日，习近平同志在中央委员会委员、候补委员学习班开班式上的讲话中，系统而科学地阐明了中国特色社会主义的思想渊源与形成发展的过程，强调指出，中国特色社会主义就是科学社会主义，而不是别的什么主义，并明确认定科学社会主义的基本特征或基本原则，首要的就是"在生产资料公有制基础上组织生产，满足全体社会成员的需要是社会主义生产的根本目的"。党的十一届三中全会以来，党的历次全国代表大会和中央全会的决议文献都把坚持公有制主体地位列为重要原则。以决定全面深化经济改革著称的党的十八届三中全会，更强调指出："必须毫不动摇巩固和发展公有制经济、坚持公有制主体地位，发挥国有经济主导作用，不断增强国有经济活力、控制力、影响力。"

习近平同志在一系列重要讲话中一再强调："公有制主体地位不能动摇，国有经济主导作用不能动摇，这是保证我国各族人民共享发展成果的制度性保证，也是巩固党的执政地位、坚持我国社会主义制度的重要保证"[②]；"要把国有企业做强做优做大，不断增强国有经济活力、控制力、影响力、抗风险能力"[③]，等等。总之，就是要求通过全面深化改革，把国有企业搞好，要做强、做优、做大国有经济，而一点也没有要削弱或缩小的意思。但社会

---

① 2017年7月27日习近平同志在省部级主要领导干部研讨班开班式上的讲话，《人民日报》2017年7月28日，第1版。

② 习近平：《立足我国国情和我国发展实践，发展当代中国马克思主义政治经济学》，《人民日报》2015年11月25日，第1版。

③ 习近平：《在中央全面深化改革领导小组第13次会议上的讲话》，《经济日报》2015年6月6日，第1版。

舆论场所却出现一种相反的论调，说什么“国企的存在就是个问题”“一意孤行做大做强国企，这是什么改革？这完全是反改革”。更令人担忧的是在实践中，尽管在党中央的坚强领导下，通过贯彻落实反腐倡廉、“四个全面”战略布局等一系列有力措施，已使国企改革取得很大成绩，但也不能不看到有一些阳奉阴违的消极现象。如有的在借口推行“混改”多元化的幌子下，力推公私入股不设比例限制、积极倡导职工个人持股，而不顾国有资本能否占据主体或控股的问题；以及在推行政府和私人资本合作（PPP）模式中，有的地方采取政府承担兜底责任，或者政府回购、明股实债、固定回报等形式以保证私人资本只赚不赔。这些做法是有助于私有化的发展或私有化倾向的改革。目前，中国之所以存在许多社会矛盾和经济问题，说到底，都或多或少、直接间接与这种继续私有化倾向的改革不无关系。特别是当前公有经济主体地位已削弱甚至消失的情况下，这种不良倾向对于巩固发展中国特色社会主义道路是极其不利的，不能不高度警惕。

2. 必须重视当前我国政府高额债务隐患

按照马克思社会再生产理论，社会两大部类只有保持平衡，社会经济才能获得正常健康发展，相应的财政收支也须保持基本平衡或略有结余的状态。中国公认的开国元勋之一的马克思主义理财高手陈云同志说过：“财政收支和银行信贷都必须平衡，而且应该略有结余。只要财政收支和信贷是平衡的，社会购买力和物资供应之间，就全部来说也会是平衡的。”① 如果财政收支不平衡而出现赤字，除采取遭人骂的通货膨胀办法之外，就只有增税和借债两条路可走。增税因不利于企业经营和消费者生活，不可能无限增加。剩下的就只有借债一法了。据国家统计局公布的初步核算数据显示：2016 年中国 GDP 为 74.41 万亿元，同期政府债务余额为 27.308 47 万亿元，国家主权债务率为 36.7%，低于国际主权债务危机警戒线 60%。于是有人认

① 陈云：《陈云文选》第3卷，1995年版，第52-53页。

为，从这个指标看，中国尚属危机可控，放松了对债务风险隐患的警惕。因为36.7%的债务率尚未计算政府担保等形式的所谓“隐性债务”，何况目前财政赤字增长的势头尚未煞住，以致扩大债务规模的冲动难以消除。如有些地方政府还在企图通过各种渠道“打擦边球”，使债务野蛮生长。

按照资产阶级古典学派李嘉图（David Ricardo，1772—1823）的等价原理，国家的债务等于延期增税，实质上是今人欠债后人还，今人责任后人担。这不仅在道义上有欠公平合理，而且在经济上从长期看，政府要么是搞通货膨胀赖债，要么只好陷入债务危机陷阱。所以，资产阶级古典学派认为，国家财政除战争、天灾的特殊年份外，一般都应保持收支基本平衡，力求避免赤字和发行国债。当然，这乃是他们当时尚处于资本主义上升时期，国家财政状况一般较好或赤字不太严重情况下的思想反映。但是到帝国主义时期，资本主义矛盾日趋尖锐，财政状况日趋恶化，并在凯恩斯的赤字举债政策的辩护和影响下，才把累积如山的债务不当一回事。应当明白，中国现在是一个正在走“上坡路”的蒸蒸日上的社会主义国家，而若将自己今天的债务率与已在走“下坡路”的资本主义国家的债务警戒线做比较，从思维方式看，似有自我贬损之嫌。因此，我们必须高度警惕，切实防范高额债务隐患。

3. 认真准备应对和防控智能机器人的挑战

当下国内外正蓬勃兴起的机器人革命，有如从天而降的狂风巨浪滚滚而来。这是人类几千年来辛勤劳动、科技进步创新的结果，特别是近几百年来的产业，历经蒸汽革命、电气革命、信息技术革命之后，又跨越式地发展到使机器不仅是被动地被人所制造使用，而且能被赋予学习的功能，以致于在棋艺博弈的人机大战中，世界顶级棋手却居然在阿尔法狗（AlphaGo）面前甘拜下风。这意味着在一定条件下机器的“智能”作用，不仅能代替而且有可能超过人的脑力作用，使人机界限似乎都变得模糊起来了。这是人类征服自然斗争的伟大胜利，我们必须满腔热情地欢迎，并积极推动其进一步快速发展，否则就有可能败于世界经济、技术的激烈竞争，落后于经济全球化时代的发展。

据媒体报道，当前，中国生产机器人的企业已有200多家，包括涉及生产机器人的企业在内共有800多家。在交通行业中，中国智能网联汽车创新联盟已于2017年6月12日正式成立。专家表示，它的智能汽车的发展，能使我国现有汽车产业规模再扩大一万亿元之巨，同时能拉动5G、车联网、大数据、人工智能、新能源汽车等领域快速发展。另有数据显示：2015年全球销售工业机器人24.8万亿美元，同比增长12%，约占当年全球GDP的18%。其中3/4的销量集中在中国、韩国、日本、美国和德国①。

但事物的发展总是有两面性的。当智能机器人发展能给人类带来提高生产效率和工作效率等积极作用的同时，也必然会产生一系列负面的社会经济问题，最主要的是“技术和就业的矛盾”问题。因为智能机器人的出现与过去机器的发明使用有很大不同：后者主要是代替人的体力；前者却在相当程度上代替了人的体力和脑力，几乎是多一个机器人就等于多一个争夺就业岗位的人了。当然，每一种新技术的出现，既可减少就业岗位，同时又会相应地增加与其新技术相关的新的，甚至更多的就业岗位（过去往往就是如此）。但问题在于，在当下智能机器人迅速发展的形势下，新增加的行业（或产业）和就业岗位同样也可能被智能机器人去填补。问题还在于，智能机器人所能“就业”的领域十分广泛，不仅可以从事各个物质生产领域里的活动，以及一般人所难以进入的脏活、累活、危险活，而且在云计算、大数据等现代技术的配合下，一些需要大量复杂劳动、精细技术的职业，诸如律师、精算师、保险代理人、外科医生等都可部分或大部分由机器人来替代。至于智能机器人在一些生活服务领域也同样有其广阔的活动空间。如在杭州出现的5位名为“阿铁”的智能机器人保姆，就能够贴心地提醒老人吃药、监测老人身体数据、帮老人实现远程视频通话，还能唱京剧、越剧给老

① 记者董碧娟报道：《引领产业革命的颠覆性技术》，《经济日报》2016年10月21日，第14版。

人解闷。因此，可以预计，在目前经济水平的形势下，随着智能机器人的发展，在各经济发达和较发达国家将出现更多的大量失业人口不是不可能的。习近平同志在G20汉堡峰会上说："世界经济论坛预计，到2020年，人工智能将取代全球逾500万个工作岗位。"① 2017年2月14日，被誉为当代福布斯的企业家、电动汽车公司特斯拉创始人和CEO伊隆·马斯克（Elon Musk）在迪拜还说：20年后全球15%的劳动力将因人工智能而失业②。

应看到，目前世界各国普遍处于高失业率状态。美国在2008年金融危机时失业率曾一度高达两位数，目前虽已下降到4.3%，但若加上隐性失业，实际仍保持在9.3%的高水平上③。欧洲目前虽已渡过了危机最困难时期，但各国依然保持着较高的失业率。欧盟2015年10月公布的数据显示，该年8月欧元区和欧盟的失业率分别为11%和9.5%。其中希腊最严重，达25.2%，依次西班牙为22.2%，法国为10.2%，马耳他为5.1%，捷克为5%，德国最低为4.3%。在失业人口中最严重的是25岁以下的青年人，希腊、西班牙有约一半的青年人失业④。在中国，按国家统计局公布的数字，2016年城镇登记的失业率为4.02%，2017年将控制在4.5%以内。可见，国内外目前就业形势都很严峻。若20年后，真如马斯克先生所言，全球将因人工智能发展再增加失业率15%，哪怕只增加10%，也是一个令人十分震惊和难以接受的可怕数字。特别对中国来说，因制度原因，更难令人接受。就西方资本主义国家而言，几百年来，他们已习惯于"失业是资本主义必然伴侣"的社会生活方式，对失业有相对较强的承受力；而对中国劳动者来说，因改革开放前曾尝试过一段时期"铁饭碗"的社会主义优越性的生活，今天也还在继续生活在名为中国特色社会主义社会里，如果将来再回头去过毕

① 习近平于2017年7月8日在G20汉堡峰会上的讲话：《坚持开放包容推动联动增长》，《经济日报》2017年7月8日，第2版。

② 伊隆·马斯克2017年2月14日在迪拜世界政府峰会上的演讲。记者周勤燕报道，QQ空间新浪微博robotsohu..com/2017—02/ART—832.120。

③ 路透社华盛顿2016年12月9日电：《美国失业率降到9年来新低》。

④ 记者严恒元报道：《欢元区失业率仍高达11%》，《经济日报》2015年10月26日，第5版。其中法国的数据来自该报同年8月27日第11版，陈博：《法国咋过失业率攀升这道坎》。

业即失业的生活，显然会感到很难接受了。

怎么办？有的人提出要加强国家管理、加强计划性和缩短工时等应对之策，使更多的劳动力能够就业。笔者认为，这些都有可取之处。因为它符合技术进步所要求的发展方向。回顾过去人类的发展进程，人们每天、每年所付出的劳动工时，就是在随着劳动技能和生产效率的提高，而越来越缩短的。资本主义初期的自由劳动，虽然比奴隶劳动、农奴劳动的劳动工时有所缩短，但实际每天的劳动时间仍然很长，至少每天在10小时以上，只是到蒸汽机发明使用以后的19世纪，在工人阶级的坚决斗争下，才赢得8小时工作制的胜利。第二次世界大战后，随着生产技术的进一步飞速发展，在各先进国家不仅使8小时工作制巩固了下来，而且有的一周还不满6个工作日，一年还有固定的星期日和若干法定的节假日，让人民有较充裕时间休闲和出游。因此，当科学技术又进一步跨越式地发展到人工智能蓬勃兴起的今天，当然就更有条件和必要把劳动时间缩短。这样，既不会减少人们日益增长的物质文化需要，还可腾出大量就业岗位来消化大量的失业人员。如在中国，包括目前4%的失业率和假定20年后再增加的15%失业率的全部失业人员，经适度减少劳动时间，全部都可就业。比如，若一周只工作4天，即一周再减少一天工作日，便可腾出大约1/5（20%）的工作岗位，足够消化全部失业率（包括目前4%的失业率和假定20年后再增加的15%的失业率），能使人人都有固定而体面的工作和收入。

有人问：一周工作4天，剩下3天干啥？我觉得在社会主义国家里，这是党、国家和社会让我们去自由安排充分享受休闲、娱乐、旅游、学习和参加各种报告会、演讲会、演出会、比赛会、培训班等幸福生活，并借以消除疲劳、增强体质和不断提高道德文化修养与专业知识技能水平，其最终目的就是要把自己有限的生命，更好地投入到无限的为人民服务之中去。

但是，实现大幅度缩减劳动时间的目标，除有人工智能等技术物质条件外，最重要的是，还必须有生产资料公有制基础的制度保证。改革开放前中国尽管经济水平较低，但仍能基本上保证人人有工作，城镇职工还能端上“铁饭碗”，其根本原因就在于经过“三大改造”建立起城乡公有制的经济基础。当然这样的制度并非尽善尽美，而必须进行社会主义制度自我完善的改革，即需要实行以国有经济为主导、公有经济为主体、多种经济共同发展的基本经济制度。因此，根据经验，如果能重振并坚持公有经济主体地位，将来上述缩短工时的目标就可望能够实现。这是前面提出“坚持公有制主体地位是坚持中国特色社会主义道路的生命线”命题的一个重要原因和应有之义。

4. 应高度警惕陷入“修昔底德陷阱”

美国哈佛大学教授、曾任美国国防部部长特别顾问的格雷厄姆·艾利森（Graham Allison）根据古希腊历史学家修昔底德所著《伯罗奔尼撒战争史》的论述，提出一个“修昔底德陷阱”的概念，认为当一个新起的大国与既有的地区统治霸主竞争时，双方之间的威胁和反威胁引发激烈冲突，多数时候将以战争告终。其主要历史根据是，公元前431—404年，古希腊的雅典与斯巴达两个城邦盟友集团进行的伯罗奔尼撒战争。起因是地处沿海的雅典凭着自己工商业为主业的经济实力和沿海的海军优势，日益发展强盛起来，试图控制整个希腊，而不免与位居内陆、基本上是农业经济但尚武强悍、早成霸主的斯巴达发生矛盾，最终进行了长达近30年的战争。无独有偶，中国史称五霸七雄争战的春秋战国时期（公元前722—221年），五霸七雄没有一个不是通过腥风血雨的残酷战争来实现或巩固其霸主、大国地位的。随着新大陆发现以来约500年间，相继称霸世界的葡萄牙、西班牙、荷兰、英国、法国、德国、俄罗斯、日本、美国等，也无一不是通过战争和掠夺登上世界霸主地位的。

艾利森根据自己的研究认为，500年来守成大国与新起大国的“修昔底德陷阱”风险共出现过16次，其中12次最终都演变为战争①。这些说明，所谓“修昔底德陷阱”，不论概念提出者的动机如何，或是否杜撰，作为一

① 莫伊塞斯·纳伊姆：《“修昔底德陷阱”对中美不适用》，《参考消息》2017年7月10日，第14版。

个历史的战争规律，确实存在，而且是有现实意义的。当代美国研究国际关系理论的著名学者罗伯特·吉尔平（Rbert Gilpin）曾说过一句名言：“假如修昔底德有一天从坟墓中醒来，他对今天的世界一定不会陌生。”① 当然，在特定的历史条件下也可能会有不致发生战争的例外，正如通常水往下流，若遇漩涡暗礁就可能有回流的例外一样。在当前或许也可以说，我们正处于新的特殊历史条件下，因而有可能避免全面大战的时代。

首先，从保障国家安全的战略利器看，现已处于有核时代。这与传统的常规战术武器有很大不同，而是威胁整个人类生死存亡的特大战略性手段。只要各大国在保持核战略平衡的情况下，任何一个主权国家掌握核按钮的领导人，都不敢轻易首先按下核按钮。否则，就将犯下灭绝连他自己在内的全人类的无可挽回的滔天大罪。因而这就为避免核大战，从而也为避免常规武器的全面大战提供了可能性。

其次，从当前全球政治经济形势看，中国作为正在强劲和平崛起的位居世界经济第二的大国，并已是开始逐渐走近世界经济治理中心的强国，相应的，在其他科学技术、军事、文化教育等领域也在突飞猛进地奔向或跨进世界先进行列，纵然将来成为世界第一大国也绝不称霸，因而也不会对任何国家造成威胁；另一方面，以美国为首的西方发达国家阵营，2008 年危机以来的长时期缓慢复苏，增长乏力的事实进一步表明，经济已在日趋衰落，以致第二次世界大战后特别是七八十年代以来，由美国主导的新自由主义经济全球化都难以为继，而力求改弦易辙，宁可推行保守狭隘民族主义的保护主义、孤立主义政策。唐纳德·特朗普总统的上台及其内外政策指向，在相当程度上就是这一形势变化的典型表现。

最后，从世界安全形势看，自 2001 年“9.11”事件以来，美国小布什政府在反恐的名义下，厉行单边主义政策，先后在 2002 年、2003 年，任意发动侵阿、侵伊战争；接着又到处煽风点火，鼓动支持颜色革命、阿拉伯之

① 朱锋:《中美应共同管控“修昔底德陷阱”》,载《参考消息》2016年8月26日,第11版。

春，搅得西亚、中东、东欧、北非广阔地带生灵涂炭，饿殍遍野。特别是聚焦叙利亚，战火已燃烧 6 年之久，至今还看不到有结束之日。美国的初衷是反恐，结果是越反越恐，不仅扩大了恐袭的范围，还增加了恐怖组织，而且催生以百万计的大批难民四处横流，又进一步为恐怖主义的存在和发展提供了新的有利条件。这些没完没了的乱象，从根本上说，都不过是由美国所主导的旧的国际政治、经济秩序已发生动摇和日趋于下的本质表现。

这些客观形势无疑将为我们避免陷入“修昔底德陷阱”提供了可能，只要我们在主观上坚持正确处理国与国之间关系的政策，就有可能把这种可能性变为现实。正确的政策最基本的一点，就是建立国与国之间的对话不对抗、相互尊重、结伴不结盟的伙伴关系。正如习近平同志 2017 年 1 月 18 日在联合国日内瓦总部的演讲《共同构建人类命运共同体》中说的：“大国要尊重彼此核心利益和重大关切，管控矛盾分歧，努力构建不冲突、不对抗、相互尊重、合作共赢的新型关系。只要坚持沟通、真诚相处，‘修昔底德陷阱’就可以避免。”①

目前，中国人民在以习近平同志为核心的党中央领导下，正是按照这种方针政策处理与各国特别是像美国这样大国的关系。如 2014 年 11 月在北京的习奥瀛台夜话，2017 年 4 月在美国的习特海湖会晤等都已显示出中美双方“相互尊重”的诚意，展示出“修昔底德陷阱”有可能避免的迹象。

现还需注意的问题是，一般说，在守成大国与新起大国之间的关系是，既合作又博弈。若单凭一厢情愿地合作，即使真心真意，竭尽全力也不一定能感动“上帝”；或者一方诚心，对方却虚情假意，甚至耍弄阴谋诡计，实际与“一厢情愿”无异。历史经验说明，既得利益的守成大国，特别是已占居主导或霸主地位的大国，总的说来，从没有因劝说而能使其自动放弃权力或退出历史舞台的。马克思有句名言：“物质的力量，只能用物质的力量

① 习近平:《共同构建人类命运共同体》,《经济日报》2017年1月20日,第2版。

来摧毁。”① 根本原因在于，已占居主导或霸主地位的大国领导集团都已掌握明显优势的暴力国家机器，纵然有个别“开明”领导者愿意自动放弃权力而转向进步方面，也绝不会为其所代表的统治阶级所容许。特别是当大国之间的博弈若涉及生产资料由私有制向公有制转换时，就意味着守成大国统治阶级的经济、政治利益都会发生根本性变化。在过去几千年的私有制社会里，所有制形式在细节上也曾有所变化，这对统治阶级来说，只不过是剥削方式和剥削数量的变化，因而如果有时还能勉强接受而不致干戈相见，那么，现在所有制如果是由私到公的变化，对统治阶级来说，则是颠覆性的根本变化，因而就完全不能接受，以致难免要拼尽全力予以对抗②。如果不是全面的大战，也可能是局部的小战；如果不是直接的冲突，也可能是代理人的战争。在这种情况下，按照马克思列宁主义的理论，我们只有走无产阶级革命和无产阶级专政的十月革命道路，也就是走以最终实现共产主义而又符合中国现实国情的中国特色社会主义道路。在国际斗争中，严守相互尊重、对话不对抗的同时，还务必分清敌友我，对敌对势力绝不能抱不切实际的幻想，必须有两手准备，不惹事，也不怕事，坚决进行有理、有利、有节的斗争；特别在军事上，要聚焦打仗，锻造胜战之师。总之，要不忘初心，坚定不移地沿着十月革命的道路，为实现“两个一百年”奋斗目标和中华民族伟大复兴的中国梦奋勇前进，而绝不能走如前面所指出的因偏离十月革命道路而失败了的“民主社会主义”道路和“欧洲共产主义”道路，更要加倍严防因背叛十月革命道路而导致苏联解体，东欧剧变的悲剧重演。这就是我们热烈庆祝伟大十月革命一百周年的重要意义和结论。

（原载《福建论坛》2017 年第 10 期）

---

① 马克思，恩格斯：《马克思恩格斯全集》第1卷，人民出版社1956年版，第460页。

② 例如美国，奥巴马政府在行将御任前曾表示：未来30年美国将斥资1万亿美元“用来更新核武器”；特朗普刚上任不久，就要将2018年度国防预算大涨10%，即由5 220亿美元增至5 740亿美元，以确保军备的绝对优势，就是一个要决心“对抗”的信号。

三、试析“一带一路”与中国特色大国外交的关系

党的十八大以来，以习近平同志为核心的党中央，深刻把握新时代国内外发展形势，在外事工作中进行一系列重大理论和实践创新，形成了新时代中国特色社会主义外交思想，包括坚持以共商共建共享为原则推动“一带一路”建设等10个方面的内容①。本文拟就“一带一路”与中国特色大国外交思想的关系，着重阐释前者是后者的重要经济基础问题。

（一）帝国主义国家以对外经济扩张为基础的对外政策

马克思主义认为，经济基础决定上层建筑。在垄断资本主义基础上建立起来的帝国主义国家，以旨在攫取超额垄断利润而进行的对外经济扩张，如输出资本、操纵市场、掠夺资源、操纵金融、垄断技术等为经济基础，决定了它的对外政治、军事、外交政策必然是不平等的霸凌主义、殖民主义政策。在这方面，不同的帝国主义国家在不同时期，只是有不同程度、不同形式的区别罢了。

第一次世界大战前，帝国主义国家为了保障国内垄断资本家或垄断集团对落后国家输出“过剩”资本、倾销商品、剥削廉价劳动力、掠夺土地矿山资源等，竟不惜动用军事、外交手段侵占其领土，派遣总督直接统治其殖

① 习近平：《坚持以新时代中国特色社会主义外交思想为指导　努力开创中国特色大国外交新局面》，《人民日报》2018年6月24日。

民地国家，为垄断资本攫取超额利润保驾护航。第二次世界大战后，在世界一次又一次的民族解放运动浪潮中，各殖民地半殖民地国家通过斗争纷纷取得了政治独立，但帝国主义者并不甘心自己的失败，改行新殖民主义政策，对原殖民地国家，或通过代理人进行间接统治，或使其成为自己的经济附庸，有的甚至在政治、军事上也没有让其得到真正的独立，继续称王称霸。在当前国际金融垄断资本已占据统治地位的帝国主义时期，以及高新技术迅猛发展的形势下，帝国主义者又进一步改变手法，利用自己掌握金融垄断和技术垄断的优势继续维持巩固自己的霸权、霸主地位。美国就是最典型的例子。在金融上，美国利用其美元霸权操纵国际金融市场，美联储的决策往往成为世界金融动荡的罪魁祸首；在技术上，美国妄图垄断技术，永保世界霸主的领先地位，极力遏制中国的技术创新发展，以防被赶超。近来，本来是市场正常的商业行为，美国却不仅毫无根据地诬指“中国使用合资要求、股比限制和其他外商投资限制来强制或迫使外资企业转让技术”①，而且动辄就启用所谓“301”条款②，在保护国家安全和知识产权的借口下，阻碍中国技术的创新发展。如最近对中国中兴通讯股份有限公司，硬以不合其外交意图为借口而实施经济制裁，切断本来是正常商业行为的高科技货源。美国的霸道于此已昭然若揭。更有甚者，美国把中国企业通过自身努力实现的仿制创新③，和通过正常的商业行为获得的知识产权，也视为非法，并予以扼杀。2018 年 11 月 1 日，美国司法部起诉中国台湾联华电子股份有限公司、福建晋华集成电路有限公司和 3 名“跳槽”的台湾员工，指控他们涉嫌共谋窃取美国半导体公司美光（Micron）科技公司技术机密。这表面看来是一桩知识产权纠纷，但实质上却是美国阻止中国半导体技术发展的霸道行径，妄图对中国技术进行极限遏制。

① 魏建国:《中国从没有强迫谁转让技术》,《环球时报》2018年6月25日。

② “301”条款,指美国《1974年贸易法》中的一个条款。它规定美国总统可以采取所有“适当措施”,包括贸易报复措施在内,对付外国政府和企业以保护美国利益。

③ 技术创新分为原创式创新和仿创式创新两种类型,后者按惯例是容许任何一个企业独立自主地仿照已有产品并经过自己刻苦努力进行技术创新而获得新产品。

总之，帝国主义的霸凌主义、殖民主义政策，无论在过去还是现在，都是由它的经济基础——垄断资本主义统治下的对外输出资本等经济扩张、经济掠夺所决定的。只是在不同时期和不同国度，霸凌主义、殖民主义或新殖民主义有不同的表现形式而已。

（二）“一带一路”基础上的中国特色大国外交思想

同样，中国的外交政策也是由其经济基础决定的，只是其内涵与帝国主义国家有原则区别。中国坚持走中国特色社会主义道路的对外经济联系，严格遵循平等互利、合作共赢原则推动“一带一路”建设。因此，以此作为经济基础，中国的大国外交思想和路线方针政策与帝国主义所推行的霸凌主义、殖民主义、新殖民主义的路线方针政策，必然有天壤之别。

2013 年，中国国家主席习近平为避免旧的经济全球化中的各种不平等因素和适应当前新的经济全球化需要而提出来的“一带一路”，是对外经济联系的重大战略举措，倡议相关各国相互进行政策沟通、设施联通、贸易畅通、资金融通、民心相通，坚持共商共建共享原则，国家不分大小、贫弱，一律平等相待，合作共赢。因此，以“一带一路”为经济基础的外交思想、路线和方针政策，与帝国主义国家的外交路线、方针、政策有很大不同。

什么是中国新时代的大国外交思想呢？2018 年 6 月 23 日，习近平同志在中央外事工作会议上的讲话中指出，中国特色社会主义道路的大国外交思想，除了要坚持以共商共建共享为原则推动“一带一路”建设外，主要还有：①坚持以维护党中央权威为统领，加强党对外工作的集中统一领导；②坚持以相互尊重、合作共赢为基础，走和平发展道路；③“积极参与和引领全球治理体系改革，打造更加完善的全球伙伴关系网络”；④坚持以国家核心利益为底线维护国家独立、主权完整、安全、发展利益；⑤牢牢把握对内服务于实现中华民族伟大复兴，对外促进人类进步，推动构建人类命运共同体两大历史使命①。共商共建共享的“一带一路”建设，既是中国特色大国外交思想的重要有机组成部分，又是决定和构成中国特色大国外交内涵的经济基础。正如习近平同志在回顾中国推进“一带一路”工作五周年座谈会上指出的，“共建‘一带一路’正在成为我国参与全球开放合作、改善全球经济治理体系、促进全球共同发展繁荣、推动构建人类命运共同体的中国方案”②。这实际指明了“一带一路”建设是中国外交思想和路线方针政策的经济基础。

可见，“一带一路”建设与中国外交思想和路线方针政策是经济基础与上层建筑的关系，二者相辅相成，相互影响，相得益彰。这种关系首先表现为：在党中央统一集中领导下，全国人民和各有关部门、企业齐心协力积极有效地推进“一带一路”建设，这就必然会影响和决定作为中国外交路线方针政策的重要载体的各个区域性、多边性的国际经济合作组织的巩固和发展，进而建立发展全球伙伴关系网络、引领全球治理体系改革，最终实现人类命运共同体的远大目标。同时在这个演进发展进程中，每前进一步所取得的成就，又必然会反过来影响推动“一带一路”建设。

（三）打造新型“伙伴关系网络”，构建人类命运共同体

前已指出，中国大国外交的主要思想之一，是要“积极参与和引领全球治理体系改革，打造更加完善的全球伙伴关系网络”③。这里说的“全球伙伴关系网络”，首要的就是关系中国周边近邻的上海合作组织和以金砖国家（RBICS）为代表的新兴市场经济国家和发展中国家，以及“一带一路”

① 习近平：《坚持以新时代中国特色社会主义外交思想为指导　努力开创中国特色大国外交新局面》，《人民日报》2018年6月24日。

② 习近平：《坚持对话协商共建共享合作共赢交流互鉴　推动共建“一带一路”走深走实造福人民》，《经济日报》2018年8月28日。

③ 习近平：《坚持以新时代中国特色社会主义外交思想为指导　努力开创中国特色大国外交新局面》，《人民日报》2018年6月24日。

沿线国家的"伙伴关系网络"，包括了全球一半以上的人口、土地、GDP和贸易总量。这样一个拥有庞大经济实力的"伙伴关系网络"及其延伸的"命运共同体"，随着"一带一路"建设的推进，必然会得到不断增强、巩固和发展。2018年以来，这一进程突出地体现在一系列大型外事活动的成果上。

（1）2018年4月在博鳌亚洲论坛年会上，与会各国领导人、企业家和学者盛赞"一带一路"建设给自己的国家和人民带来巨大的实惠和利益，并表示要继续积极支持其发展。菲律宾总统杜特尔特表示，菲方愿积极参与共建21世纪海上丝绸之路，密切同中方在经贸、渔业、旅游、教育、基础设施、执法、安全等领域开展合作，菲方愿同中方一道努力打造更加繁荣的亚洲世界。俄罗斯天然气工业股份公司董事长维克多·祖布科夫认为，习近平主席提到中国将主动扩大进口，意味着中俄两国有更多在良好务实合作伙伴关系基础上加强合作的机会，"我们希望未来能够借鉴已有经验加强与中国的合作"。美国著名投资家、量子基金共同创始人吉姆·罗杰斯表示，习近平主席提出扩大对外开放系列新举措将给中国乃至世界带来好处，"我看好中国的投资机会，21世纪重要的一件事就是'一带一路'建设，很多人将从中获益"。

（2）2018年6月在青岛峰会上，上合组织成员国元首理事会发表的《青岛宣言》中说：所有成员国都一致"重申支持中华人民共和国提出的'一带一路'倡议，肯定各方为共同实施'一带一路'倡议，包括为促进'一带一路'和欧亚经济联盟对接所做的工作。各方支持利用地区国家、国际组织和多边合作机制的潜力，在上合组织地区构建广泛、开放、互利和平等的伙伴关系"①。"一带一路"建设为上合组织的巩固和发展提供了坚实的经济基础。值得一提的是，2017年上合组织增加了印度、巴基斯坦两个新成员国，其中印度此前对"一带一路"建设还存在疑虑，现在也表示要积

① 《上海合作组织成员国元首理事会青岛宣言》,《北京日报》2018年6月11日。

极支持和参与。这更进一步彰显了“一带一路”对增强上合组织和中国大国外交成就的经济基础的作用和意义。

（3）在金砖国家约翰内斯堡第十次元首会晤前一天的金砖国家工商论坛上，习近平主席指出：“我们将继续大力推进‘一带一路’建设，为各国经济社会发展、落实2030年议程开辟新空间。共建‘一带一路’倡议秉持共商共建共享原则，源于中国，属于世界。我们真诚希望金砖国家、非洲国家、广大新兴市场国家和发展中国家加入共建‘一带一路’伙伴网络，让共建‘一带一路’成果惠及更多国家和人民。”① 习近平主席的讲话不仅得到各金砖国家元首的支持，应邀参会的其他发展中国家也予以热烈回应。如土耳其总统埃尔多安表示，土方支持共建“一带一路”合作，反对保护主义，支持自由贸易，愿密切同中方在国际事务中的沟通和协调②。南南合作金融中心主席蔡鄂生表示，金砖国家和非洲国家应该保持战略定力，走好自己的路，踏踏实实地将合作规划落地实施，实现“一带一路”建设同联合国2030年可持续发展议程及非盟《2063年议程》的战略对接③。这些都说明“一带一路”建设对增强金砖国家的凝聚力与影响力有着不可估量的重要作用。

（4）习近平主席对阿联酋和其他非洲国家的出访促进了各国对共建“一带一路”的支持和落地实施，从而大大增强了与这些国家的团结和友谊，赢得了外交的新胜利。2018年7月19日，习近平主席应邀访问阿拉伯联合酋长国，受到阿方12架战机升空护航的隆重迎接。王毅外长在总结这次出访成就时指出：“阿联酋是中国在中东地区的重要合作伙伴，也是‘一带一路’建设的重要支点国家”，“这次出访，中阿两国签署共建‘一带一路’谅解备忘录”，“同意加强发展战略对接和产业政策沟通，同意港园一

---

① 习近平：《顺应时代潮流　实现共同发展：在金砖国家工商论坛上的讲话》，《经济日报》2018年7月26日。

② 《习近平会见土耳其总统埃尔多安》，《经济日报》2018年7月27日。

③ 蔡淳、李遥远：《坚定支持建设开放型世界经济——习近平主席在金砖国家工商论坛上的重要讲话引发热烈反响》，《经济日报》2018年7月27日。

体，打造国际贸易、产业聚集、区域辐射三位一体功能布局，推动传统油气和低碳能源合作‘双轮’转动，科技和金融‘两翼’齐飞。”① 这些成果无疑将对中东地区推进“一带一路”建设产生重要影响，同时反过来则必然进一步增强与阿联酋和中东地区国家的团结和友谊。随后，习近平主席分别访问了非洲的塞内加尔、乌干达、卢旺达、南非、毛里求斯五国，也同样受到了各国不同形式的热情隆重的接待，五国也纷纷表示了对“一带一路”倡议的支持和参与积极性，从而为中国在中东、非洲进一步推行新型大国外交政策铺垫了广泛而良好的经济基础。

（5）在2018年9月中非合作北京峰会上，中非双方围绕“合作共赢，携手构建更加紧密的中非命运共同体”主题，回顾了2015年论坛的约翰内斯堡峰会成果落实情况，谋划了中非关系未来发展，绘制了中非合作蓝图。中非双方愿意加强战略对接和政策协调，推进中非共建“一带一路”合作，并将“一带一路”建设同非盟《2063年议程》、联合国2030年可持续发展议程和非洲各国发展战略紧密对接，加强政策沟通、设施联通、贸易畅通、资金融通、民心相通，为中非合作共赢、共同发展注入动力。习近平主席在峰会开幕式讲话中提出的“六个携手”“八大行动”② 被峰会公认为是中非26亿人民在未来3年和今后一段时间合作发展的方向和实际行动的重点。为此，中国还承诺向非洲提供600亿美元的支持③。这使中非“一带一路”建设进一步走深走实，为中非合作提供更多机遇，增添更强动力，筑起更牢“压舱石”，从而必将进一步巩固和发展中非人民长期以来的守望相助、休戚与共的深厚友谊，为中非团结竖起一座历史丰碑。

因而，“南南合作”特别是中非国家和人民团结合作的大好局面，也不免招来美国一些政客、舆论的不满，他们甚至散布一些妄图破坏这种团结合

① 《相知无远近，万里尚为邻》，《经济日报》2018年7月29日。

② 习近平：《携手共命运　同心促发展》，《经济日报》2018年9月4日。

③ 其中包括150亿美元的无偿援助、无息低息贷款；200亿美元的信贷资金；支持设立100亿美元的中非开发性金融专项资金和50亿美元的自非洲进口贸易专项资金；用于推动中国企业对非洲投资不少于100亿美元。

作的杂音，诬蔑“一带一路”是中国在非洲搞的新殖民主义和“债务陷阱”。对此，习近平主席在中非北京峰会上理直气壮地予以了驳斥：中国始终坚持做到“五不”①，并且希望各国都能在处理非洲事务时做到“五不”。但众所周知的事实是，过去各帝国主义国家在非洲实施的恰恰是与“五不”原则背道而驰的殖民主义政策，料定今后也难改其本性。中国因始终坚持“五不”和共商共建共享的“一带一路”建设，永远是非洲的好朋友、好伙伴、好兄弟。任何人都不能破坏中非人民的大团结！任何人都不能阻挡中非人民振兴的步伐！任何人都不能以想象和臆测否定中非合作的显著成就！任何人都不能阻止和干扰国际社会支持非洲发展的积极行动！习近平主席的“四不能”铿锵有力的驳斥，不仅得到这次峰会的热烈回应和赞赏，而且也成为世界各国人民和有识之士与舆论界的普遍共识。正如王毅外长所说的，在这次峰会上，非方领导人“公开批驳各种责难中非合作的不实之词，一致认为中国才是非洲大陆发展振兴最可信赖的伙伴。一位非方领导人动情地说，‘中国是用实际行动帮助非洲的朋友，是当你摔倒在地扶你起来的朋友。我们非洲国家怎能不表达感激之情！’”② 塞内加尔总统萨勒也说：“当前国际上对非中合作有一些杂音。历史上，非洲国家饱受苦难，是中国在非洲国家争取独立解放时坚定地同非洲人民站在一起。中国一直理解非洲、尊重非洲、支持非洲。新时期，非洲需要投资、需要发展。非洲国家不会受任何杂音的干扰，将一如既往坚定地同中国相互支持、相互帮助，共同建设好‘一带一路’，共同构建更加紧密的非中命运共同体。”③

从上述可以看出，近五年来，特别是2018年以来，随着“一带一路”建设的高歌猛进，中国的外交战线已取得节节胜利，巩固、扩展和加强了“南南合作”，从而为进一步推进世界人类命运共同体最终目标的实现创造了极为重要的条件。

---

① 习近平：《携手共命运　同心促发展》，《经济日报》2018年9月4日。
② 《携手打造更加紧密的中非命运共同体》，《经济日报》2018年9月7日。
③ 《习近平会见塞内加尔总统萨勒》，《经济日报》2018年9月3日。

除此之外，在发展中国家与美国之间的一系列中间地带的发达国家，一方面因为受到“一带一路”积极作用的吸引；另一方面又受到特朗普政府保护主义、单边主义的挤压，也在不同程度上纷纷倾向积极支持、参与“一带一路”建设。例如，日本安倍政府过去长期与美国沆瀣一气，挑衅中国的钓鱼岛主权等，一度恶化了中日关系，甚至参与美国的“印太”战略，牵制、抗衡中国。但近年来在特朗普的挤压下，乘中日友好合作条约签订40周年之机，及时改变了态度，并在双方共同努力下，使中日关系重回正轨。2018年10月26日，安倍率领500多名商界人士的庞大团队正式访华，签署了50多项友好合作协议，金额达180多亿美元。对“一带一路”建设，安倍也转变了此前的犹疑、牵制态度，决定积极参与并共同协议开发“第三方市场”，以收“1+1+1>3”之效。不仅如此，在2018年11月5~10日由中国主办的盛大进口博览会上①，日本更是积极参加，其参展企业有468家之多，居世界各国之冠。无疑，以上事例对改善和加强中日外交关系具有积极意义。

总之，作为中国特色大国外交思想重要经济基础的“一带一路”建设，原则上是开放的、包容的，希望能得到一切国家的参与支持。然而在实践中，实际积极热情支持、参与的国家，主要是处于亚欧非沿线国家和以金砖国家为代表的包括亚欧非拉及太平洋区域在内的新兴市场国家与发展中国家。特别是后者，因为与中国过去都有过共同受帝国主义压迫掠夺的苦难遭遇，现在又都有发展的共同要求，所以是中国在国际事务中最可靠的天然同盟军，彼此长期保持着紧密联系和团结。仅2018年以来，中国举办和参加的一系列国际合作峰会等大型外事活动，实现了中国与世界发展中国家紧密团结的全覆盖。同时，“一带一路”建设的推动，在争取团结处于“中间地

① 首届中国国际进口博览会，共有来自172个国家、地区和国际组织的3 600多家企业和40多万名境内外采购商进入交易，仅在预定的6天展期内，即达成累计成交意向协议578.3亿美元，成为国际贸易发展史上规模空前的一次成功盛会。这次博览会既标志着中国开放大门将越开越大的决心，也是中国进一步推动“一带一路”建设、经济全球化发展与繁荣世界经济的平台。

带”的发达国家方面也取得了明显效果。不难理解，中国在推进“一带一路”建设和外交战略方面的世界布局与取得的成就，实际已体现了毛泽东同志提出并取得巨大成功的划分三个世界、分清敌友我的根本战略思想，是这个战略思想在21世纪新时代创造性地新发展。因此，我相信，“一带一路”建设及其所决定影响的中国大国外交战略，必将在以习近平同志为核心的党中央坚强领导下，在新的伟大斗争时代取得新的伟大胜利。

（四）结语

“一带一路”是由中国国家主席习近平为避免旧的经济全球化中的种种不平等因素和适应新型经济全球化的客观需求而提出来的。历史发展的规律告诉我们，符合广大人民群众利益的新生事物是不可战胜的，任何阻碍历史前进的腐朽没落势力都必然要被新兴的势力所取代。“沉舟侧畔千帆过，病树前头万木春”。新旧经济全球化更替的洪流已势不可挡[①]；相应地，“一带一路”的进一步发展和胜利也势所必然。同时，历史规律还说明，任何阻碍客观规律的腐朽没落势力都绝不会自动退出历史舞台，这就给新兴力量留下一个艰巨的历史使命和任务。在当今世界正处在大发展大变革大调整的伟大时代，我们应义无反顾地投身于这伟大时代的伟大斗争中去。我相信，只要真正坚持以马克思主义为指导，在以习近平同志为核心的党中央领导下，切实认真地坚持走以公有制为主体的中国特色社会主义道路，坚持中国特色大国外交路线方针政策，积极推进“一带一路”建设，就一定能赢得这场伟大历史斗争的胜利，就一定能实现中华民族伟大复兴的中国梦和人类最美好的共产主义理想。

（原载中国社会科学院社会主义研究中心主办：《世界社会主义研究》2018年第11期）

① 丁冰：《推动形成经济全球化新格局》，《人民日报》2017年2月17日。

第二篇

坚持“一分为二”
正确对待西方经济学

一、《政治经济学原理的历史考察》绪论

本书是以专题研究的形式阐述政治经济学发展史的初步尝试，可以称为政治经济学的专题理论史，主要是考察20世纪初期以前资产阶级政治经济学的各个基本原理，以及各种重要范畴的产生和发展的历史，阐明历史上各家各派对有关经济问题的观点、思想、理论或学说及其更替、演化的过程。

（一）

政治经济学史是一门研究政治经济学的产生、发展和变化过程的科学。而政治经济学则是以人类社会一定历史阶段的社会生产关系为研究对象的。按照一般理解，政治经济学是一门理论经济学，它与经济学不是同一概念。后者是既包括理论经济学，也包括各个部门经济学和技术经济学等应用经济学在内的、内容更为广泛的经济科学。就政治经济学本身来讲，又有广义政治经济学和狭义政治经济学之分。广义政治经济学研究一切社会形态的生产关系产生、发展、变化和运动的规律，狭义政治经济学则只研究资本主义生产关系产生、发展、变化和运动的规律。本书主要研究狭义政治经济学的产生、发展和变化的过程，而且主要限于20世纪初期以前资产阶级政治经济学家研究资本主义经济的各种经济学说的范围；为了对它们做出正确的分析、评价，我们要从正面来阐明马克思主义政治经济学的观点。但是，对于马克思主义政治经济学本身的形成和发展过程，我们除在本篇“绪论”中

做简要概述外一般不予涉及，对于20世纪30年代以来当代资产阶级经济学家的观点、学说一般也不予论述。

在历史上出现的政治经济学，都是在一定的具体历史条件下产生的，而且有各家各派的政治经济学。这就是说，首先，政治经济学作为经济领域里的一种思想意识形态，它的产生总是以一定的生产方式为基础的，并且与当时的政治、哲学、文化思想，前人的影响以及经济学家个人的作用等有着密切的关系。因此，我们要切实了解一种经济学说的来龙去脉，就必须了解它产生的历史背景，乃至经济学家个人的身世、经历，等等。其次，一种经济学说的产生，总是作为一定阶级的经济利益和愿望在思想理论上的反映和表现。因此，它必然具有强烈的阶级性和党性。不同的阶级有不同的利益和要求，甚至同一阶级内部的不同集团也有不同的利益和要求。这些阶级或集团，或因处于不同时期、于不同国度、不同社会环境，其利益和要求也有所不同，因而必然会产生各自不同的经济观点或学说。例如，资产阶级和无产阶级是两个利害根本对立的阶级，于是就有两种根本对立的经济学说；资产阶级和奴隶主阶级、封建主阶级的利益不同，也就有各自不同的经济观点。又如，在同一资产阶级内部，商业资产阶级和工业资产阶级的利益不同，大资产阶级和中小资产阶级的利益不同；同一工业资产阶级，在资本主义的上升时期与趋向腐朽没落时期的利益不同，在阶级斗争的潜伏时期与公开爆发时期的利益不同；同一时期的资产阶级，处于英国的与法国的不同，处于德国的与英国、法国乃至美国的都有所不同，等等。因此，在历史上必然表现出各家各派的各自不同的经济观点、思想、理论或学说。而且各家各派的经济思想还往往是在相互影响以至相互斗争中发展、变化的。政治经济学史的任务，就是要从历史的角度阐明不同的经济观点或学说及其相互关系，从而全面揭示出政治经济学发展的规律性。

作为研究政治经济学的产生和发展过程的经济学说史，在具体阐述上，可以有两种不同的写法。一是以人物、学派为主线，按照历史发展的顺序阐述。这是目前各种经济学说史论著的一般写法。二是以政治经济学的各个基本原理为主线，分别按专题形式进行历史的考察。两种写法各有长处和短处。前者使读者便于完整地了解一个经济学家或经济学派的经济思想及其产生、发展的社会历史背景与来龙去脉，因而便于了解整个政治经济学的理论体系及其形成和发展过程；不足的是对个别原理和范畴的形成和发展过程不易掌握，特别是同一个问题往往不同学说有不同的观点，有的相差甚微，有的根本对立，要把它们系统地掌握起来，寻究其形成和发展的线索就很困难，对于初学经济学说史的同志来说更是如此。而后一种写法（即本书所采用的写法）恰好与前者相反，前者之所短，乃是后者之所长；前者之所长，乃是后者之所短。因此，为了弥补本书写法不便于从历史上完整地掌握各个经济学家或经济学派的经济理论体系及其形成和发展过程的缺点，就有必要首先在这里对政治经济学理论体系的形成和发展过程做简要的历史回顾。

（二）

政治经济学作为一门独立的科学，是在 17 世纪资本主义工场手工业已经得到发展的情况下，由资产阶级经济学家最先建立起来的。马克思说："政治经济学作为一门独立的科学，是在工场手工业时期才产生的。"① 但是，它的若干原理的思想萌芽，则早在很久以前的古希腊、古罗马和中世纪的封建主义时期，就已经开始出现并逐步有所发展了。

西方历史上最早出现的经济学，是公元前四五世纪古希腊的奴隶主经济学。那时的希腊已是一个脱离了氏族原始社会状态的奴隶主经济占统治地位的社会，代表奴隶主贵族利益的思想家色诺芬（约公元前 430—前 354 年）、亚里士多德（公元前 384—前 322 年）先后提出了以家庭管理为研究对象的奴隶主经济学。色诺芬在他的《经济论》中，开宗明义提出家庭管理应该成为一门学问，并确定家庭管理的研究对象是优秀的主人如何管理好自己的

① 马克思、恩格斯:《马克思恩格斯全集》第23卷，人民出版社1972年版，第404页。

财产。亚里士多德在他的《政治论》中，也研究了家庭管理问题。他认为，家庭管理的任务包括两个方面：一是对家庭成员的管理；二是如何发展经济，以保证奴隶主取得最大的物质财富。这些家庭管理的思想，与当时以家庭为生产单位的奴隶主自然经济的社会状况是相适应的。

上述时期的哲学家柏拉图（公元前427—前347年），也是奴隶主贵族利益的代表。他在其著名的《理想国》一书中，曾经考察了社会分工问题。他认为，一个人总有多方面的需求，但又只具有某一种才能，因此不可能无求于他人，而必须有分工和互助。

特别值得注意的是，在上述时期，由于已经出现了商品经济，因而在上述思想家的著作中，开始在不同程度上提出了有关商品、货币与价值的观点。这些观点对后来的经济思想的发展产生了一定的影响。马克思说："因为历史地出现的政治经济学，事实上不外是对资本主义生产时期的经济的科学理解，所以，与此有关的原则和定理，也能在例如古代希腊社会的著作家那里见到，这只是因为一定的现象，如商品生产、贸易、货币、生息资本，等等，是两个社会共有的。由于希腊人有时也涉猎于这一领域，所以他们也和在其他一切领域一样，表现出同样的天才和创见。所以他们的见解就历史地成为现代科学的理论的出发点。"①

在古罗马时期②，与奴隶主经济相适应，也产生了一些奴隶主的经济观点，主要表现在当时一部分思想家论农业的著作里③。不过，这些论著的性质和古希腊的家庭管理差不多；就其内容来说，还远不如古希腊思想家的思想深刻、丰富。在罗马帝国瓦解时期，基督教最著名的思想家奥略里·奥古

---

① 马克思、恩格斯：《马克思恩格斯选集》第3卷，人民出版社1972年版，第267-268页。

② 古罗马时期一般是指从公元前7世纪到公元476年的1 000多年的时期，其中经过王政时期、共和时期和帝国时期，包含了由氏族原始社会逐步过渡到奴隶制占统治地位的社会而后又逐渐衰落瓦解的历史过程。

③ 反映古罗马奴隶主经济观点的著名论著有古优斯·贾图（公元前235—前149年）的《论农业》，玛尔库斯·铁伦提乌斯·瓦罗（公元前116—前28年）的《论农业》（三卷），珂鲁麦拉（公元1世纪中期）的《论农业》（十二卷）。另外，玛尔库斯·图里乌斯·西赛罗（公元前106—前43年）曾把色诺芬的《经济论》译成拉丁文，流传于罗马。

斯丁（353—430年）的经济观点反映了当时由奴隶制生产方式向封建制生产方式过渡时期的统治阶级的经济利益和要求。奥古斯丁一方面说所有的人都应当劳动，另一方面又说奴隶制是上帝作为对罪恶的惩罚而建立起来的，是天经地义的。同时，他还提出了“公平价格”的概念。这为后来中世纪的思想家所继承和发展。

到了中世纪[①]，与当时封建主义生产方式的兴盛和发展相适应，在思想意识上，宗教神学占据支配地位，经济学也随之带有神学性质。那时，经济学的立论不在于探索客观的经济现象之间的内在联系，而在于论证它们是否符合《圣经》的信条和教义。

中世纪封建神学和蒙昧主义的典型代表人物是托马斯·阿奎那（1225—1274年）。他早年师从当时著名的神学家亚尔贝兹·马格努（1193—1280年）[②]，后来长期住在意大利，担任教区的随行人员，晚年主持那不勒斯的多米尼克教团研究室的工作。他所著的《神学大全》被称为集中世纪经院哲学之大成的巨著，其中包含了他的主要经济观点。他从维护僧侣和世俗封建主的利益出发，极力为农奴制、私有制辩护，认为等级制符合上帝所安排的自然秩序，私有制是人的理性创造出来的，而理性则是上帝意志的体现。阿奎那还继承和发展了奥古斯丁和马格努关于公平价格的思想，把公平价格与劳动联系起来，认为公平价格就是商品与商品、或商品与货币之间的均等，而这种均等又是以耗费的劳动量为依据的；但是，他又从维护封建等级制度出发，认为同一种商品由于各个人的等级不同而按照不同的价格出售，亦应当被看成是公平的。可见，他的公平价格论在刚要正确反映价值规律时，却又立即歪曲了它。

15世纪末到17世纪中叶，是西欧封建制度瓦解和资本主义产生的时期，也就是资本主义的原始积累时期。这时随着地理大发现，国际贸易和商

① 西欧封建主义时代，包括从公元5世纪起到17世纪中叶为止的整个历史时期。中世纪则一般是指从11世纪到15世纪；这是西欧封建制度的兴盛、发展时期。

② 马格努是德意志的神学家和自然科学家，曾在科伦和巴黎等地执教。

业资本扩展和兴盛起来；同时，随着反封建神学的文艺复兴运动的兴起，人们的经济思想从封建神学的桎梏中解放出来，从而出现了代表商业资产阶级利益的重商主义学说。

重商主义是资产阶级的最初的经济学说。重商主义者在经济领域中打破了封建神学的束缚，如实地探讨客观经济现象之间的联系。他们强烈地反对维护自然经济、敌视货币财富的观点，把流通领域作为自己研究的对象，认为财富就是货币，货币就是财富，财富的源泉在于流通领域特别是对外贸易，因此，他们坚持对外贸易的顺差原则，要求少买多卖。

重商主义有早期、晚期之分。早期重商主义的代表人物有英国的威廉·斯泰福（1554—1612 年）和法国的安徒安·蒙克莱田（1575—1621 年）。他们主张绝对地少买，最好不买，严格限制金银货币外流，因而又称为货币主义或重金主义。晚期重商主义的代表人物有英国的托马斯·曼（1571—1641 年）和法国的让·巴特斯特·柯尔培尔（1619—1683 年）。前者著有《英国得自对外贸易的财富》，出版于 1664 年，马克思称之为重商主义的一部划时代的著作①。后者曾长期担任法国路易十四的财政大臣。他们主张既多卖，也多买，但要卖大于买，以保持顺差，因而又被称为贸易差额论或真正的重商主义。

重商主义盛行于 15 世纪末到 17 世纪中叶，但在 18 世纪中叶以前仍还有一定的影响。活动在 18 世纪初期的约翰·罗（1671—1729 年），就是当时有名的重商主义者。约翰·罗是苏格兰的经济学家和银行家，著有《关于通货与商业的考察》。1716 年，约翰·罗被法国刚刚即位的路易十五任命为财政大臣后，便在法国推行他的增加货币就是增加财富的重商主义政策，滥发钞票，结果遭到惨败。约翰·罗的重商主义政策的破产，从反面促进了法国重农主义的产生。

重商主义由于只停留在经济事物的表面现象上，以流通领域为研究对

① 马克思、恩格斯：《马克思恩格斯选集》第3卷，人民出版社1972年版，第271页。

象，因而还没有建立起独立的政治经济学理论体系。虽然如此，重商主义者已开始使用了“政治经济学”的概念，如法国早期重商主义者蒙克莱田就有这个提法，因而使这时的经济学很明显地不同于古希腊的以家庭管理为对象的经济学，成为研究政府管理一国经济的一门学问。这个变化反映了在资本主义原始积累时期，国家对经济的作用已有明显增强的客观事实。

（三）

17 世纪中叶，以英国资产阶级革命为开端，标志着西欧已进入资本主义历史时期。这时资本主义生产方式已由简单协作过渡到工场手工业的发展阶段，从而使资本主义经济由工业资本代替商业资本而占据支配地位；由此直到 19 世纪初期，资本主义制度则处于发生、发展的上升时期，社会主要矛盾是资本主义与封建主义之间的矛盾，资产阶级和无产阶级之间的矛盾虽已逐渐发展，但总的说来还处于潜伏状态。与这一客观形势相适应，资产阶级政治经济学的研究对象也由流通领域深入到生产领域，从而产生和发展了古典政治经济学。

古典政治经济学和重商主义都是代表资产阶级利益和要求的资产阶级政治经济学，但二者却有重大的原则区别：前者不仅考察了资本主义经济的表面现象即流通领域，而且深入到生产领域，分析了资本主义经济内在的本质联系，因而做出了某些合乎实际的科学说明，并使政治经济学真正成为一门独立的科学开始建立起来。马克思说：“我所说的古典政治经济学，是指从威廉·配第以来的一切这样的经济学，这种经济学与庸俗经济学相反，研究了资产阶级生产关系的内部联系。”① 又说：“真正的现代经济科学，只是当理论研究从流通过程转向生产过程的时候才开始。”②

① 马克思、恩格斯：《马克思恩格斯全集》第23卷，人民出版社1972年版，第98页注（32）。

② 马克思、恩格斯：《马克思恩格斯全集》第25卷，人民出版社1972年版，第376页。

古典政治经济学在科学上的主要功绩是奠定了劳动价值论的基础，在不同程度上研究了剩余价值的各种形式，并且对社会资本的再生产和流通做了初步的分析和探讨。但是，古典政治经济学由于受其资产阶级性质的局限，除了具有科学因素外，还不可避免地存在着若干庸俗的成分。

古典政治经济学从 17 世纪中叶开始产生到 19 世纪初期结束，经历了约 200 年的时间，涌现了一系列著名的代表人物。马克思说："古典政治经济学……在英国从威廉·配第开始，到李嘉图结束，在法国从布阿吉尔贝尔开始，到西斯蒙第结束。"①

威廉·配第（1623—1687 年）是英国古典政治经济学的创始人，马克思称他为"英国政治经济学之父"②。他的主要经济著作有《赋税论》（1662 年出版）、《献给英明人士》（1664 年写成）、《政治算术》（1672 年写成）、《爱尔兰政治解剖》（1672 年前后写成）、《货币略论》（1682 年写成）。马克思说，他的《政治算术》乃是"政治经济学作为一门独立科学分离出来的最初形式"③。在近代史上，配第最先提出了价值由劳动时间决定的观点，并且在地租的形式上看到了剩余价值的存在，还初步分析了地租的两种形式。但是，配第的劳动价值论毕竟是很朴素的，没有把价值、交换价值、价格区分开，没有摆脱重商主义的影响，没有把使用价值与价值相区别，因而也没有把劳动价值论贯彻到底，以致对剩余价值的认识也是很初步的。

皮埃尔·布阿吉尔贝尔（1646—1714 年）是法国古典政治经济学的创始人。他的主要著作有《法兰西的详情》（1714 年）、《谷物论》《货币缺乏的原因》《论财富、货币、租税的性质》等。后几部著作大约是在 1697—1707 年间出版的。他与配第一样，已把经济学的研究从流通领域转移到生产领域，并提出了价值由劳动时间决定的观点。但是由于他的经济学是根植在经济上比英国落后的法国，并且是在法国推行重商主义政策遭到破产以后

① 马克思、恩格斯：《马克思恩格斯选集》第3卷，人民出版社1972年版，第237页。
② 马克思、恩格斯：《马克思恩格斯全集》第13卷，人民出版社1972年版，第43页注①。
③ 马克思、恩格斯：《马克思恩格斯全集》第13卷，人民出版社1972年版，第43页。

作为重商主义的对立物提出来的，因此，与配第的经济学有所不同，即不仅彻底摆脱了重商主义的影响，而且特别强调农业生产的重要意义，以致成为后来法国重农主义的先驱。

法国重农主义是资本主义生产方式最早的有系统的解释者，其主要代表人物有魁奈和杜尔哥。

弗朗斯瓦·魁奈（1694—1774 年）是法国重农主义的主要代表人物，是现代政治经济学的鼻祖。他的主要著作有 1758 年开始发表的《经济表》，其他还有《租地农场主论》《谷物论》《租税论》《利息论》《农业国经济管理的一般原则》等。魁奈生活在法国国民经济面临深刻危机的年代。这使他的经济学说从一开始就以总体经济，即整个国民经济的活动规律作为自己研究的对象。他的著名的《经济表》，通过图解对社会总资本的再生产和流通，第一次进行了出色的、虽然还不可能是很科学的分析。马克思曾对《经济表》高度评价说："这是一个极有天才的思想"①。而魁奈对社会资本再生产的分析，是以他的纯产品学说为基础的。他的所谓纯产品，是指农业生产的产品由于自然力的作用而超过生产费用的余额，但按其整个理论体系来看，实际上就是在资本主义的农业生产中，由雇佣劳动者的剩余劳动所创造的剩余价值。因此，他实际上已把剩余价值由流通的范畴改变为生产的范畴。这是魁奈对政治经济学的一大贡献。马克思说："重农学派把关于剩余价值起源的研究从流通领域转到直接生产领域，这样就为分析资本主义生产奠定了基础。"②

杜尔哥（1727—1781 年）是重农主义后期主要的代表人物，曾经先后担任过法国利莫日省督抚和财政部部长。他在任职期间曾推行了重农主义政策，因而这段时间可以说是重农主义的黄金时代。杜尔哥不仅是重农主义的实践家，而且在理论上也进一步地发展了重农主义学说。马克思指出："在

① 马克思、恩格斯：《马克思恩格斯全集》第26卷Ⅰ，人民出版社1972年版，第366页。
② 马克思、恩格斯：《马克思恩格斯全集》第26卷Ⅰ，人民出版社1972年版，第19页。

杜尔哥那里，重农主义体系发展到最高峰。”① 杜尔哥在1766年写成的《关于财富的形式和分配的考察》一书，是他最主要的著作。

从17世纪中叶到18世纪前半期，是英国古典政治经济学的产生时期。在这个时期中，继配第之后，还出现了约翰·洛克（1632—1704年）、达德利·诺思（1641—1691年）、理查·康替龙（1680—1734年）、杰科布·范德林特（？—1740年）、约瑟夫·马西（？—1784年）、大卫·休谟（1711—1776年）等一批古典经济学派的杰出思想家。他们继承和发展了配第的经济理论。马克思指出：“配第在政治经济学的几乎一切领域中所作的最初的勇敢尝试，都一一为他的英国的后继者所接受，并且作了进一步的研究。”② 其中休谟是古典政治经济学在这个时期的最后一个代表人物。他于1752年出版了《政治论文集》，收录了自己的一系列经济论文。这些论文在一定程度上考察了资本主义生产关系的内部联系，论证了“资本的理论，即现代社会结构的理论”③，同时又充分阐发了他的错误的货币数量论。马克思曾说，他是18世纪时期货币数量论的“最重要的代表人物”④。

与英国古典政治经济学产生的同时，在美国出现了本杰明·富兰克林（1706—1790年）。他的经济思想，特别是价值理论，也属于古典政治经济学的范畴。不过，富兰克林的经济思想对美国后来的经济学的发展没有产生什么影响。

18世纪后半期是英国古典政治经济学的发展时期。这是与当时资本主义生产方式已有进一步发展相适应的。如果说古典政治经济学在它的产生时期，对资本主义经济内部联系的认识还是比较零碎的；那么，在它的发展时期，就已经带有某种程度的系统性，甚至可以说大体上已建立起整个政治经济学的理论体系了。这个时期的代表人物有詹姆斯·斯图亚特，而最主要的

---

① 马克思、恩格斯：《马克思恩格斯全集》第26卷Ⅰ，人民出版社1972年版，第28页。
② 马克思、恩格斯：《马克思恩格斯选集》第3卷，人民出版社1972年版，第277页。
③ 马克思、恩格斯：《马克思恩格斯全集》第34卷，人民出版社1972年版，第343页。
④ 马克思、恩格斯：《马克思恩格斯全集》第13卷，人民出版社1972年版，第150页。

代表人物则是亚当·斯密。

詹姆斯·斯图亚特（1712—1780年）出身于苏格兰的土地贵族家庭，后来长期流亡欧洲大陆，对欧洲大陆各国的经济状况有清楚的了解。他的著述很多，主要代表作是《政治经济学原理研究》，于1767年出版，该书第一次把“政治经济学”这个概念从法国引进英国。马克思对他的这部著作给予高度评价，说它“在长期内丰富了政治经济学的领域”①。由于斯图亚特研究了资本主义的生产关系，考察了价值、工资、利润、地租、资本积累以及人口等问题，所以，马克思说他是“建立了资产阶级经济学整个体系的第一个不列颠人”②。同时，马克思还肯定他的理论是“敢于无情地从纯粹形式上描述生产关系的……古典政治经济学”③。但是，他在考察利润问题时，把利润分为绝对利润和相对利润两种，认为相对利润来源于交换或流通领域，并称之为让渡利润。这是重商主义的观点。因此，马克思又称他为“货币主义和重商主义体系的合理的表达者”④。

亚当·斯密（1723—1790年）是英国古典经济学发展时期最主要的代表人物。1747年，他于牛津大学毕业后，曾长期在大学任教，涉及修辞学、文学、道德伦理学、哲学、法学和经济学等许多领域。他在教学实践的基础上，于1776年发表了他的划时代的巨著《国富论》。斯密以发达的工场手工业时期的资本主义经济关系为自己研究的出发点。在这部巨著中，他把当时自配第以来的古典政治经济学综合发展成为一个完整的体系。马克思赞扬说：“在亚当·斯密那里，政治经济学已发展为某种整体，它所包括的范围在一定程度上已经形成。”⑤

斯密在研究方法上的一个显著特点，是使用了二元方法论，即时而采取内在的方法，时而采取外在的方法。因此，他的整个理论体系在逻辑上具有

① 马克思、恩格斯：《马克思恩格斯选集》第3卷，人民出版社1972年版，第294页。
② 马克思、恩格斯：《马克思恩格斯全集》第13卷，人民出版社1972年版，第47页。
③ 马克思、恩格斯：《马克思恩格斯全集》第46卷下册，人民出版社1972年版，第479页。
④ 马克思、恩格斯：《马克思恩格斯全集》第26卷Ⅰ，人民出版社1972年版，第13页。
⑤ 马克思、恩格斯：《马克思恩格斯全集》第26卷Ⅱ，人民出版社1972年版，第181页。

自相矛盾的二重观点，使科学的因素与庸俗的因素并存。例如在价值论上，既有劳动决定价值的正确观点，又有收入决定价值的庸俗观点。它的科学因素后来为李嘉图所继承和发展，随后更为马克思批判地吸收；它的庸俗因素后来被萨伊、马尔萨斯等庸俗经济学家利用和发挥。

斯密的经济理论所涉及的范围很广，举凡分工、交换、货币、价值、工资、利润、地租、资本等基本经济范畴，他都有系统论述，同时还对生产劳动与非生产劳动、社会资本再生产等问题进行了分析。在对社会资本再生产的分析上，斯密完全抛弃了魁奈的某些有益见解，有的甚至比魁奈还倒退了一步。他从自己的收入决定价值的观点出发，提出了一个错误的斯密教条，即认为商品价值只分解为V+M，抛弃了不变资本C，从而完全堵死了正确分析社会资本再生产的道路。但是这个错误见解，却成为资产阶级经济学家的正统信条。马克思说，他以后的“几乎所有的经济学家都接受了斯密的这种见解”①。

19世纪初是英国古典政治经济学的完成时期。这时英国产业革命正在迅速发展，并接近于完成，因而资本主义经济关系已日益成熟，阶级矛盾已日益明显。这就使古典政治经济学有可能获得进一步发展，以至达到它的最高峰。在这个时期，它的最杰出的代表人物就是大卫·李嘉图。

大卫·李嘉图（1772—1823年）出生于大资产阶级家庭，本人只有两年商业教育的学历。他早年在交易所从事投机活动，赚了一大笔钱。此后，他即离开交易所从事科学研究和著述活动。其著作很多，现已编辑成《李嘉图著作和通信集》（十卷）出版。1817年，他发表了自己的代表作《政治经济学及赋税原理》。这部著作的结构不算严密，但阐述问题的明确性、尖锐性、彻底性，以及所用方法的一贯性和议论的精辟透彻，在政治经济学发展史上都是空前的，因而它成为古典政治经济学最完备和最后的体系。

李嘉图在经济学上最主要贡献，就是他始终一贯地坚持劳动价值论，并

① 马克思、恩格斯:《马克思恩格斯全集》第30卷，人民出版社1972年版，第358页。

以此为基础去分析其他经济关系和经济范畴，从而把资本主义关系赤裸裸地和盘托出。例如，他在分析工资、利润、地租时，揭露了工人、资本家、地主三大阶级之间的对立和矛盾。但是，由于他受着资产阶级立场的局限，却把这些资本主义关系看成是永恒的、自然的关系，因而并未科学地揭示出资本主义经济发展的规律。他认为，资本主义经济是永恒的，并否认它有发生全面的生产过剩危机的可能性，还认为人类社会将有停滞不前的趋势。特别是由于李嘉图混淆了劳动与劳动力的区别、价值与生产价格的区别，因而造成他的理论体系存在着两大矛盾，进而导致最后破产。

英国古典政治经济学在完成时期的代表人物，除了李嘉图外，还有威斯特（1782—1828 年）、巴顿（生卒年份不详）、拉姆赛（1800—1871 年）、琼斯（1790—1855 年）等。他们各自在不同问题上对古典政治经济学做出了贡献，而且他们的理论都与李嘉图的学说息息相关，或者曾对后者产生过重要影响，或者是后者的进一步发展。例如，威斯特的地租理论、巴顿的资本积累理论对李嘉图都有重要影响；而拉姆赛和琼斯则又发展了李嘉图的一些重要观点。马克思说，拉姆赛已经“事实上区分了不变资本和可变资本”①。至于琼斯，他还改变了李嘉图的一些看法，把资本主义生产关系只看成是社会生产发展中的一个过渡阶段，从而最后宣告了英国古典政治经济学的终结。马克思赞扬说，在琼斯这里，“我们看到，政治经济学这门实际科学是怎样结束的：资产阶级生产关系被看作仅仅是历史的关系，它们将导致更高级的关系，在那里，那种成为资产阶级生产关系的基础的对抗就会消失了”②。

在 19 世纪初，当英国古典政治经济学处于最后完成阶段时，法国古典政治经济学也发展到了最后完成时期。它的主要代表人物是西斯蒙第（1773—1842 年）。我们知道，当时法国社会经济的发展程度落后于英国，

① 马克思、恩格斯：《马克思恩格斯全集》第26卷Ⅲ，人民出版社1972年版，第360页。
② 马克思、恩格斯：《马克思恩格斯全集》第26卷Ⅲ，人民出版社1972年版，第472-473页。

即还处于小生产占据优势而又正在被资本主义大生产所排挤的剧烈变动时期，以致这时两国古典政治经济学不可避免地具有它们不同的特征。如果说，英国李嘉图的古典政治经济学是从工业资产阶级的立场出发，虽然毫无顾忌地揭露了资本主义生产方式的矛盾，但又认为这种矛盾是自然现象，而资本主义生产方式本身却是永恒的；那么，法国西斯蒙第的古典政治经济学则是从小资产阶级的立场出发，不仅揭露了资本主义生产方式的矛盾，而且还否定了它永恒存在的合理性。马克思指出："如果说在李嘉图那里，政治经济学无情地做出了自己的最后结论并以此结束，那么，西斯蒙第则表现了政治经济学对自身的怀疑，从而对这个结束做了补充。"①

1819年，西斯蒙第发表了他主要的经济学著作《政治经济学新原理》。在这部著作中，他从自己的社会资本再生产理论出发，断言资本主义的消费赶不上生产的发展，因而必然要产生生产过剩的经济危机。西斯蒙第肯定了经济危机的必然性，这是他较前辈和李嘉图高明的地方。但是，他的分析是立足于以斯密教条为根据的错误的社会再生产理论的基础之上的，以致把经济危机的原因归结为消费不足，这是不可取的。它反映了西斯蒙第妄图把资本主义生产方式拉回到小生产时代中去的小资产阶级的立场。

(四)

19世纪初，在古典政治经济学进入最后完成阶段时，空想社会主义学说也发展到最高峰。空想社会主义学说，从莫尔（1478—1538年）的《乌托邦》（1516年）和康帕内拉（1568—1639年）的《太阳城》（1623年）两书问世，就已开始产生了。到了19世纪初，由于无产阶级与资产阶级的

① 马克思、恩格斯:《马克思恩格斯全集》第13卷，人民出版社1972年版，第51页。

矛盾和斗争，随着资本主义经济的蓬勃发展和产业革命的迅速进行而愈益加剧，以致接近于公开爆发的程度。在这种情况下，反映无产阶级和广大劳动群众利益和愿望的空想社会主义学说，也得到了最高的发展。它的主要代表人物是法国的昂利·克劳德·圣西门（1760—1825 年）、法朗斯瓦·马利·沙利·傅立叶（1772—1837 年）和英国的罗伯特·欧文（1771—1858 年），史称三大空想社会主义者。

三大空想社会主义者对当时人民大众的贫困状态寄予很大的同情，并从理性原则出发，对资本主义制度进行了无情的揭露和批判，对未来的理想社会进行了细致的描绘和设想。他们虽然都不是经济学家，也没有专门的经济学著作，但作为空想社会主义者，在对资本主义制度进行批判和对未来社会制度进行描绘中，却阐述了大量的、丰富的经济思想。这些经济思想不仅对促进政治经济学发展曾起过重要作用，而且其中的一些观点本身，在政治经济学史上就具有一定的历史地位和理论意义。例如，傅立叶和欧文关于经济危机的观点，圣西门关于利润的观点，以及欧文关于价值、货币和工资的观点等就是如此。

19 世纪二三十年代，在英国还出现了以李嘉图学说为基础的空想社会主义者。它的主要代表人物有小册子《国民困难的原因及其解决办法：致约翰·罗素勋爵的一封信》的匿名作者①、皮尔西·莱文斯登（？—1830 年）、托马斯·霍吉斯金（1787—1869 年）、威廉·汤普逊（1785—1833 年）、约翰·格雷（1798—1850 年）、约翰·布雷（1809—1895 年）等。他们在反对资本主义制度时，从李嘉图的劳动价值论中得出了资本主义的分配制度违背价值规律的结论，认为既然劳动是价值的唯一源泉，利润就是劳动创造价值的一部分，因此资本家是无偿占有了别人的劳动产品。于是，在他们看来，为要避免这种无偿占有他人劳动的情况，实现等价交换原则，劳动者就应获得全部的劳动产品。这种观点后来为拉萨尔（1825—1864 年）所承袭，

① 匿名作者的姓名及生卒年月不详，只知他于1821年在伦敦匿名发表了这本小册子。

变成了不折不扣的劳动所得的荒谬主张。在剩余价值问题的见解上，李嘉图学派的空想社会主义者，在某些方面甚至比李嘉图前进了一步，如小册子的匿名作者就曾把利润、利息、地租直接归结为剩余劳动，因而使李嘉图的理论成为更有力的反对资本主义剥削的武器。所以，恩格斯曾概括性地指出，这些空想社会主义者的著作是“在为无产阶级的利益而利用李嘉图的价值理论和剩余价值理论来反对资本主义生产，以及用资产阶级自己的武器来和资产阶级进行斗争”①。

在19世纪40年代的法国，随着资本主义的发展和阶级斗争的激化，特别是通过1848年革命的检验，三大空想社会主义者的影响已趋于消失，代之而起的是以蒲鲁东为代表的小资产阶级空想社会主义。

比埃尔·约瑟夫·蒲鲁东（1809—1865年）出生于法国的一个农民兼手工业者家庭，早年当过雇工和排字工人，还与人合伙开了一个小印刷厂。他常以出身于劳动人民家庭而自豪，自认为是工人阶级的代表，实际上他的思想却充分反映了小资产阶级的观点和愿望。他在1840年发表《什么是财产》一书，宣称财产是盗窃，公开反对资本主义私有财产制度；同时，又敌视共产主义，认为共产主义否认了独立性和比例性，是不平等的。因此，他主张既要取消私有财产制度，又要保留所有权。这就是他的小资产阶级两面性的最初表现。1846年，他又发表了《经济的矛盾或贫困的哲学》，提出一个所谓的构成价值论。这是比李嘉图的劳动价值论还倒退了一步的错误的价值理论，马克思在《哲学的贫困》一书中对它做了彻底批判。蒲鲁东甚至幻想以他的构成价值论为依据，通过兴办交换银行来改革社会，以达到取消私有财产制度而保留所有权的目的。这是一个十足的空想。其实，他的交换银行也不过是从李嘉图学派空想社会主义者格雷那里抄袭来的。

① 马克思、恩格斯:《马克思恩格斯全集》第24卷，人民出版社1972年版，第18页。

（五）

19世纪上半期，是资产阶级庸俗政治经济学产生和初步发展的时期。这时，欧洲各主要资本主义国家随着资本主义的发展，无产阶级和资产阶级的矛盾已日趋尖锐。特别是在1830年以后，这一矛盾已从过去处于潜伏状态转为公开爆发的形式，无产阶级也从资产阶级的附庸和追随者变为一支独立的政治力量登上了历史舞台，因而使资产阶级深深感到无产阶级对自己的巨大威胁。在这种情况下，资产阶级政治经济学再也不能像过去那样被当作一门科学来研究了。马克思指出，1830年以后，“阶级斗争在实践方面和理论方面采取了日益鲜明的和带有威胁性的形式。它敲响了科学的资产阶级经济学的丧钟。现在问题不再是这个或那个原理是否正确，而是它对资本有利还是有害，方便还是不方便，违背警章还是不违背警章。不偏不倚的研究让位于豢养的文丐的争斗，公正无私的科学探讨让位于辩护士的坏心恶意”①。加之，这时在思想理论方面，由于空想社会主义学说的兴起和广泛传播，也构成了对资本主义制度的威胁和挑战，因而更促使资产阶级政治经济学不得不以专门替资本主义辩护并竭力反对无产阶级为已任了。于是，资产阶级庸俗政治经济学就在这个时期产生和发展起来了。马克思说，这时“海峡此岸在传播欧文主义，海峡彼岸在传播圣西门主义和傅立叶主义。庸俗经济学的丧钟已经响了”②。这个时期资产阶级庸俗政治经济学的主要代表人物有英国和法国的萨伊、马尔萨斯、詹姆斯·穆勒、麦克库洛赫、西尼耳、约翰·穆勒、巴斯夏以及德国的李斯特、罗雪尔和美国的凯里等。

让·巴蒂斯特·萨伊（1767—1832年）是法国资产阶级庸俗政治经济学的始祖。他出生于法国里昂的一个大商人家庭，很早就从事商业活动，后

① 马克思、恩格斯：《马克思恩格斯全集》第23卷，人民出版社1972年版，第17页。

② 马克思、恩格斯：《马克思恩格斯全集》第23卷，人民出版社1972年版，第654页。

来又先后充当过一家杂志的主编以及讲授政治经济学。1803年，他发表了主要著作《政治经济学概论》并因此而引人注意。他在这部著作中广泛利用和发挥了斯密学说中的庸俗成分而开始建立起自己的庸俗经济学体系。马克思说："萨伊就把亚当·斯密著作中这里或那里渗透的庸俗观念分离出来，并作为特殊的结晶和亚当·斯密并存。"[①] 萨伊把政治经济学规定为"阐明财富是怎样生产、分配与消费"[②] 的科学，完全抽去了它应研究的人与人之间关系的内容，因而使政治经济成为掩盖资本主义剥削本质的极方便的工具，以致为后来很多资产阶级经济学家所效法。他们把萨伊吹捧为"纯粹的精确的科学"的创始人，现在则又有人称他为所谓实证经济学的创始人。萨伊依据他的"纯粹的精确的科学"方法，提出了所谓生产三要素论，进而又炮制了效用论、生产费用论等十分混乱的价值论和三位一体的分配论。萨伊还提出了商品的供给会给自己创造需求的所谓萨伊定律。这些对后来的庸俗经济学的发展，乃至今天的西方经济学的发展，都有重要影响。

托马斯·罗伯特·马尔萨斯（1766—1834年）是英国资产阶级庸俗政治经济学的鼻祖。他同萨伊一样，也是利用和发挥了斯密的庸俗理论而创立起自己的庸俗经济理论体系的。他出生于英国萨立州的一个土地贵族家庭，早年在牛津大学学习哲学和神学。1798年开始担任神职，并在同年发表了臭名昭著的《人口原理》。1820年又发表了他的主要经济学著作《政治经济学原理》。马尔萨斯与李嘉图处于同一时代，而且过从甚密，但却有各自不同的立场。李嘉图代表工业资产阶级的利益和要求，马尔萨斯代表地主、资产阶级的利益和要求，因而各有不同的经济观点，彼此争论甚烈。李嘉图坚持价值由劳动时间决定。马尔萨斯则针锋相对地认为，价值由商品的供求关系与生产费用决定，而生产费用又由商品生产中所耗费的劳动加利润构成。由此出发，马尔萨斯又把利润归结为在交换中产生的让渡利润。因此，在他

① 马克思、恩格斯：《马克思恩格斯全集》第26卷Ⅲ，人民出版社1972年版，第557页。

② 萨伊：《政治经济学概论》，商务印书馆1963年版，第15页。

看来，如果没有只买不卖的地主阶级参加消费，社会商品就会出现有效需求不足，从而出现生产过剩的危机。这就充分暴露了马尔萨斯经济理论的实质是为地主贵族阶级利益服务的。

如果说，在 19 世纪初的一二十年间，萨伊和马尔萨斯已经把斯密的经济理论庸俗化了，因而这个时期可以称为斯密学说庸俗化的时期；那么，在 20 年代，就有以詹姆斯·穆勒（1773—1836 年）和麦克库洛赫（1789—1864 年）为代表的庸俗经济学家，把李嘉图的理论也庸俗化了，因而这后一时期可称之为李嘉图学说庸俗化的时期。

前面曾经提到，李嘉图的理论体系存在着两大矛盾。这就是：劳动时间决定价值与劳动和资本相交换之间的矛盾；劳动时间决定价值与等量资本获得等量利润之间的矛盾。在 20 年代，经济学界围绕着两个问题展开了激烈的争论。在反对李嘉图观点的一派人中，除马尔萨斯外，还有赛米尔·贝利（1791—1870 年）、罗斯托·托伦斯（1780—1864 年）等人。而詹姆斯·穆勒和麦克库洛赫则站在维护李嘉图学说一边，极力为李嘉图的两个矛盾做辩解。但是，由于他们并不了解李嘉图的两个矛盾的症结所在，遂用庸俗的资产阶级观点去解释，结果便放弃了李嘉图的劳动价值论，而滑到庸俗政治经济学的泥坑中去了。李嘉图的理论体系，也由于他们的庸俗化而最后完全破产。

19 世纪三四十年代，随着阶级斗争的激化，英法资产阶级庸俗政治经济学也得到了进一步发展，以致逐渐取代古典政治经济学而占据了统治地位。资产阶级政治经济学在进一步庸俗化的过程中，起重大作用的首先是纳索·威廉·西尼耳（1790—1864 年）。西尼耳是当时英国最露骨的庸俗经济学家，步萨伊的后尘，把政治经济学说成是一门抽象的纯粹的科学。他在自己的主要著作《政治经济学大纲》（1836 年）中提出了一个最庸俗的为资产阶级利益辩护的节欲论，因而赢得了资产阶级的赏识。1837 年，他又奉资本家之命，发表《关于工厂法对棉纺织业的影响》一书，提出了一个荒谬的最后一小时论，为资本家反对缩短劳动日立法做辩护。其次是费列德里克·巴师夏（1801—1850年）。巴师夏是法国当时著名的庸俗经济学家，高举自由主义旗帜，为法国大资产阶级的自由贸易服务，马克思称他为“现代自由贸易贩子”①。同时，他还炮制了经济和谐论，妄图调和资产者和无产者之间的矛盾，掩盖剥削与被剥削的本质。所以，马克思说他“是一个职业的调和论者和辩护论者”②。最后，也是最重要的一个代表人物则是约翰·斯图亚特·穆勒（1806—1873年）。穆勒在经济学说史上做了第一次折中性的大综合。他不仅继其父詹姆斯·穆勒之后，进一步歪曲古典政治经济学，而且折中各家之说，集19世纪上半期庸俗政治经济学之大成。1848年，穆勒发表了主要著作《政治经济学原理》，本书在其后的几十年中，成为资产阶级的大学讲坛广泛采用的教科书，并多次再版。他的学说也因此而成为当时资产阶级政治经济学的“正宗”，取代了古典政治经济学的统治地位。约翰·穆勒的折中主义主要表现在：①他对经济规律的认识是二重的，认为既有永恒不变的生产规律，又有可变的分配规律；②他在政治经济学理论上建立起综合各家庸俗经济学观点的折中体系。但是，他的学说既然是折中性的，有时也并不完全无视无产阶级的要求，因而他与西尼耳、巴师夏之流一味为资产阶级辩护的庸俗经济学家还有所不同。

19世纪中叶，当资产阶级庸俗政治经济学的“正宗”已经形成的同时，被称为“支流”或“异端”的德国资产阶级庸俗政治经济学，即德国历史学派也逐渐建立起来。德国的资产阶级政治经济学与英法的不同：由于德国资本主义经济发展较晚，所以德国资产阶级政治经济学没有经历过古典政治经济学的发展阶段，而从一开始产生就是庸俗政治经济学；同时，由于德国资本主义是在封建贵族政权的维护下逐渐发展起来的，即经历了所谓的普鲁士发展道路，因而使德国资产阶级庸俗政治经济学在经济分析上往往强调国家的作用和历史的特点，并广泛运用历史方法。这样，便在德国形成了一个

① 马克思、恩格斯：《马克思恩格斯全集》第23卷，人民出版社1972年版，第76页。

② 马克思、恩格斯：《马克思恩格斯全集》第26卷Ⅲ，人民出版社1972年版，第557页。

独特的历史学派。

德国历史学派的先驱者有亚当·缪勒尔和弗里德里希·李斯特等，而主要是李斯特。

亚当·缪勒尔（1779—1829 年）是旧的封建制度的拥护者，1811 年移居维也纳，并在那里成为奥国宰相梅特涅的亲信和助手。他的主要著作有《国家艺术的要素》（1809 年）、《货币新理论的探索》（1816 年）。在经济理论上，他强调伦理、宗教、国家在经济生活中具有决定性意义，认为国家是经济生活的基本源泉。他还提出了一种神秘的货币学说，认为货币仅是人们在国家中不可避免的结合的经济形式。

弗里德里希·李斯特（1789—1864 年）是德国新兴的工业资产阶级利益的代表，著名的保护关税论者和庸俗经济学家。他曾任德国提宾根大学教授和德国工商业协会的顾问，1841 年出版《政治经济学的国民体系》一书。李斯特认为，政治经济学不应是世界主义经济学，而应是国家经济学，否定各国资本主义经济有普遍性的规律存在。由此出发，他提出生产力理论与斯密的价值理论相对立；然后又根据生产力理论，进一步提出保护关税的学说，而与英国古典经济学派的自由贸易理论相抗衡。

在 19 世纪四五十年代，继缪勒尔、李斯特之后，为适应德国资本主义发展的需要，历史学派的理论体系建立起来了。主要代表人物是威廉·罗雪尔（1817—1894 年）。罗雪尔是历史学派的创始人，大学教授，原教历史，后改教政治经济学。主要著作有 1843 年出版的《历史方法的国民经济学讲义大纲》、1861 年出版的《国民经济学历史观》和 1854—1894 年出版的《国民经济学体系》（五卷）。历史学派其他代表人物还有布鲁诺·希尔德布兰德（1812—1878 年）、卡尔·克尼斯（1821—1898 年）。历史学派的理论特点，就是因袭李斯特的某些思想，反对抽象分析方法，否认有普遍经济规律存在，而强调运用历史方法，即用叙述和比较历史事实的方法对经济进行分析、解剖。他们把这种方法称为历史生理学方法，借以反对古典政治经济学和空想社会主义学说，千方百计地论证资本主义制度是永恒的，并为掩盖其剥削本质辩护。他们的学说为后来的新历史学派所继承和发展。因此，这个时期的历史学派又称为旧历史学派。

19世纪的四五十年代，与欧洲资产阶级庸俗政治经济学的发展相呼应，在大洋彼岸的美国，资产阶级庸俗政治经济学也开始产生了。其代表人物是亨利·查里斯·凯里（1793—1879年）。凯里生活在美国独立运动（1776年）之后的资本主义经济开始迅速发展的时代。那时的美国，一方面由于国内阶级矛盾日趋尖锐；另一方面也由于欧洲三四十年代阶级矛盾的激化和空想社会主义学说的传入，给国内资产阶级造成心理上的威胁，因而使得美国资产阶级渴望宣传阶级调和的理论来麻痹劳动群众。凯里便为适应这种形势的需要而提出了阶级利益调和论，他先后于1840年、1859年完成了《政治经济学原理》和《社会科学原理》等著作，提出再生产费用价值论，妄图以此证明：随着资本主义生产的发展，工人与资本家在总收入中所得到的份额会越来越协调，因而阶级利益有走向调和的趋势。其实，他的这套价值理论和分配理论，不过是萨伊的生产费用论和三位一体分配论的变种。

（六）

19世纪末和20世纪初，是资产阶级庸俗政治经济学进一步大发展的时期。这个时期世界经济政治形势发生了巨大变化。世界资本主义正从自由竞争过渡到垄断统治阶段，因而资本主义制度固有的各种矛盾进一步扩大了，无产阶级和资产阶级的对立进一步尖锐化了。1871年巴黎公社运动标志着无产阶级革命运动已进入一个新的阶段。公社虽然失败了，却预示了新社会必将诞生。在思想理论上，空想社会主义的影响虽然已经消失，但代之而起的却是崭新的、科学的，因而对资本主义威胁更大的马克思主义的诞生和传播。1867年，马克思的伟大著作《资本论》第一卷出版。这部著作科学地揭示了资本主义必将为社会主义所代替的客观规律，是无产阶级革命的锐利武器。起初，资产阶级妄图用缄默抵制来扼杀它的影响，当这一企图失败之后，他们就转而用公开攻击的办法反对马克思主义和更加狡猾地为资本主义制度辩护。这样，各种资产阶级庸俗政治经济学就在这个新的历史条件下产生和发展起来，主要有德国的新历史学派及其在美国的变种——制度学派；有在奥地利、英国、法国几乎同时产生的边际效用学派及其在美国的代表克拉克学派；还有在英国的以马歇尔为代表的新剑桥学派。这些学派的理论及其研究方法虽然都各具特色，但替资本主义制度辩护的本质却没有什么不同，而且攻击的目标也都是马克思主义和无产阶级革命运动，而不再像过去的资产阶级庸俗政治经济学那样针对空想社会主义和古典经济学派了。

德国新历史学派的主要代表人物是古斯塔夫·施穆勒（1838—1917年）。施穆勒从1846年起曾历任德国哈莱、斯特拉斯堡、柏林等大学的经济学教授，并担任过普鲁士上议院议员。1900—1904年，施穆勒完成了他的主要著作《国民经济大纲》。除施穆勒外，其他代表人物有路德维希·布伦坦诺（1844—1931年）、阿道夫·瓦格纳（1835—1917年）、阿尔伯特·艾伯哈德·谢夫莱（1831—1903年）、韦纳·桑巴特（1836—1941年）、卡尔·毕歇尔（1847—1930年）等。

新历史学派继承旧历史学派的衣钵，而且比后者更为庸俗。他们更加否定有客观经济规律的存在，更加反对运用抽象方法，并主张运用历史统计方法来代替历史生理学方法，同时更加强调心理和伦理道德因素在社会经济发展中的决定性作用，否定马克思的历史唯物主义原理。他们虽然承认资本主义有矛盾，但却鼓吹用社会改良主义来加以解决。

新历史学派的教授们为了贩卖他们的社会改良主义以对抗马克思主义和工人运动，1873年成立了社会政策协会；直到希特勒上台为止，每年都要开会宣扬他们的社会改良主义的观点和主张。同时，他们还把这一套改良主义货色冒充为社会主义，在大学讲坛上兜售。因此，他们又被称为社会政策学派或讲坛社会主义者。

这里还应当提到对新历史学派有重要影响的卡尔·洛贝尔图斯（1805—1875年）。洛贝尔图斯是德国波美拉尼亚的一个地主，德国庸俗经济学家。

他生活在19世纪中叶的德国，为适应当时德国资本主义的普鲁士发展道路的需要，提出了企图在普鲁士国家的支持和保护下改善资本主义的社会改良计划。他在1841年当选为州议员，投身政治舞台。1848年革命前后，他在政治舞台上十分活跃，并企图以政客的身份去实现他的改良计划。但他的一生主要还是研究政治经济学，借以为他的改良计划寻求理论依据。1842年他发表了第一本也是最主要的一部著作《关于德国国家经济状况的认识》，其后还写了《社会书简》《正常工作日》《古代国民经济研究》等著作。在经济理论上，洛贝尔图斯与新历史学派有所不同。他不是强调运用历史统计方法，而是借用英国古典经济学派的某些理论进行经济分析。例如，他的价值论、租金论、地租论和货币论等都与李嘉图的劳动价值论有联系。但是，他不仅没有超越古典政治经济学，而且在有些地方还把它庸俗化了。洛贝尔图斯认为，资本主义的整个社会问题就是赤贫和生产过剩危机，其原因则是工人在国民收入中所占有的份额下降。因此，解决的主要办法就是依靠普鲁士国家颁布一些相应的合情合理的法律，以便把工人收入所占有的份额稳定下来。他的这套改良主义受到讲坛社会主义者的赞赏和吹捧，并且成为他们的一面旗帜。

德国新历史学派在国内外都产生了广泛的、深远的影响。在国外，主要是在美国，在它的影响下产生了以凡勃伦为代表的制度经济学。

托尔斯坦·本德·凡勃伦（1857—1929年）是制度学派的创始人，曾长期在美国康奈尔大学、芝加哥大学和斯坦福大学担任教授。他的主要著作有《有闲阶级论》（1904年）、《现代文明中科学的地位》（1919年）、《工程师和价格制度》（1921年）、《不在所得者和最近的商业企业》（1923年）等。制度经济学与新历史学派一样，承认资本主义有矛盾，并主张通过改良的方法去缓和阶级矛盾，消除资本主义的缺点。在理论分析上，他们把庸俗的历史主义、社会达尔文主义的庸俗进化论和美国19世纪末的职能主义心理学结合起来，建立以研究制度的进化为中心的庸俗理论体系。他们认为，资本主义制度存在着现代工业体系与企业经营制度之间的矛盾，因而主张通过由工程师、科学家和技术人员组织起来的技术人员委员会掌握经济控制权，以代替企业主的统治。一句话，就是否定彻底推翻资本主义制度的革命，主张实行资本主义的改良。

边际效用学派是在19世纪后期崛起的疯狂反对马克思主义的另一个庸俗经济学派。这个学派开始以不同于约翰·穆勒的“正宗”的资产阶级庸俗政治经济学相互标榜，因此，它与历史学派一样被视为资产阶级庸俗政治经济学的“支流”或“异端”。这个学派的基本特点，就是以所谓的边际效用价值论为基础建立起自己的庸俗经济理论体系。边际效用价值论的思想渊源可追溯到17世纪重商主义的批判者、英国资产阶级经济学家尼古拉·巴贲（1640—1698年）最先提出的效用决定商品价值的观点，以及法国启蒙学者孔狄亚克（1715—1780年）提出的物品的价值决定于需要的观点和19世纪初萨伊的效用价值论。其后又逐渐发展，直到19世纪50年代，德国庸俗经济学家戈森（1810—1858年）提出了表明效用递减趋势的戈森定律，才为边际效用价值论的产生进一步奠定了理论基础。在19世纪70年代，为了反对已日益广泛传播的、以劳动价值论为基础的马克思政治经济学，在奥地利、英国和法国几乎同时产生了边际效用学派。随后，在美国又得到进一步发展。由于奥地利边际效用学派强调运用心理因素来解释整个经济现象，故又称心理学派；而英国、法国边际效用学派强调运用数学方法研究经济问题，故又称数理学派；在美国，边际效用理论则表现为克拉克的庸俗政治经济学。

奥地利学派的代表人物是：门格尔（1840—1921年），著有《国民经济学原理》（1871年）；维塞尔（1851—1926年），著有《经济价值的起源和主要规律》（1889年）与《社会经济理论》（1914年）；而以欧根·庞巴维克（1851—1914年）最为著名。庞巴维克毕业于维也纳大学，1881年起，先后在因斯布鲁克大学和维也纳大学担任教授，并曾三度出任奥地利财政部长，1911年又被选为奥地利科学院院长。他的主要著作有《经济财货价值论纲要》（1886年）、《利息论的历史和批判》（1884年）、《资本实证论》

(1888 年)、《马克思主义体系的崩溃》(1896 年) 等。庞巴维克运用主观唯心主义的抽象方法，把经济现象看作是人的主观心理因素的表现，并把孤立的“经济主体”作为考察经济现象的出发点，从而得出了商品价值决定于边际效用的荒谬结论。他认为，这是主观决定的价值，另外还有一种客观决定的价值。后者实际上不过是变相的，以供求关系来说明的价值。他在边际效用价值论的基础上，进一步提出了时差利息论。他的价值论和利息论，都是以反对马克思的劳动价值论和剩余价值论以及为资本主义剥削辩护为目的的。

英国数理学派的主要代表是威廉·斯坦利·杰文斯 (1835—1882 年)。1863 年，杰文斯在伦敦大学毕业后，历任曼彻斯特欧文学院和伦敦大学的政治经济学教授。1871 年，杰文斯发表了主要著作《政治经济学原理》，强调运用数学方法分析以边际效用为基础的价值，否定商品价值由劳动时间决定的原理，而把商品价值看成是两个商品相交换的比率。他还认为，这个交换比率是由商品的最后效用程度决定的。杰文斯通过数学推导，得出结论：“两个商品的交换比率，是交换后各个商品量的最后效用程度的比率的倒数。”[①] 他把这一命题看作“全部交换理论与主要经济学问题的拱心石”[②]。

法国数理学派的主要代表是里昂·瓦尔拉 (1834—1910 年)。他的父亲奥古斯特·瓦尔拉 (1801—1866 年) 也是一位经济学家，并对里昂·瓦尔拉的经济思想产生了一定影响。如里昂·瓦尔拉使用的“稀少性”一词，就是从他父亲那里承袭下来的。1870 年，里昂·瓦尔拉开始在瑞士洛桑学院担任经济学教授，1892 年退休后，又推荐他的信徒意大利人帕累托 (1848—1928 年) 为其继承者。在他们的影响下，洛桑学院成为数理经济学派的中心。因此，他们又被称为洛桑学派。

里昂·瓦尔拉的主要著作《纯粹政治经济学要义》于 1874 年出版，其

---

① 杰文斯:《政治经济学理论》英文版,第78页。

② 杰文斯:《政治经济学理论》英文版,第95页。

后还出版了《社会财富的数学理论》（1883 年）、《社会经济学研究》（1896 年）、《应用经济学研究》（1898 年）等著作。他的经济学有三个主要部分：一是纯粹经济学，二是社会经济学，三是应用经济学，其中纯粹经济学则是其他两部分的基础。所谓纯粹经济学，按他的说法，就是在绝对竞争的假定下关于价格决定的理论。他在论证价格如何决定时，充分运用数学推理和建立联立方程的方法，在进行边际效用分析的基础上提出了一般均衡理论。

边际效用学派在美国的首要代表是约翰·贝茨·克拉克（1847—1938 年）。克拉克于 1874 年在安麦斯特大学毕业后，留学德国和瑞士，1893 年开始担任美国哥伦比亚大学教授，1893—1895 年担任美国经济学会会长。他的主要著作有《财富的分配》（1899 年）、《财富的哲学》（1885 年）、《经济学纲要》（1907 年）。克拉克把政治经济学分为普遍规律、静态经济学和动态经济学三个部分。他在静态经济学中建立了以所谓的边际生产力论为基础的庸俗分配理论，在动态经济学中建立了利润理论。他的所谓利润，实际上是指超额利润，并把超额利润歪曲为对技术进步的特种报酬，从而否认资本主义剥削的存在。

美国另一个著名的庸俗经济学家是欧文·费雪（1867—1947 年）。费雪在 1898 年开始担任美国耶鲁大学经济学教授，并曾任美国经济学会会长和经济计量学学会会长。他受洛桑学派的影响较深，曾用与里昂·瓦尔拉相似的数学方法研究价值与价格问题。费雪 1907 年出版《利率论》，以后又改写为《利息理论》于 1930 年出版。但其影响最大的著作是 1911 年出版的《货币的购买力》一书。该书提出了表明货币流通规律的交易方程，号称费雪方程。费雪方程重新表述了货币数量论，并对以后的货币学派产生了一定的影响。

19 世纪末和 20 世纪初，在英国，最著名的庸俗经济学家是阿尔弗雷德·马歇尔（1842—1924 年）。从资产阶级政治经济学的发展史看，他是继约翰·穆勒之后，把各家各派的庸俗经济理论结合起来，做了第二次折中性的大综合，从而代替了约翰·穆勒的经济学而成为资产阶级庸俗政治经济学的新的“正宗”。马歇尔最初研究数学、物理学、进化论和功利主义伦理学等，后来受约翰·穆勒的影响，专攻政治经济学。1885年，马歇尔任剑桥大学经济学教授直到1908年退休，退休后由其门徒庇古（1877—1959年）接任。因为他们长期在剑桥大学任教，学术上自成体系，故称为剑桥学派，又称为新古典学派。

马歇尔的主要著作是1890年出版的《经济学原理》，本书被资产阶级经济学界看成是划时代的著作。此外，还有《产业经济学概论》（1892年）、《产业和贸易》（1919年）、《货币、信用和商业》（1923年）等。马歇尔经济学是以具有典型的资产阶级折中主义为其特点的。他运用静态的、局部均衡的分析方法，把各种庸俗经济理论，特别是生产费用论、供求论、节欲论和当时流行的边际效用论拼凑在一起，而炮制出他的所谓均衡价格理论，并以此为核心和基础，建立起他的与马克思主义政治经济学根本对立的经济理论体系。

（七）

19世纪后期和20世纪初，马克思主义政治经济学不仅遭到各种资产阶级庸俗政治经济学的攻击，同时也遭到形形色色的机会主义、修正主义和“合法马克思主义”的抵制、修正和歪曲。这是由于马克思主义具有鲜明的无产阶级党性和革命的实践性的特点所决定的不可避免的现象。列宁说：马克思的“学说在其生命的途程中每走一步都得经过战斗”①。又说：“马克思主义在理论上的胜利，逼得它的敌人装扮成马克思主义者。”② 例如，在六七十年代遭到机会主义者拉萨尔、杜林之流的抵制；在90年代和20世纪初，又遭到第二国际修正主义者的歪曲和修正，在俄国则遭到“合法马克思

① 列宁:《列宁选集》第2卷,人民出版社1972年版,第1页。

② 列宁:《列宁选集》第2卷,人民出版社1972年版,第439页。

主义”的歪曲和攻击。

斐迪南·拉萨尔（1825—1864 年）是 19 世纪六七十年代德国机会主义的主要代表人物。拉萨尔出生于德国的富商家庭，在 1848 年革命高潮中，曾投机参加革命，自称是马克思的学生，信奉马克思的学说。在 60 年代德国工人运动高涨起来的时候，他又打起马克思主义的旗号，骗取了工人的信任，1863 年当选为全德工人联合会主席。从此，拉萨尔大肆贩卖他的机会主义观点，妄图把德国工人运动引上邪路。他极力否认无产阶级革命和无产阶级专政的必要性，把争取普选权和国家帮助建立生产合作社作为实现社会主义的主要措施；鼓吹所谓铁的工资规律，以瓦解工人的斗志。拉萨尔的这套机会主义观点在德国工人运动中产生了恶劣影响，后来遭到马克思、恩格斯《哥达纲领批判》等著作的彻底批判。

欧根·杜林（1833—1921 年）出生于普鲁士官僚家庭，曾任柏林大学讲师，是德国唯心主义哲学家、小资产阶级社会主义者和工人运动中的机会主义分子。从 1867 年起，他就开始攻击马克思主义。1875 年前后，他突然宣布改信社会主义，并且以社会主义行家和改革家自居，妄言自己发现了绝对真理。他在 1874 年和 1875 年发表了两部主要著作《国民经济学和社会主义批判史》和《哲学教程》，鼓吹他的社会主义理论，公开猖狂地全面攻击马克思主义。他贩卖唯心主义的先验论，反对辩证唯物主义和历史唯物主义；散布资产阶级庸俗政治经济学的反动观点，抹杀无产者和资产者之间的对立；歪曲马克思的剩余价值理论，曲解资本主义经济危机；宣扬资产阶级改良主义，用反动的小资产阶级的社会主义来对抗科学的社会主义。他的这套机会主义理论在当时德国的传播已达到十分危险的程度，以致在社会民主工党内也有相当大的影响。因此，引起了马克思和恩格斯的注意，并由恩格斯写作《反杜林论》予以彻底批判。

19 世纪 90 年代到 20 世纪初，早已隐藏在第二国际内部的修正主义分子，在马克思、恩格斯相继逝世之后，便公开跳出来“修正”马克思主义。他们在所谓“创造性”地发展马克思主义的借口下，公然篡改马克思主义学说，阉割它的全部革命内容。其主要代表人物有伯恩施坦、考茨基和希法亭。

爱德华·伯恩施坦（1850—1932 年）是一个火车司机的儿子，青年时代曾受到各种社会主义流派的影响，1872 年加入德国社会民主工党（爱森拉赫派），并成为该党的领袖之一。但他从来没有真正接受马克思主义，并在早期著作中散布了改良主义幻想。1895 年恩格斯逝世后，他的机会主义活动便肆无忌惮地日益猖獗起来。1899 年，他写了《社会主义的前提和社会民主党的任务》一书，集当时修正主义谬论之大成，成为社会民主党右翼反马克思主义的纲领。在政治经济学方面，伯恩施坦首先攻击马克思的劳动价值论和剩余价值论，把它诬蔑为纯粹主观抽象的东西和假设的公式，叫嚷需用边际效用论来补充马克思的劳动价值论。此外，他对马克思关于资本集中规律、贫困化理论和经济危机理论等，都进行了修正和攻击。

卡尔·考茨基（1854—1938 年）出生于布拉格，父亲是捷克人，母亲是德国人，他 9 岁时全家迁往维也纳。1874 年，他在维也纳加入社会民主党，后来转入德国社会民主党。1881 年，他在伦敦结识了马克思和恩格斯后，开始信仰马克思主义。此后，一直到第一次世界大战前，都是著名的马克思主义理论家。他长期主编德国社会民主党的理论刊物《新时代》杂志，写过大量宣传、解释马克思主义的著作，还受恩格斯的委托编辑出版了马克思的《剩余价值学说史》。但是，他在反对伯恩施坦修正主义的问题上持动摇、妥协的立场；在第一次世界大战严峻的考验面前，由动摇而彻底滚入修正主义泥坑，成为第二国际修正主义首领之一。在经济理论上，他荒谬地提出超帝国主义论，用隐蔽的手法为帝国主义战争辩护；他还贩卖庸俗的生产力论，诋毁俄国十月革命和苏维埃政权。

鲁道夫·希法亭（1877—1941 年）出生在维也纳，毕业于维也纳大学，青年时期即参加奥地利社会民主党，后来到了德国。1905—1915 年，希法亭任德国社会民主党中央机关刊物《前进报》编辑，1923 年、1928 年两度出任德国政府的财政部部长。1910 年希法亭发表了主要著作《金融资本》。

在这本书中，他修正了马克思的货币理论，断言货币是从交换关系中产生的，宣扬错误的货币数量论和货币名目论；把金融资本看成是在流通过程中产生的，否定了资本主义的生产和集中已发展到垄断阶段这个帝国主义最根本的经济特征；同时，还提出了所谓有组织的资本主义的论点，为鼓吹资本主义和平长入社会主义制造理论依据。

19 世纪 90 年代在俄国产生的“合法马克思主义”也任意歪曲马克思主义。当时俄国经过 1861 年农奴制改革以后，资本主义经济已逐步发展起来，但代表农民小资产阶级利益的民粹派却认为资本主义在俄国不会得到发展。这是一种反马克思主义的观点，也遭到资产阶级的反对。但由于马克思主义当时在俄国已得到广泛传播，并被视为一种时髦的东西，于是某些自由资产阶级知识分子为了实现本阶级的社会要求，便披着马克思主义的外衣来批判民粹派，企图利用这场斗争和马克思主义的旗帜来使工人运动服从和适应于资产阶级的利益。他们常在沙皇政府准许出版的刊物上发表文章，因此被称为“合法马克思主义”。

“合法马克思主义”的主要代表人物有司徒卢威（1870—1944 年）及其伙伴杜岗-巴拉诺夫斯基（1865—1919 年）等。杜岗-巴拉诺夫斯基毕业于哈尔科夫大学，原来学习自然科学，后来转而研究社会科学，1895—1917 年任彼得堡大学和基辅大学经济学教授，著有《现代英国工业危机》（1894 年）、《俄国工厂的过去与现在》（1898 年）、《政治经济学基础》（1909 年）等。在《现代英国工业危机》一书中，他修正了马克思关于社会资本再生产和经济危机的理论，把经济危机的原因归咎于投资过剩，根本否定资本主义的基本矛盾。

（八）

以上我们概述了 20 世纪初期以前，资产阶级政治经济学的思想渊源及其产生、发展的历史过程，说明了资产阶级政治经济学各家各派在一定历史时期必然出现的客观历史背景、社会条件和各种经济学说的基本观点、历史地位及其相互关系。

应当看到，在资产阶级政治经济学的发展过程中，马克思主义政治经济学通过对资产阶级政治经济学的批判斗争也逐步地产生、发展起来。马克思主义政治经济学代表无产阶级的利益和要求，使无产阶级党性和科学性获得了高度的统一。马克思主义政治经济学作为无产阶级的思想意识形态，在19世纪40年代以后，在资本主义生产方式经过产业革命已经发展成熟，无产阶级与资产阶级之间的矛盾已经公开爆发，工人运动已经蓬勃兴起的历史条件下必然产生；同时，也是马克思、恩格斯在积极参加无产阶级革命斗争的过程中，在经过自己刻苦钻研，批判地继承前人科学成果特别是古典政治经济学的基础上创立起来的。

马克思在1843年10月到1845年1月旅居巴黎期间，即开始系统地研究政治经济学，并于1844年4月到8月间写成第一部经济学著作《1844年经济学哲学手稿》。1847年，马克思又完成并发表了第一部成熟的马克思主义著作《哲学的贫困》。这标志着马克思主义政治经济学开始诞生。随后，马克思继续经过多年的刻苦努力，并在50年代末完成对资产阶级政治经济学的批判之后，于1867年9月发表了划时代的光辉巨著《资本论》第一卷，完成了马克思主义政治经济学的创立工作。以后，又经过恩格斯的编辑整理，先后于1885年、1894年发表了《资本论》第二卷和第三卷。至此，马克思主义政治经济学完整地建立起来了。

马克思在《资本论》中从无产阶级立场出发，在批判地继承古典政治经济学的基础上，建立起崭新的无产阶级政治经济学严整的科学理论体系，从而实现了经济科学的伟大革命变革。这个变革概括起来，主要有四点。

第一，科学地确立了政治经济学研究的对象和方法。马克思第一次明确指出，政治经济学研究的对象是人与人之间的社会生产关系。列宁说："凡是资产阶级经济学家看到物与物之间的关系的地方（商品交换商品），马克思都揭示了人与人之间的关系。”① 同时，马克思还第一次运用唯物辩证法和历史唯物主义，彻底批判了资产阶级政治经济学的唯心主义和形而上学，从而使科学的政治经济学的理论体系得以建立起来。

第二，创立了科学、严密而完整的劳动价值学说。马克思从分析商品二因素入手，首创了生产商品的劳动二重性学说，彻底解决了古典经济学派不能解决的诸如价值实体、价值本质和价值决定等一系列有关劳动价值论的基本问题。马克思还第一次科学地揭示了价值同交换价值之间的区别与联系，创立了价值形式学说和完善的货币理论。马克思并且从历史上和逻辑上阐明了由价值到生产价格的转化，区分了劳动和劳动力，科学地解决了古典经济学派所不能解决的价值规律同等量资本获得等量利润规律之间以及价值规律同劳动与资本相交换之间的两大矛盾，从而把劳动价值论贯彻到底。

第三，科学地揭示了资本主义产生、发展和灭亡的经济规律。马克思在科学的劳动价值论的基础上，创立了剩余价值学说，从而全面深刻地揭示了资本主义的剥削本质和运动规律，并进而创立了完整的资本学说，发现了资本积累的一般规律，进一步揭露了资本主义经济的内在矛盾和无产阶级与资产阶级之间的阶级对立，阐明了资本主义积累的历史趋势，加上马克思创立了出色的社会资本再生产和经济危机的学说，便在经济理论上为说明资本主义过渡到共产主义的必然性，提供了充分可靠的科学依据，彻底否定了资本主义永恒性的传统观点。

第四，科学地阐明了无产阶级革命和无产阶级专政的必然性，并创立了关于共产主义社会的基本原理。这是马克思通过对资本主义经济的分析所得出的必然的政治结论和对人类未来社会所做出的科学预见，充分表明马克思主义政治经济学是为无产阶级革命事业服务的鲜明的阶级性质，而与古典政治经济学为资产阶级利益服务的阶级性质根本对立。

由上可见，《资本论》的出版表明马克思主义政治经济学严整的科学理

---

① 列宁：《列宁选集》第2卷，人民出版社1972年版，第444页。

论体系已经建立起来。1867年，《资本论》第一卷出版后，即遭到形形色色的资产阶级庸俗政治经济学、机会主义和修正主义等的攻击、抵制和歪曲。在此情况下，在70至90年代，马克思和恩格斯在与它们进行斗争中，又继续发展了马克思主义政治经济学。

如果说，19世纪40年代是马克思主义狭义政治经济学的产生阶段，50至60年代是这一学说的创立完成阶段；那么，70至90年代则主要是马克思主义广义政治经济学的创立阶段。标志着马克思主义政治经济学已经进入这一发展阶段的主要著作有《哥达纲领批判》（1875年）、《反杜林论》（1878年）、《家庭、私有制和国家的起源》（1884年）等。

19世纪末和20世纪初，随着世界进入帝国主义和无产阶级革命时代，伟大的马克思主义者列宁，在反对帝国主义和第二国际修正主义的斗争中，以及在领导苏联人民进行恢复和发展经济建设的事业中，把马克思主义政治经济学进一步发展到一个新的历史阶段，科学地创立了帝国主义学说，并为社会主义政治经济学奠定了重要理论基础。斯大林继承列宁的事业，在领导苏联人民进行社会主义经济建设中，又进一步发展了马克思主义政治经济学，对社会主义经济建设的一系列规律问题做出了卓越的分析和概括。

继列宁、斯大林之后，以毛泽东同志为代表的中国共产党人，把马克思主义政治经济学的普遍真理与中国社会主义革命和社会主义建设的具体实践结合起来，使它得到了进一步的丰富和发展；特别是在中国共产党第十一届三中全会以后，从深刻地总结历史经验教训中，找到了符合中国国情的具有中国特色的建设社会主义的道路，从而使马克思主义政治经济学沿着健康的轨道继续向前发展。

（九）

除了当代资产阶级政治经济学以外，人类有史以来的全部政治经济学的发展梗概已如上述。本书的任务，就是以马克思主义政治经济学的立场、观点和方法去考察20世纪初期以前资产阶级政治经济学的各个基本原理、范畴的产生、发展和演变的过程。因此，我们将按照马克思主义政治经济学的科学理论体系，把资产阶级政治经济学史分为如下11个问题来分别加以论述：①对象论；②方法论；③价值论；④货币论；⑤资本论；⑥工资论；⑦利润论；⑧利息论；⑨地租论；⑩再生产论；⑪危机论。

为了使读者在每一个问题上对各种观点之间的内在联系和历史发展过程有一个完整的了解，在论述每个问题的开头，我们都以“概述”的形式做总的说明；同时在具体分析各家各派的观点时，我们还将充分运用比较分析的方法加以对比和剖析。后者是把马克思的辩证唯物主义和历史唯物主义的方法，具体运用于研究经济学说史时，特别是本书采取上述专题研究形式时所必不可少的一种分析方法。

首先是要把各家各派在某一个问题上的经济观点或学说同他们的前人作对比。这样，就可以确定其在政治经济学史上的历史地位如何。列宁说：“判断历史的功绩，不是根据历史活动家没有提供现代所要求的东西，而是根据他们比他们的前辈提供了新的东西。”① 例如，我们把斯密的劳动价值论同配第的劳动价值论比较，或者把李嘉图的劳动价值论同斯密的劳动价值论比较，就可以看出，虽然他们都承认商品价值决定于劳动时间，但彼此之间又存在着差别。这种同一性和差别性说明，他们彼此之间不仅有先后继承的关系，而且后来的人对于前人的理论都做出了发展和贡献。

其次，为了确定一个经济学家或经济学派在某个问题上所起的历史作用和意义，有时还需要同其后辈做比较。例如，马克思把魁奈的《经济表》与斯密的再生产理论做比较，就断定前者“是一个极有天才的思想，毫无疑问是政治经济学至今所提出的一切思想中最有天才的思想”②；而且认为它“对后代经济学者仍然是不可了解的”③，“在许多方面比他们的后继者更接

① 列宁：《列宁全集》第2卷，人民出版社1972年版，第150页。
② 马克思、恩格斯：《马克思恩格斯全集》第26卷Ⅰ，人民出版社1972年版，第366页。
③ 马克思、恩格斯：《马克思恩格斯选集》第3卷，人民出版社1972年版，第284页。

近真理”①。

最后，对于某一经济学家或经济学派在某个问题上的观点，还需与其同时代的其他经济学家或经济学派在同一问题上的观点做比较。这样，才能进一步明确它们的历史意义以及各家各派相互之间的关系；因为各家各派在同一问题上的差别点，往往就是他们之间的争执点。例如，马尔萨斯和李嘉图是同时代人，比较他们在价值论等问题上的不同观点，就可以看出他们是属于不同学派的经济学家，前者是庸俗经济学派的创始人，后者是古典经济学派的完成者；甚至他们有时在某些具体问题上还具有不同的阶级立场，即当地主阶级的利益和工业资产阶级的利益发生矛盾时，前者代表地主阶级利益，后者代表工业资产阶级利益。总之，当我们采取专题研究的形式来考察资产阶级政治经济学发生、发展的历史时，充分运用比较分析的方法是十分必要的。

我们在学习和研究政治经济学史的过程中，深感有用专题形式进行考察的必要。因为它有助于我们比较系统地掌握每一个政治经济学原理的形成、发展过程，从而更利于加深对马克思主义政治经济学基本原理的理解；同时，也有助于我们深入开展对资产阶级经济观点、理论或学说的分析和批判，增强鉴别是非的能力，提高思想理论水平，更好地为社会主义现代化建设服务。当然，我们现在的研究还只是一个初步的尝试，对于各个专题与整个理论体系之间的关系，各家各派的思想理论体系之间的关系，在同一问题上各种观点之间的关系，等等，如何处理得更加完善，还有待于继续深入地进行研究和探索。

［摘自周成启、李善明、丁冰合著《政治经济学原理的历史考察》（由丁冰执笔部分），上海人民出版社 1988 年 4 月出版］

① 马克思、恩格斯：《马克思恩格斯全集》第34卷，人民出版社1972年版，第41页。

二、浅谈新经济对西方经济理论的挑战

美国《商业周刊》于 1996 年 12 月 30 日刊出一组文章提出“新经济”一词以后，新经济之说迅速传遍全世界，引起了人们的广泛议论和关注。那么，究竟什么是新经济，它对西方经济理论有何影响，本文试作一点分析。

什么是新经济？众说不一。笔者看来，可以把它简单地表述为以信息技术为基础，知识要素为驱动力，网络为基本生产工具的经济，其核心是实现了经济网络化。这里说的经济网络化，主要有三层含义：一是以信息技术为基础的网络经济已得到高度发展。网络经济是与电子商务密切联系在一起的网络产业（诸如网络贸易、网络银行、网络企业等）的网络活动，以及网络基础设施、网络设备、网络产品和各种网络服务的建设、生产与供给的经济活动。新经济乃是这种网络经济高度发达的经济。二是通过经济网络把全社会，以至全世界各个部门、各个产业和各个家庭、个人的分散的经济活动联系起来，形成一个新的有机整体的运营机制和方式。三是运用新的信息技术，特别是网络技术去武装和改造传统产业，以信息化带动工业化，实现现代工业化的目标。可见，新经济与旧经济并不是对立的，而宁可说前者是后者的升级和发展并以后者为基础的。这就是说，新经济并不排斥传统工业，因而不存在信息化代替工业化问题，正如工业化并不代替农业发展一样；但从经济结构看，新经济毕竟是以信息技术产业占据主导地位，而不是一般工业占据主导地位的经济。如果说在旧经济中，工业化的一个重要标志是以机械工业去武装包括工业、农业在内的各个国民经济部门，那么在新经济中的一个重要标志就是以信息技术去武装各个国民经济部门，使经济网络覆盖整个国民经济各部门而成为推动全社会经济进一步大发展的新平台和基本工具。

尽管新经济在各个不同经济制度的国家有其具体不同的表现形式和社会性质，但从生产力发展的角度看，它毕竟是人类智慧和科学技术发展的结果，是世界生产发展的大势所趋，存在决定意识，这种新经济发展的大趋势，不能不对人们的思想意识产生影响，传统的西方经济理论就将首当其冲。

新经济不同于传统经济，基本的特点在于它所使用的主要资源是信息和知识，物质资源仅居辅助地位，并为信息产品的生产所决定。而传统经济所使用的主要资源是物质，信息资源仅居辅助地位，而且信息生产也未达到产业化的程度，更未形成国民经济的支柱产业。由此便决定了新经济必然要对西方经济理论产生重大影响和挑战。

（一）对生产要素理论的影响

西方传统经济学把生产要素归结为劳动、资本、土地三个基本要素。从一定意义上说，这是作为生产关系物质基础的生产力的三个要素：劳动力、劳动工具、劳动对象。在这三个要素中虽然也包含了信息知识要素，但只是处于辅助地位的附属因素，以致往往被人们所忽视。在新经济中，附属在三个要素中的信息知识要素便凸显出来而成为第一位的或主要的生产资源。首先，从劳动力看，原来包含在其中的信息知识能力，即认识世界的知识含量和获取、创新、传递、处理、运用信息和知识的能力空前发达，并出现大量主要或专门从事信息劳动的新型劳动者，以至逐渐成为全社会劳动的主力军。其次，从劳动工具看，原来在一个企业中的工具可以划分为动力机、传动机、工作机三个部分，信息只在其中起辅助作用。在新经济中，除三个部分外，还增加了以信息技术为基础的控制机而成为第四部分。从宏观上看，在全社会以至全世界范围内，还出现了经济网络的崭新的生产工具。最后，从劳动对象看，在新经济中，由于信息技术的发展，不仅使原来的劳动对象得到更好的充分利用，而且扩大了涵盖范围，数据、信息、知识等成为新的劳动对象，信息产品在社会产品中已占越来越大的比重。过去西方经济学家克拉克曾根据产业发展的顺序把产业划分为三次产业，信息产品的生产仅仅是附属于第三产业的一个部分，然而，目前信息产业已愈益占据重要地位，有的经济学家认为，应把它独立出来成为第四产业，而且由于网络经济的发展，信息技术已愈益渗透到各个国民经济部门、单位、企业、家庭，而成为推动国民经济快速发展的主导产业。

（二）对成本、收益变动理论的影响

新经济，既然主要资源是信息知识，而非物质，由于知识的增长具有累积性和无限性的特点，便摆脱了传统经济中物质产品生产要受物质资源稀缺性和物质产品增长极限性的约束，从而改变了西方传统经济学中边际成本、平均成本递增和边际收益递减的理论。在传统的成本理论中，当经济规模达到一定点以后，由于边际产量、平均产量递减，加之物质资源相对愈益稀缺而昂贵，边际成本和平均成本都呈递增趋势。但在新经济中，信息产品生产的初始成本或称固定成本很大，而复制成本很小。例如，开发一个“视窗”操作系统的软件，需要投入巨额资本进行研究开发，但开发出来以后所需拷贝复制的费用几乎为零，使用光盘材料的成本也微乎其微，所以平均成本越来越低，边际成本趋近于零。即平均成本、边际成本都呈递减趋势。从收益方面看，信息的价值（效用）在于消费，一张光盘没有人使用，一首歌曲没有人欣赏就没有任何意义，因而也说不上有价值；相反，若使用的人多，欣赏的人多，价值就大。网络的价值也是如此，按照麦特卡尔夫定律（Metcalfe law），网络价值等于网络节点数的平方。因为在网上，每个人可以看到网上其他人提供的信息，100 个人每人能看到 100 个人的信息，所以效率是

10 000；10 000 个人的效率就是 100 000 000！这说明网络效益随着网络用户的增加而呈指数增长。可见，信息产品的边际效益不是递减，而是递增的。这样，在新经济条件下，边际成本曲线与边际收益曲线在达到一定规模以后按相反的方向变化。因此，企业为追求利润最大化的目标，根本不可能像旧经济条件下那样，可以从边际收益线与边际成本线的交叉点去求得，而只能从努力扩大产量上去寻找。

（三）对传统均衡价格理论的挑战

旧经济的主要资源是物质，因此，它的供求均衡是与负反馈相联系而形成的。从需求曲线看，价格下降，消费者的需求增多，因此需求曲线向右下方倾斜；从供给曲线看，当商品价格上升时，生产者会增加产出，因此供给曲线向右上方倾斜，但消费者却会减少需求，反之则相反。生产和消费之间的这种负反馈机制，会使一种失衡的市场重新恢复均衡，形成均衡价格。但就新经济来说，由于边际收益递增，边际成本递减，所以需求与供给都与正反馈相联系。以互联网经济为例，在网上稀缺的不是信息，而是注意力。因此，在一定范围内，信息产品不存在资源稀缺性约束，规模经济倾向于无穷大。即需求越增加，效益越大，从而导致供给越多；供给越多，成本越低，进而又创造出更多需求，如此良性循环，形成滚雪球式的正反馈效应，以致根本就不存在供求曲线交叉的均衡点，所以产品价格就不能由供求均衡点来确定，而往往由需求者对信息产品的评价来决定。然而一旦价格转到只由需求方面来决定，负斜率的需求曲线也就不存在了，而往往是需求越多，价格越高，即形成正斜率的需求曲线。这时的价格实际是消费者支付的垄断价格。消费者在一定意义上也愿意支付这个垄断价格，因为当消费者越多，需求越大时，每个消费者在网上获得的信息也愈多。这有点类似在街上一家经常顾客盈门的餐馆，即使收费高些，你也乐意前去光顾，原因是你到生意兴隆、人人称赞的餐馆里消费，会获得一种额外的心理满足。

（四）外生经济增长理论向内生增长理论发展

近20年来，经济理论发展的根本特征是在理性人假设的基础上，通过对其他若干基本假定及辅助假定的调整，逐渐将原有的外生因素转化为内生变量，促使经济学的基本假定更接近于实际。以信息知识为主要资源的新经济，使原来以知识为外生变量的经济增长理论，朝着以知识为内生变量的新经济增长理论的方向发展。最初，舒尔茨以劳动力的异质化假定为突破口，成功地以其“人力资本”理论说明了以索洛（R. M. Solow）为代表的新古典增长理论难以解释的经济增长之谜。罗默（Paul Romer）在“人力资本”理论的基础上，进一步把“人力资本”和新知识作为新增要素内生化，强调专业化的知识和人力资本积累可以产生递增的收益，最终使总的规模收益递增，而且由于知识增长的无限性和累积性，便合理地解释了经济增长的无限性以及生产率提高的增长与“人力资本”积累间相互推动的良性循环，从而进一步发展和充实了新经济增长理论。

（五）新经济使传统的菲利普斯曲线理论失灵

菲利普斯曲线（Phillips Curve）是以工资成本的变动为中介而建立起来的一条通货膨胀与失业呈互替关系变动的负倾斜曲线，表明通货膨胀率与经济增长率是正相关的，即经济增长必然带来通货膨胀。这条曲线是假定以货币供给的增量全部投入生产领域为前提的。由于这个假定并不完全符合实际，所以，通货膨胀与经济增长呈正相关变动的结论也不正确。20世纪70年代“滞胀”的事实已证明了这一点。而在美国新经济条件下，尽管经济有较长时期的持续增长，失业率从1992年的7.4%降低到2000年5月的4.1%，而通货膨胀率却从1980年至1991年的年均4.2%，降到20世纪90年代后期每年约2%的水平上。为什么在高增长、低失业下，还出现低通胀呢？这就是与以信息知识为主要资源的高科技产品和新经济的特点紧密相关的。

第一，高科技产品的原材料节约。如微电子技术以及光导纤维等使用的原材料很少，或者是俯首可拾、取之不尽的石英之类的东西，成本极低，而且大量的信息产品随着生产规模的扩大，边际成本递减，以至趋近于零。

第二，网络经济和电子商务的发展，不仅节约了搜索信息的成本，还减少以至消除了商品流通的中间环节，也可减少以至消除企业的库存，从而节约了交易成本。

第三，高科技的迅猛发展既提高了生产效率，又使产品价格急剧下降。例如，根据摩尔定律，计算机硅芯片的功能每18个月翻一番，而价格却减少一半。

第四，企业生产经营管理方式因自动化、信息化而发生重大变化。在20世纪90年代，美国企业的组织结构已从过去“金字塔”式向水平网络式演变，减少了中间层管理人员，直接节约了工资成本；同时还因此加强了职工间的就业竞争，进一步间接地降低了工资水平，或者使工资增长落后于劳动生产率增长。

所有这些因素，都使产品成本下降，遏制了通货膨胀率的上升，有关资料显示，美国1991—1997年信息产业对降低通胀率贡献的百分点，分别是：0.3，0.1，0.3，0.2，0.7，0.9，1.1。可见，在新经济条件下，有可能使经济增长与通货膨胀率同时下降，从而使菲利普斯曲线进一步失灵。

（六）新经济使经济周期理论发生了新的变化

资本主义经济周期性，是资产阶级经济学家也承认的，如熊彼特根据自己的创新理论认为，由于创新的产生不是连续的、平稳的，而是时高时低的，因此会出现周期性波动，每个周期依次经历危机、萧条、复苏、高涨四个阶段，但一个周期时间多长，在以物质为主要资源的工业经济时期，大体与固定资本大规模更新的周期一致。在第一次世界大战以前各主要资本主义国家大约每8~10年一次。第二次世界大战后，由于推行凯恩斯主义，政府加强了反危机的措施，使经济周期变形，出现所谓经济衰退与经济高涨交替更迭的简化周期说。而且随着垄断和科技的发展，资本主义矛盾加深，企业折旧加速，固定资本更新周期缩短，以致经济周期的时间缩短为约4~6年，如美国战后到1990年的45年间经历了9次衰退。但在以信息知识为主要资源的新经济条件下，由于在整个国民经济中物质产品生产部门的地位相对下降，从而固定资本更新对经济周期的影响相对削弱；与此同时，信息技术产业部门的地位相对上升，它们使用的主要生产要素是信息知识，知识又具有不断创新和累积增长的特点，使经济持续增长的时间有可能延长。加之，网络经济发展减少以至消除了商品流通的中间环节和企业库存，便减少或缓解了引发危机的因素，从而进一步延长了经济增长的时间。如美国经济在1991年4月摆脱战后第9次危机之后，持续增长近10年之久，表明美国已开始形成新经济的格局。

但是，美国新经济毕竟是资本主义经济，因而要受资本主义经济固有的基本矛盾的制约而不可避免地会出现周期性的经济危机或衰退。2000年，美国由高科技股泡沫的破灭而引发的经济低速状态，从第三季度开始，迄今已延续一年有余，而且有愈益加剧之势，“9·11”事件更使其雪上加霜，以致连美国经济学家都认为，美国经济2001年第三、四季度会出现负增长，经济衰退势所难免，2001年10月2日，布什总统的首席经济顾问格伦·哈伯德公开承认，美国经济很可能出现连续两个季度的负增长。可见，美国新经济尽管有别于传统经济，并因而有可能改变某些经济周期的表现形式，甚至会延长经济增长的时间，但是要保持经济的长盛不衰，从根本上消除周期性危机是绝不可能的。

（原载《福建论坛》2000年第1期）

三、吴易风教授是怎样正确对待西方经济学的

——简评《吴易风文集》

2015 年 1 月，著名马克思主义经济学家、中国人民大学一级教授、博士生导师吴易风同志出版了他一生心血的结晶——10 卷本《吴易风文集》(以下简称《文集》)。这是值得经济学界热烈庆贺的盛事。习近平同志明确指出："从世界社会主义 500 年的大视野来看，我们依然处在马克思主义所指明的历史时代"，"马克思主义就是我们党和人民事业不断发展的参天大树之根本，就是我们党和人民不断奋进的万里长河之泉源。"又说："回应现实需要，深入总结中国特色社会主义实践，更好实现马克思主义基本原理同当代中国具体实际相结合，同时也要放宽视野，吸收人类文明一切有益成果，不断创新和发展马克思主义。"① 吴教授从事西方经济学教学与研究，同时他也熟稔马克思主义经济学，是坚持以马克思主义的立场、观点和方法，特别是以马克思主义经济学为指导去研究分析西方经济学的。《文集》的内容恰好符合习近平同志的上述要求，是高校师生、广大干部深入研究学习马克思主义经济学和西方经济学难得的、高水平的参考书。

我和吴易风教授因工作关系，可以说是已相识相知近半个世纪的亲密战友，他的道德文章是我比较熟悉和素所佩服与敬重的。但现在通读他 10 卷

① 《习近平在中共中央政治局第四十三次集体学习时强调：深刻认识马克思主义时代意义和现实意义继续推进马克思主义中国化时代化大众化》，《人民日报》2017年9月30日，第1版。

本的鸿篇巨制，仍令我十分震撼，恍若是第一次接触他的著述那样的新鲜和引人入胜，爱不释手。

纵观《文集》10卷，可以分为四个相互关联的主题：一是关于马克思主义经济学的研究；二是关于西方经济学的研究；三是关于经济理论与经济现实的研究；四是关于马克思主义经济学与西方经济学的比较研究。其中，有五大理论特点贯穿于四个主题之中，堪称《文集》的最大亮点。

（一）理论的系统性

理论的系统性突出表现在《文集》对作为马克思主义经济学重要来源的英国古典经济理论和空想社会主义理论的系统研究上。特别是对前者的系统研究成果更加出色，被排列在《文集》之首，并以一卷50余万字的篇幅予以重点论述，足见作者的重视程度。在论述的结构体例上，以经济原理范畴为主线，同时与人物的相关思想结合，使人耳目一新。更重要的是对各个古典经济学家经济思想的深入考证、分析和评价，都有许多独到的创新性贡献。如作者把古典经济理论历史科学地划分为产生时期、发展时期、完成时期，对从配第到休谟的古典经济学家做了详细的评析，包括洛克、诺思、康替龙、范德林特、斯密的“那位匿名的前辈”、马西等重要人物，在以往同类著作中或者被忽略，或者语焉不详，而在《文集》中则都有较全面深入的分析，使各自获得了应有的学术历史地位和正确评价。

《文集》还对个别历史评价有误的现象给予澄清。例如，詹姆斯·斯图亚特（1712—1780年）本应属古典学家，但国外学者过去长期断言他是重商主义者。《文集》则按马克思的观点，将他改属英国古典学派，认为他对英国古典价值理论的最大贡献，是关于生产商品的劳动具有二重性的天才猜想（《文集》第一卷，第77页）。马克思说：“把商品归结于二重形式的劳动是古典政治经济学一个半世纪以上的研究得出的批判性的最后成果。”①因此，把斯图亚特视为古典经济学家是比较合适的。

《文集》理论的系统性，还突出表现在对新世纪海啸式国际金融经济危机的系统研究分析上。国内学者对这次危机研究的文献著述，可以说汗牛充栋，为数不少，但属上乘者不多，全面系统的上乘之作就更少。吴易风教授的《资本主义市场经济系统性危机和西方经济思潮新动向》（《文集》第七卷）可以说是这极少数的上乘著作之一。他以大量翔实典型的事实数据为依据，系统深入分析了危机的根源、起点，而且对何时和如何从次贷危机发展为银行危机、全面金融危机，又延伸为经济衰退危机和债务危机的每个节点都做了有说服力的分析与判断。同时又把这次危机对整个社会和上层建筑的影响联系起来进行深入分析，最后得出了这次危机是一次经济危机、社会危机、政治危机、意识形态危机的正确结论。

（二）理论的彻底性

判断一个理论是否正确的标准之一，是要看它在逻辑推理上是否彻底，能否一以贯之。吴教授的理论研究坚持了以马克思主义的立场、观点、方法为指导。这个指导思想成为他理论研究的逻辑起点和前提，并在推理过程中始终坚持不渝，因而就能得出科学的正确结论。例如，在对政治经济学研究对象的问题上，在马克思主义者阵营和教科书中就存在歧义，有的认为是研究人们的社会生产关系即经济关系，有的认为是研究生产力与生产关系相结合的生产方式，甚至有的认为生产力也是政治经济学研究的对象。吴教授力排众议，认为这些意见或者是有片面性，或者是逻辑混乱，或者本来就是马克思所反对的观点，他坚决主张教科书在对象的定义上要“复归到马克思的定义上去”（《文集》第三卷，第2页）。

① 马克思、恩格斯:《马克思恩格斯全集》第13卷,人民出版社1962年版,第41页。

马克思说："我要在本书（指《资本论》）研究的，是资本主义生产方式以及和它相适应的生产关系和交换关系。"① 即认为政治经济学研究的对象是生产方式和与之相应的生产关系或经济关系。正确理解马克思的这个定义，吴教授认为关键在于理解马克思的生产力—生产方式—生产关系原理。他根据马克思一系列论述令人信服地表明："在马克思那里，生产力—生产方式—生产关系三个范畴之间既不存在替代关系，也不存在包容关系。"（《文集》第三卷，第6页）马克思所说的"资本主义生产方式"是指生产的资本主义的社会形式，即资本主义条件下雇佣劳动和资本相结合以生产人们所需要的物质资料的特殊方式。这样，吴教授便合乎逻辑地清晰说明了马克思关于研究对象定义的准确含意：一是研究生产方式；二是研究与生产方式相适应的生产关系；三是生产力不是经济学研究的对象，但却是决定生产方式的条件和基础，即一定的生产力便决定一定的生产方式。因此，生产力与经济学研究对象之一的生产方式是有联系的，但它本身绝不是其研究的对象。马克思说得很清楚，"政治经济学不是工艺学"②，生产力则属于工艺学研究的范畴。在研究对象的问题上，吴教授严格遵循马克思的立场、观点、方法，澄清了许多混乱思想，为马克思主义政治经济学的健康发展做出了重要贡献。

（三）理论的坚定性

理论的坚定性是以理论的彻底性为前提的。就如在政治经济学研究的对象问题上，吴教授由于理论的彻底性而得出的正确意见，不仅澄清了国内学界有关的混乱思想，而且与现代西方经济学的研究对象也划清了界限。

20世纪30年代以来的现代西方经济学家，一般都把生产资源的配置视

① 马克思、恩格斯：《马克思恩格斯全集》第23卷，人民出版社1972年版，第8页。
② 马克思、恩格斯：《马克思恩格斯全集》第46卷上，人民出版社1979年版，第23页。

为经济学研究的对象。具有代表性的说法是，1932年英国经济学家莱昂内尔·罗宾斯说："经济学是一门研究作为目的和具有不同用途的稀缺手段之间关系的人类行为的科学。"① 这表明他们的研究对象是人与物、物与物之间的关系，而不涉及人与人之间的生产关系或经济关系。尽管罗宾斯的定义会涉及企业与企业之间的关系，但却绝口不谈资本家与雇佣劳动之间剥削与被剥削的资本主义生产中最基本的关系，相反却极力回避以达其为资本主义辩护之目的。

我们把西方经济学的研究对象与马克思主义经济学的研究对象相比较就更可看出，后者不仅要研究前者所说的资源配置问题，而且还要研究生产方式（此中已内含有资源配置）及与之相适应的生产关系或经济关系。这就是马克思主义经济学与现代西方经济学在研究对象上的根本区别所在。由此也就决定了这两种经济理论体系有原则性区别。吴教授说："任何一种经济学或政治经济学理论体系，只要把生产方式以及与之相适应的经济关系排除在研究范围之外，就不可能是真正科学的理论体系"，而"把研究范围退缩到资源配置这个角落的西方经济学，充分暴露出了它的阶级性和科学性的矛盾。"（《文集》第六卷，第169页）从而也就必然表现出资产阶级的西方经济学理论体系与代表无产阶级利益的阶级性和科学性高度统一的马克思主义经济学理论体系的根本对立。

吴教授在坚持这两种经济学理论体系根本对立的同时，也清醒地看到西方经济学有二重性。他说："应该用唯物辩证法一分为二的观点，对它进行科学的、全面的分析，分析哪些是意识形态成分，哪些是在特定条件下有实用性的成分。对于前者要进行必要的批判和揭露；对于后者要考虑借鉴和吸收。"（《文集》第六卷，第170-171页）为此，他不仅在对西方经济学进行专题研究的论著、文章和编著的教材中始终坚持"一分为二"的观点，而且在20世纪八九十年代以来，面对新自由主义对我国进行猖

① ［英］莱昂内尔·罗宾斯:《政治经济学的性质和意义》麦克米伦1935年版,第16页。

狂进攻之际，更是义无反顾地挺身而出，以马克思主义为武器进行分析批判。

例一，关于访俄报告。苏联解体，东欧剧变后，受苏东资本主义复辟的影响和西方新自由主义思潮的侵蚀，国内经济思想界一度相当混乱。《高校理论战线》1995 年第 11、12 期连载了吴教授在同年 9 月访问俄罗斯的报告文章：《俄罗斯经济学家谈俄罗斯经济和中国经济问题》（收入《文集》第九卷）。文章翔实地记录了俄罗斯的私有化过程及其影响，表明“新自由主义经济学给俄罗斯带来了一场空前的大灾难”；并且如实转述了俄国经济学家克洛茨沃格语重心长的忠告：“中国过去在十月革命后‘以俄为师’，那时俄罗斯是胜利者，取得了革命的胜利。现在，我建议中国的同志这一次仍‘以俄为师’，只是我们这次不是胜利者，而是失败者。”（《文集》第九卷，第 201 页）文章发表后，社会反响十分强烈，褒贬不一，但绝大多数人都认为是给社会混乱思想的一副清醒剂。

例二，对科斯产权理论的批判，吴教授总是冲锋在前。20 世纪 90 年代初，新自由主义的新制度学派的主要代表人物罗纳德·科斯于 1991 年获得诺贝尔经济学奖，声名大振，其首创的所谓科斯产权理论和科斯定理也随势风靡全国。加之，自称是科斯弟子的张五常乘势推波助澜，掀起一阵鼓吹科斯理论实即私有化的“张五常热”。我国一些人也自觉不自觉地卷入这场私有化大合唱之中，声称要把国企“产权量化到个人”，而且要“靓女先嫁”。面对如此严峻形势，吴教授多次做报告、接受记者采访、写文章，鞭辟入里地狠批科斯理论[①]。更可贵的是，为了彻底揭穿所谓科斯在世界上首创产权理论的神话，吴教授通过对马克思理论宝库的深入挖掘研究，发现“马克思系统地研究了经济领域的生产关系和相对应的法律领域的财产关系，研究了与财产有关的法的权利”，“国外比较尊重事实的经济学家对马克思和西方

① 吴易风：《西方产权理论和我国的产权问题》（《文集》第八卷）、《产权理论：马克思和科斯的比较》（《文集》第十卷）、《“张五常热”解析》（《文集》第九卷）等。

产权学派的产权理论进行比较时说：‘马克思是第一位有产权理论的社会科学家’”（《文集》第八卷，第64页）。不仅如此，他还指出，马克思认为产权所包含的所有权、占有权、使用权、支配权、经营权、索取权、继承权、不可侵犯权等一系列权利，可以统一，也可以分离，分离属于不同的主体。因此，“按照马克思的所有制理论和产权理论，从社会主义制度的基本要求出发，从我国当前社会的物质生产力水平出发，社会主义市场经济的生产资料所有制必须坚持以公有制为主体，多种所有制共存；相应的，在产权方面，必须坚持以公有产权为主体，多种产权制度并存”，从而批驳了由科斯产权理论得出的要把国企产权“量化到个人”的私有化主张。吴教授的这一重要发现无疑是其在坚持马克思主义理论上的彻底性和坚定性的表现。

例三，在20世纪90年代中后期国内经济学界围绕如何建立我国社会主义市场经济、是否要坚持四项基本原则这个中心而展开争论之际，吴教授发表了一系列脍炙人口的坚持马克思主义立场、观点，坚持四项基本原则的文章、访谈。随后于2000年5月汇集成册，以《当前经济理论界的意见分歧》的书名出版（其主要部分收入《文集》第八、九卷）。在争论中，吴教授对学界出现的所谓“经济学的基础理论本身具有普遍的、一般的科学意义，是无国界的、无‘阶段性’、无‘阶级性’的”，因此不应该有中国特色的基础理论的观点进行了批评。他旁征博引，以大量事实为依据，坚决驳斥了这种违反马克思主义基本原理和常识的观点，受到同行广泛的关注和赞许。

例四，将马克思主义经济学与西方经济学进行比较分析。这实际是以马克思主义为指导，实事求是地以“一分为二”的科学态度对待西方经济学。因而这种分析方法本身充分体现了一个学者忠诚于马克思主义理论的坚定性。《文集》中这种分析方法比比皆是。吴教授最推崇老一辈著名经济学家陈岱孙教授的题词：“弘扬马列、锐意求新、借鉴西学、体察国情。”吴教授的推崇，不仅见诸文章（见《文集》第十卷首篇），而且在他担任会长的中华外国经济学研究会的大会小会上，都反复强调，予以弘扬。吴教授的

《比较理论经济学》（《文集》第十卷）更集中体现了这种精神。据我所知，尚有未收入《文集》而由他主编的三卷本《马克思主义经济学与西方经济学比较研究》，也充分体现了这种精神，进一步充分说明了吴教授坚持马克思主义理论的彻底性和坚定性。

（四）理论的实践性

理论最可贵的品格和意义在于要联系实际，指导实践，预见未来。《文集》中的大量论述都十分重视这一点，尤其重视与当前中国特色社会主义建设事业紧密联系起来，对于不利于其健康发展的言行予以揭露批评，对更有利于其健康发展的政策措施积极提出建议。例如，1985 年，为了保护居民收入不因价格调整而下降，曾提出实行收入指数化方案；1994 年，为了确保公有制的主体地位，提出成立国有资产管理委员会的建议，还有其他许多重要建议，其中有的已被采纳或参考，有的至今还有参考价值。

（五）理论的创新性

这是《文集》中最闪亮之点。以上所述，已涉及许多创新性的内容，如复归马克思关于政治经济学研究对象的本意、发现马克思产权理论的创立等。这里还须补充的是，吴教授在研究分析批判西方经济学的过程中，或者是为了寻找批判的武器，或者是从中受到启发，或者是二者兼而有之，还对马克思主义经济学做出了引人注目的创新性贡献。

第一，发现马克思最早建立起科学的经济增长理论。在西方经济学的经济增长思想史上，一般认为，从古典学派的亚当·斯密开始就有了经济增长的思想；后来经过以哈罗德—多马增长模型和索洛增长模型为代表的增长阶段而得到很大发展。如果说过去很长时间的增长论都认为经济增长主要取决于劳动和物质资源，那么从 20 世纪 80 年代中期出现的新增长论，则认为增长主要取决于人的智力资源，并把知识技术进步视为经济系统的内生变量，因此又称为内生经济增长论。吴教授发表了一系列论文对西方增长理论进行了系统研究，并把它与马克思的经济增长理论进行比较分析发现：在经济增长理论史上，马克思第一个系统地创立了科学的经济增长理论，即《资本论》中的社会资本再生产和流通理论；在经济思想史上，马克思第一个将静态分析动态化、短期分析长期化，建立了第一个经济增长理论模型。这些是连务实的西方经济学家都不得不承认的事实（见《文集》第十卷，第113–127页）。

第二，在分析方法上建立起一系列马克思经济理论的数学模型。在经济学的分析方法上，吴教授始终坚持认为，马克思主义的唯物辩证法和历史唯物主义是最主要、最科学的分析方法，特别是作为历史唯物主义重要组成部分的阶级分析方法是至关重要、必不可少的。而现代西方经济学在阶级分析问题上却讳莫如深（见《文集》第六卷，第116–117页），致使其不可能成为科学。但它也有其数学分析法的相对长处。马克思虽然也很重视和运用数学分析，但他的《资本论》由于受当时数学还不很发达的历史局限，在这点上与现代西方经济学比较起来仍相对较弱，并因此而成为西方学者用以贬损《资本论》的借口。这个借口当然是完全没有道理的。为了更好地捍卫和丰富发展马克思主义经济学，吴教授经过深入研究主编出版了《马克思经济学数学模型研究》一书（收入《文集》第四卷），建立起一系列马克思经济理论的数学模型，填补了马克思主义经济学中的一大空白。这也说明了吴教授很重视数学分析，但他同时也很反对滥用数学。他认为：“数学本身不能创造任何经济理论，不能创造任何经济范畴和规律”，“在经济学中运用数学时，要使结论正确，首先要求前提正确。数学可以给错误的经济理论披上科学的外衣，使读者不易识别它的伪科学性，但不能赋予错误理论以科学的内容”，因此，“在经济理论研究中不能滥用数学”（《文集》第六卷，第172页）。

综上可见，10卷本《文集》是一部关于研究马克思主义经济学与西方经济学的内容丰富、很有特色的优秀经济学著作。可以说，在经济学领域里，《文集》的内容足以证明，吴易风教授是我国学贯中西的、坚定的马克思主义者和杰出的马克思主义经济学家。

（原载《思想理论教育导刊》2018年第3期）

四、译文

（一）凯恩斯政策思想的发展

在欢迎凯恩斯《通论》出版的主要评论文章中，伦敦经济学院的青年教师阿巴·勒纳（Abba Lener）在《国际劳工评论》（1936年）上发表的一篇论文，见地卓绝而又特别清晰，随后的若干年，阿巴也是对《通论》所提出的主要理论进行阐述的积极的参与者之一。他在这方面所写的有价值的作品已收集在他的《经济分析论文集》中。但是，可以肯定地说，阿巴对凯恩斯理论的经济政策含义的分析，同他对凯恩斯理论的贡献同样重要。就是在这里，他发展了有名的职能财政（functional finance）的概念，对这个概念的研究，是他著名的《统制经济学》（Econmics of Control，1946年）的重要部分。因此，我为本卷撰写有关凯恩斯经济政策思想一章是恰当不过的，尽管所涉及的只是远在《通论》发表以前的经济政策。

既然我关心的是经济政策，就必须首先扼要地叙述一下英国在我论及的那个时期（1920—1935年）的经济形势。英国在整个20年代普遍存在大量失业，而且由于美国大萧条的结果，在30年代初，失业问题甚至更为严重。但是，虽然有连续失业的存在，英国的名义工资率却下降很慢，而与此联系在一起的商品价格水平更急剧的下降。这就意味着实际工资率确实在上升。与美国的情况比较，美国的名义工资率急剧下降，但并不像价格水平下降那么厉害。所以，在那里实际工资率也有增加，虽然比英国的增加要少得多。

这个时期还有两个至关紧要的事件，并且都与金本位有关。其一，英国在 1925 年 3 月恢复战前的金本位制。依照凯恩斯的看法，这项决策造成了紧缩通货的压力，从而使失业恶化。其二，英国的货币在 1931 年 9 月与黄金脱离关系，随后整个国际金本位制便崩溃了。

我在这个时期的经济发展的叙述中，你会看到，我没有使用对我所要达到的目的来说似乎是最适当的宏观统计资料——国民收入统计资料。原因很简单，我的目的是要描述被当时的经济学家们和政策制定者们所实际看到的经济图景；而官方的年国民收入统计数字当时是得不到的。的确，英国直到第二次世界大战前，即在美国的统计材料公布出来几年以后，才公布这方面的数字。同样，我也没有提出货币供应方面的任何数字。因为说来或许令人吃惊，像这样的材料，在 60 年代初以前，在英国是不公布的。这比美国开始公布这类数字足足要晚 1/4 世纪。

根据上述背景，我将讨论凯恩斯思想变化之谜（因为它就是一个谜）。这个谜表现在两次大战之间他的主要著作之中：《货币改革论》（1923 年 12 月）、《货币论》（1930 年 10 月），以及最后的，而且当然是最重要的著作《通论》（1936 年 2 月）。在第一本书中，凯恩斯扼要地重述了他从他在剑桥大学的老师阿尔弗雷德·马歇尔（Alfred Marshall）和 A. C. 庇古（A. C. Pigou）那里继承下来的货币数量论。在第二本书中，凯恩斯发展了他在序言中提出过的“新奇”理论。这种理论采取了他的著名基本方程的形式。在第三本书中，他发展了 C+I+G=Y 的宏观经济理论。这个理论我们今天还在继续讲授。

凯恩斯在上述三本书中所关心的中心问题是失业问题。正如我已指明的，英国在《货币改革论》发表之前两年即已遇到失业的困难，并继续到凯恩斯写作《货币论》的五年中，而在他写作《通论》的五年中，失业情况甚至更加严重。上述三部著作的共同特征是，凯恩斯反对企图通过降低名义工资率解决失业问题。同时我认为，在这点上，在《货币论》和《通论》

之间似乎存在差别。因为我的印象是，在《货币论》中，凯恩斯认为，降低名义工资在理论上可能有帮助，但在实践上行不通；然而在《通论》中，他在理论上也反对它。产生这个差别的部分原因，或许是由于如下事实：凯恩斯于 1930 年写作时所受到的影响是，在此以前的一些年中，英国的货币工资是固定不变的；然而，在 1936 年摆在他面前的却是美国在 1929—1933 年的经验。这期间货币工资急剧下降，但并没有成功地解决失业问题（注意凯恩斯在《通论》第 9 页上曾间接提到这个经验）。

但是，我不想在这里进一步讨论这个问题，因为就上述两本书关于减少失业的政策主张而言，我所感兴趣的不是两本书的相似之点，而是它们之间的差别点。通常认为，在《货币论》中，凯恩斯主张使用货币政策；在《通论》中，他主张使用财政政策。就后来者说，我显然是指为了影响宏观经济的行为而利用变动政府支出水平和税收水平的政策。但是，为了避免任何可能的误解，我必须强调，在这种关系中，上述"货币政策"的含意与今天"货币政策"的含意并不一致。因为在米尔顿·弗里德曼的影响下，这个术语现在是指利用变动货币供应量的宏观经济政策；然而，凯恩斯在《货币论》中的货币政策是指由中央银行通过变动利息率以图影响宏观经济行为的政策。诚然，正如我已指出的，在凯恩斯写作《货币论》的时候，在英国甚至还不存在官方的货币供应方面的统计资料。因而，在《货币论》中，当凯恩斯渴望提供一个英国货币供应变化的经验主义的描述时，不得不由自己做出估算（《货币论》第 2 卷，第 23 章）。

这是通常对凯恩斯政策观点变化的看法。虽然这种看法大体上是正确的，但是，它不能恰当地表述在事实上更加复杂得多的发展。最简单、最具体的事实表现就是，凯恩斯在《通论》出版以前很多年就主张增加公共工程的支出。特别是在 1929 年，他为了在英国选举中支持自由党政纲，在他与休伯特·亨德森（Hubert Hendersor）合写的那本著名的小册子《劳埃德·乔治做得到吗?》中有过这种主张。在这本小册子中，凯恩斯提出了一项"国家发展的积极政策"，想用它来解决困扰国家的严重失业问题。的确，他甚至接着讲到公共工程支出能够达到这个目的，因为它不仅提供了“直接就业”，而且也因为由于需要对这些工程供给必要的原材料之类的东西而引起“间接就业”。不仅如此，它还会进一步创造就业。因为“很多现在失业的工人将获得工资而不是失业救济金，这就意味着增加实际的购买力，对商业给予普遍的刺激，加之，较大的商业活动，会进一步有助于商业活动。因为繁荣的势力，像萧条的势力一样，将以累积的效果进行”。简言之，这是乘数理论的开始，不过这里不谈这个问题。我所关心的问题是：难道凯恩斯在1929年主张财政政策，在1930年《货币论》中便改变了他的意见而主张货币政策，在1936年《通论》中又再一次改变了他的意见吗？

只要描述一下这样快的一再反复就足以表明，凯恩斯改变了他的意见是难以置信的。根据以下众所周知的事实特别能说明这点，即凯恩斯写作和修改《货币论》花了几年的时间，并且就在他写《劳埃德·乔治做得到吗？》时，也确实在写《货币论》。因此，人们必然会问，为什么作为《劳埃德·乔治做得到吗？》特征的极力提倡公共工程的主张，在《货币论》中没有反映呢？

人们或许认为，凯恩斯改变他的关于公共工程的意见，是在写作《货币论》很晚的阶段，以致没有在该书中反映出来；并且还认为，当他在《货币论》的序言中说到如果他重写这本书，他将有不同的写法时，他心中所考虑到的问题之一，便是提倡公共工程的主张。但是，在我看来，这最多只能说明这个谜的很小一部分，因为它并不符合目前所知道的关于《货币论》的写作年表。特别是，凯恩斯在1929年5月写了《劳埃德·乔治做得到吗？》，而在1929年8月，我们发现他写给《货币论》的出版者的信件中说，该书的一卷本清样已多少就绪，但他已经认识到他必须“着手进行某些大刀阔斧的修改”。的确，由于这种“修改”，仅在14个月后，这本书就扩大成两卷出版。我们还知道，在1930年2月麦克米伦委员会（Macmillan Committee）面前，凯恩斯在他的“私人证词”（“private evidence”）中主张公共工程，就在这个时期，他还在对《货币论》清样进行加工。因此，很清楚，即使在 1925 年 5 月以后，凯恩斯也有机会把他的改变引入《货币论》，如果他愿意这样做的活。所以，《劳埃德·乔治做得到吗?》中的凯恩斯与《货币论》中的凯恩斯之间明显的不一致之谜仍然存在。

作为解决这个谜的开端，让我再谈两个背景情况——对我们所论的问题来说，那是凯恩斯的两个重要特征。第一，凯恩斯不是生活在学术界，他不是一个教授。的确，在两次大战之间，他甚至不是一个大学讲师。因为凯恩斯起初不是作为一个职业的经济学家，而是作为一个时事评论家出名的。特别是 1919 年他对凡尔赛和约严厉批评的书——《和约的经济后果》，使他一夜之间变成世界性的人物。从此，凯恩斯把他的大部分时间从事新闻活动。在两次大战之间，新闻活动乃是他的主要收入来源。这样，在这个时期，凯恩斯写了 300 多篇文章，主要发表在诸如《曼彻斯特卫报》《新政治家与民族》以及类似的高深的期刊上。在这个时期，凯恩斯在政治领域也极其活跃。他不仅写过政治性文章，而且还对首相和财政大臣们提出忠告——有时是非正式的，有时甚至是正式的。这样，凯恩斯成了三个主要的政府委员会的中心人物，每个委员会都按自己的方式负责处理失业问题。三个委员会是：麦克米伦委员会（1929—1931 年）、经济顾问委员会（1930—1939 年）以及与其有关的经济学家委员会（1930 年）。

这些活动的范围和强度可由整个时期的简单事实所证明。凯恩斯有规则的时间表是，他一周的大部分时间在伦敦，仅仅礼拜五晚上来到剑桥，度过长长的周末。每年秋季学期的早晨，他去讲授一系列的货币经济学课程（不是因为承担了任何大学的职责，而是因为他有兴趣这样做）；到晚上他主持他的有名的政治经济学俱乐部会议；第二天早晨回到伦敦。

我想强调的凯恩斯的第二个特点是，除了他主要的是叙述性的《印度的通货及财政》（1913 年）之外，《货币论》乃是他在经济学中第一本学术性强的著作。的确，我以为，凯恩斯在 20 年代作为一个政治的人物赢得了世界的称赞后，他又企图通过《货币论》作为一个职业的经济学家赢得同样的声誉。这本书就是他将在整个学术界牢固地树立名望的巨著。当凯恩斯第一次发表《货币论》的时候，在他的心目中，无疑认为已达到了这个目的。他选择用“基本方程”的术语表示他认为该书的首要贡献，就清楚地说明了这一点。同样，他认为《货币论》具有重要意义的信念，可由下述事实得到说明：为了提供拉尔夫·霍特雷（Ralph Haustrey）在麦克米伦委员会面前作证时用的凯恩斯认为的恰当的基础，凯恩斯将这本书的一套论据给了他。大概在同一时期（1930 年 5 月），凯恩斯还写信给英格兰银行总裁，说《货币论》是以体现在他的基本方程中的“困难的理论命题”为根据进行分析的；并且说：“很重要的是要做出适当的决定，而不管它（命题）是真是假。我只能说，如果它是假的，我准备割下我的脑袋。”一年以后，1931 年 6 月，凯恩斯参加了芝加哥关于“世界失业问题”的哈里斯基金会并且提出一篇基本上是歌颂《货币论》的文章。他一开始提到他的基本方程，然后接着说：“这是我的秘密，是我提供给你们的对于繁荣与萧条（以及很多其他问题）科学解释的线索。”凯恩斯显然知道《圣经》——在不同的场合（如“寡妇的坛子”）甚至间接提到它——但是有句短诗似乎他不喜欢：“让别人赞扬你，不要自己赞扬自己”（箴言篇第 27 章第 2 节）。

我之所以详细地阐明上述背景，是因为我认为，它似乎已回答了我们的谜的一半。现让我们转到《货币论》相关的页上，即第 2 卷第 37 章《货币理论的应用》的那些页上。在此，我们发现，乍一看来，那或许是不合格的货币政策主张，即采用由中央银行补充变动利率的方式。例如，凯恩斯写道，如果利率既经减少仍不足以充分安置就业，中央银行只需继续有力地进一步降低利率：

“……有可能出现这种情况，即在一段短时期内，自然利息率下降到如此之低，以致在长期市场中，借贷双方的思想之间存在很大的和非同寻常的差距。我们有理由发问，在这种情况下，怎么可能使长期的市场利息率和自然利息率维持彼此相等呢？除非我们责成中央银行购买债务，直至债券价格远远超过长期标准价格。”（《货币论》第 2 卷，第 334 页）

我们发现凯恩斯多么使人吃惊，刚好在一页以后便说道：“用熟练的货币管理能力来避免繁荣和萧条，是有其不可克服的局限性的”，其根源在于“国际的复杂性”。更准确地说，在金本位制的世界中，由一家中央银行孤立的活动来降低利率，会导致黄金外流，并因此而导致危险的国际储备的损失。

但是，对此，凯恩斯也有一个解决的办法，即国际合作。也就是由世界各国的中央银行联合起来降低它们的利率。但是，如果不能达成这样的合作，又怎么呢？那时，而且仅仅在那时，凯恩斯确实提到公共工程。简言之，其他方法都失败了，当实行降低利率的货币政策是不可能的时候，凯恩斯才准备主张以公共工程作为解决失业问题的手段，按凯恩斯的话说：

“最后，当一个国家的国际收支不平衡，以致使它陷入严重失业的时候，它仍有一种武器借以部分地营救自己。在这种情况下，公开市场业务活动的作用，即由中央银行企图把市场利率压低和刺激投资，却可能刺激出乎意外的外国贷款，从而引起黄金超过它所能承受的规模外流。在此情况下，对中央当局来说，准备放出款项是不够的——因为货币可能流入相反方面——它还必须准备借入款项。换言之，政府本身还必须促进国内投资计划。政府可以在二者之间进行选择：或者雇佣劳动创造资本财富，这将使它的收益低于市场利率；或者完全不雇佣劳动。假若情况就是这样，国家的利益，无论是眼前的，还是未来的，都将由于第一种选择而得到增进。但是，如果国外的借款者急切地需要借款的话，在竞争的公共市场上，把利率降低到适合国内投资水平是不可能的。因而，要取得所希望的结果，只能通过某种方法才能得到。这种方法就是：由政府赞助它所认可的国内投资方式；或者由政府自己管理国内的资本发展计划。

“关于把上述方法运用到大不列颠 1929—1930 年的情况，我已经在其他许多地方写过，这里就不详谈了。假定至少在一个短时期内，做不到使国内成本相对于国外有足够的降低，以致能大大增加对外收支盈余，那么，通过提高 3%的国家发展计划来补助国内投资的政策，乃是既增加今天就业，又增加今后国民财富的有效手段。在这种情况下，当前适用的唯一可选择的补救办法，是通过排除国外进口来补助外国投资，从而可以因大量减少了进口，使得未能增加出口以提高国际收支达到平衡水平得到弥补。”（《货币论》第 2 卷，第 337-338 页）

对我们现在的目的来说，特别有趣的是，在刚才引用的那节第二段一开头，凯恩斯提到的如下事实，他“在其他许多地方写过”的关于他支持的当时英国公共工程开支。这里无疑是暗指《劳埃德·乔治做得到吗?》一书的。的确，如果我们回头再仔细地阅读这本小册子，我们将发现，在那里，而且在那末尾，凯恩斯指出，在英国当时的情况下，是不能通过降低利率来解决失业问题的；因为虽然英国当时正遭受严重的失业，而美国却处于兴旺繁荣之中，联邦储备局正企图通过提高利率来维持其控制。因而，凯恩斯在《劳埃德·乔治做得到吗?》中坚持认为，在英国降低利率只会引起资本外流，以及因此而引起危险的黄金储备的损失。

这里还有一个有关的问题：要注意在前述《货币论》的那段中，以及类似的可在《劳埃德·乔治做得到吗?》中看到的段落中，凯恩斯对公共工程支出的看法与我们的看法有点不同（即不是作为一个直接增加就业的政府总需求组成部分的增加)，而是——依据《货币论》分析的结构——作为利息率的减少。关键之处在于，利率的降低不是一致的，而是分别情况。对把资金用于国内公共工程支出的某一国内借款人（指政府）将减少利率，对那些只会引起黄金外流（如果由于利率低而引起借款）的任何潜在外国借款人，则利率将保持在原来的高水平。

让我们再顺便提一下，在《劳埃德·乔治做得到吗?》和《货币论》两本书中，凯恩斯都忽略了无论是由于货币政策或者财政政策而来的任何在经济扩张性的发展所引起的黄金外流。因为这样的扩张引起进口增加，并因此而造成往来账户上的赤字。在凯恩斯看来，国际收支上所造成的黄金外流，好像只是由于资本账户的变化，而不是由于往来账户的变化所引起的。这又是值得进一步研究的迷惑之点。无论怎么说，这与大体在同一时期（1929年)，凯恩斯在同俄林（Ohlin）进行著名的德国赔偿问题的辩论中所持的见解，属于同一“难解之点”。因为在那场辩论中，凯恩斯实际上也忽略了由于赔偿所产生的“购买力”的变化对于进口需求的影响，而俄林却把这种影响看作是至关紧要的。

这样，就回到了我们的主要问题上，在《货币论》和《劳埃德·乔治做得到吗?》之间并没有真正的矛盾。在两书中，凯恩斯都主张把降低利率作为增加就业的手段，而且在两书中他都认为，如果由于国际金本位的限制使得不可能把利率降低，政府就将实行公共工程支出的办法。但是，《货币论》的主旨是提倡利率政策——在书的末尾，作为一种特殊情况，才公开地说到公共工程支出，而《劳埃德·乔治做得到吗?》恰好相反，它的主旨是提倡公共工程支出，只是在书的末尾偶尔说明一下，为什么降低利率是不可能的。我认为，这两处着重点之所以不同，似乎是我前面所说的原因，即凯恩斯在他一生中的这段时期内同时扮演着不同的角色。

更准确地说，在《货币论》中，凯恩斯是作为一个卓越的科学家向全世界提出一本权威性的货币论著。在这部著作中，他揭示了基本方程的秘密。因而，他在著作中所强调的政策，是以体现在这些方程中的普遍真理为基础的政策，适合于一切民族和一切时间的政策。因之，它也是带有普遍倾向性的政策：从原则上讲，稳定经济的方法是依赖货币政策手段。如果偶尔有一种特定经济被“国际的复杂性”阻碍其实行由上述政策所要求的降低利率的政策，那么，适当的解决办法就是“国际合作”。

但是，即使在《货币论》中，凯恩斯也不可能忘记，他除了作为一个负有国际声望的经济学家起作用而外，还是英国制定经济政策方面具有独特影响的第一位有主见的政治经济学家。因此，即使在面向全世界讲话的《货币论》中，他也不能逃避某些有关当代英国问题的责任。为此目的，他不能满足于一个作为解决这些问题的手段的“国际合作”的无效呼吁。因而，在平静、沉寂声中——好像出于责任感——他在《货币论》的末尾，写进了前面引用的关于公共工程支出的那段话。另一方面，在《劳埃德·乔治做得到吗?》中，凯恩斯恰好是另一个相反的角色：在这里，他是在参加一个纯属国内的关于寻求当时适当政策的辩论，因此，只有英国的形势与此有关。

1930年2月，凯恩斯在麦克米伦委员会面前提出的“私人证词”——或者实际上在一系列讨论会上的发言——都与上述情况非常类似。在此，使我想起赛兰罗·德·比尔奇拉克（Cyrande Bergerac）列举的10种不同的登上月球的方法，凯恩斯也叙述了10种不同的增加就业的方法。诚然，他是以讲解《货币论》的基本利率政策开始进行他的证明的。但是，他赶紧说明，因为有黄金储备流失的危险，这种政策不能用于英国现在的形势，因而凯恩斯进一步详细讨论了能够有效使用的政策，特别详细地讲述了关于公共工程支出的政策。只是在最后凯恩斯才空谈了一通国际货币合作，作为避免黄金储备流失的方法的可能性。这种方法在原则上是可取的，但实际上行不通。

在这个问题上，另外一点证据可以从前面引用的《货币论》中那段话的最后一句里找到。在那里，凯恩斯含蓄地提出“唯一可选择的补救方法，……通过排斥国外进口来补助外国投资”。我理解这句话仅仅是一种含蓄的建议，主张通过征收进口税刺激就业。因为众所周知，当时凯恩斯正开始考虑放弃英国几个世纪以来自由贸易主义的可能性，并主张代之以关税政策；对此，他的学术界同行大为震惊，甚至愤慨。的确，这是他在麦克米伦委员会面前的证词中提出的若干可能的补救办法之一，虽然他当时加上如下的保留，即在自由贸易的长期利益和用关税刺激就业的短期利益之间，他还没有形成“一个权衡得失的明确意见”。无论怎样，凯恩斯在《货币论》中提出的这个“补救”办法，显而易见的是不如他在麦克米伦委员会面前的证词清楚。的确，我认为，在前面提到的《货币论》的那一句，似乎是他甚至故意地避开用“关税”这个词。在我看来，所有这一切都只不过反映，关税是一个高度国家主义的措施，因此在为全世界而写作的《货币论》中没有它的适当位置。因而，凯恩斯在这本书中只把自己局限在暗示征税的可能性上。

在结束我对这个问题的讨论之前，我必须回到在涉及《劳埃德·乔治做得到吗?》一书时我所提出的问题：要求凯恩斯在《货币论》中充分反映他在麦克米伦委员会面前关于征收关税可能性的意见，这是合理的吗？因为出版需要时间，而凯恩斯在麦克米伦委员会面前的证词为时太晚，以致不能影响《货币论》的最后定稿，这可能吗？但是，恰好我的问题同我以上询问的问题相似，这就是我的回答：根据《凯恩斯全集》第13卷公布的材料。我们知道，当凯恩斯在麦克米伦委员会作证（1930年2月和3月）的同时，他也在修改《货币论》的清样（《凯恩斯全集》第13卷，第123-132页。也可见帕廷金1976年（a）第134页）。这样，如果凯恩斯真有需要的话，他就可以在《货币论》的讨论中反映出他在麦克米伦委员会面前作证时的意见：或者起码他可以直截了当地使用“关税”这个词。

最后，让我简单地谈一下《通论》。要记住的第一件事是，英国由于1931年9月放弃金本位，整个经济政策结构发生了根本的变化。这个行动使英格兰银行摆脱了前面一再说到的利率政策的束缚，因为紧接着英镑贬值后的若干年，英国有效地运用浮动汇率，使得不再需要国际黄金储备。的确，凯恩斯依据这个事实，在1931年英镑贬值之后便立刻主张降低利率，从而奠定了众所周知的其后若干年内的低息借款政策的基础。因而，在那些年里，长期利率稳步地下落了。

但是，尽管利率下降，英国仍然保持大约有20%的劳动力失业的很高的失业水平。由于这种情况的发展，凯恩斯的政策观点便发生了根本的变化。特别是，尽管利率降低不再受国际金本位的限制，凯恩斯仍然得出这种降低不足以消灭失业的结论，所以，英国还必须实行公共工程支出的政策。换言之，凯恩斯在这个阶段支持公共工程，不是因为由于继续降低利率会引起“国际的复杂性”，而是因为这种降低不能充分解决失业问题。凯恩斯的这个政策观点的转变，在英国放弃金本位后不久，他在1931年哈利·斯图瓦尔特（Hallez Stewart）的讲话中已经反映出来。他说：

“但是，我不相信，在这种场合，廉价货币阶段依靠本身的力量就会完全恢复新的投资。低息借款意味着无风险的、或假定无风险的利率将下降。但实际上企业往往包含着某种程度的风险。情况或许仍然是这样：贷款者由于根据自己的经验丧失了信心，将继续对新企业要求以借款者所不希望的利率。的确，这就是在去年秋季金融危机之前的适度的廉价货币时期中曾经存在的情况。

“如果情况确实是这样，那么，除了由国家直接干预，对新的投资加以鼓励和资助，就没有办法摆脱长期的、或许是漫无止境的萧条。”（凯恩斯1932年，第72、84-85页）。

这个改变了的观点，甚至更有力地表现在凯恩斯后来的著作《繁荣的途径》（1933年）中，他在那里指出，如果一种就业状态已长期存在，那么，即使在中央银行“把长期利率降低（到一个水平，那水平），对所有通情达理的、正当的借款人来说，都是低水平之后，……私人企业未必会主动以足够的规模承借新的贷款。商业企业在它的利润开始恢复之前，不会扩大营业，产出在未增加之前，将不需要增加流动资本。加之，在近代社会中，我们正常的贷款费用计划的很大部分是由公共团体和半公共团体来承借的。在一年中，工商业需要的贷款费用即使在顺境也是比较少的。建筑、运输和公用事业在任何时候都承借了当前贷款费用的很大部分。”

“这样，就不得不由政府当局首先采取主动性；而且这种措施必须是大规模的、有组织的、坚决的，才足以打破恶性循环和制止进一步恶化，因为一个接一个的公司不再认为坚持下去将得到报偿，而歇业和停止生产”。（《凯恩斯全集》第9卷，第353-354页）。

于是在我看来，凯恩斯在《货币论》和《通论》之间的政策观点的变化，与其说是根据从基本方程式到C+I+C＝Y方程式的转变，还不如说是根据在这两本书问世之间的五年中英国经济的发展。因为正如我们看到的，凯恩斯即使在《货币论》中就已主张把公共工程支出作为减少失业的手段，尽管只在某种条件下才把它当作第二位的最好政策。而使他主张把这种支出当作头等最好政策的，乃是在面对利息率连续地下降中，经济严重萧条的五年经验。

我想根据上述情况得出一个一般性教训来结束本文。即对于那种把经济政策建议上的变化，看作经济理论发展的直接后果的过分简单化的观点，我们应持怀疑态度。我在本文中所谈的就提供了说明这种观点肤浅性的最好例子。因为很清楚，凯恩斯甚至在他完成了为这个政策提供可接受的理论基础的宏观经济分析之前，就比较着重强调公共工程支出政策。它就像以色列的子孙在西奈山下宣誓："我们要做，我们要听话。"

（译自《经济效率理论》1980 年英文版第 11 章，（英）唐·帕延金著，姚子范校；原载《财经译丛》1988 年第 1 期）

（二）发展中国家政府贸易组织之间的合作

在发展中国家里，已有各种形式的公有企业或政府贸易组织。所有这些组织都具有共同的特征，因而它们之间的密切合作当然是必要的和可能的。即这些组织的营业方向，各国建立它们的动机，它们在世界市场上的相似地位，更节约地利用已发现的贫乏资源以及其他许多因素，都使各国认识到在这些组织之间开展合作是必要的。合作的指导思想是自力更生和加强发展中国家在世界市场上的地位，以便最后达到促进这些国家经济发展的目的。同时，就政府贸易组织所属企业来说，主要都是从事对外贸易活动，而且都或者属政府所有，或者受政府管理和控制，因此，开展政府贸易组织之间的合作也是可能的。南斯拉夫的工厂企业就是一个例子，它在发展中国家里同政府贸易组织达到高度协调的程度，因而南斯拉夫的对外贸易体系就有可能与各发展中国家的政府贸易组织建立密切联系和长期合作。

按照 1976 年在墨西哥举行的发展中国家会议的要求，联合国贸易与发展委员会为了在发展中国家之间进行合作通过了一个纲领。根据这个纲领，联合国贸易与发展委员会已研究了发展中国家政府贸易组织之间合作的一些问题。例如，已从几个国家聘请了顾问，并被安排到亚非拉的许多企业和外贸机构里去视察。目前，在发展中国家之间的贸易实际已开展起来了。

为了促进相互合作，发展中国家作为一个集团，同样可以研究建立各种商品的共同市场，以便在世界市场上采取统一步调，并建立情报中心等。通过这种合作，就可望建立联合的分公司或外贸机构。

政府贸易组织在营业的组织、体系、规章和条例方面，在营业、进出口和金融事务的改进与技巧方面，在改进管理方面，等等，都需要有顾问的指导。他们在这些方面采取的经济政策措施，将会鼓励各国政府贸易组织开展长期的大规模的贸易和信托业务，并将推动最受优惠待遇的伙伴基本上在一切领域彼此和谐相处和扩大合作。从事非传统商品出口的组织，可望在增加出口方面，在建立公共的展览中心、广告公司方面，在联合举办商品交易会、展览会和其他商业活动方面，采取联合行动。特别是为了某种投资事业，它们还可建立联合的商业集团；在货物或资金短缺的情况下，以及一般说在节约贫乏的资源中，它们可以通过租让多余的库存进行互相帮助。

（译自密哈罗·索克：《发展中国家政府贸易组织之间的合作》，《国际事务评论》1981 年 752-3 期；原载《国外经济文献摘要》1982 年第 4 期。）

第三篇

缅怀伟人和先贤

一、毛泽东同志对马克思主义政治经济学的伟大贡献

——纪念伟大领袖毛主席诞辰126周年

2015年11月23日，习近平同志在中共中央政治局第28次集体学习会上做的关于如何“发展当代中国马克思主义政治经济学”的重要讲话中，言简意赅地高度评价了毛泽东的光辉经济思想。说他提出的新民主主义经济纲领和在探索社会主义建设道路过程中提出的一系列“独创性的观点”，“都是我们党对马克思主义政治经济学的创造性发展”。今天我即按此精神简要具体地谈谈伟大领袖毛主席对经济学，特别是社会主义政治经济学及其实践成就的伟大贡献，借以纪念他诞辰126周年。

毛泽东说：“十月革命一声炮响，给我们送来了马克思列宁主义。”① 毛泽东通过对作为帝国主义掠夺对象的半殖民地半封建中国的社会经济的深刻分析，以及对中国如何进行社会主义革命和建设实践的有益探索，使马克思主义政治经济学的发展史，在继列宁之后，又向前推进到了毛泽东思想阶段。在这个阶段，毛泽东首先在《新民主主义论》等经典著作中，创造性地提出和制定了新民主主义经济纲领，并在此经济纲领的指引下，使新民主主义革命和建设事业在经济领域取得节节胜利，如在城市，通过没收官僚买办资本初步建立起一批现代化的国营企业；在农村顺利完成了土地改革的伟

① 毛泽东:《毛泽东选集》第4卷,人民出版社1960年版,第1476页。

大历史任务。

旧中国在一定程度上与19世纪上半叶的德国正处于从封建社会向资本主义社会转变过程中的情况有些类似，即无产阶级都面临着资产阶级民主革命的任务。据此，马克思说："德国的资产阶级革命一定要成为无产阶级革命直接的序幕"，明确提出了无产阶级要不断进行革命的理论。1952年冬，毛泽东在不断革命论的指导下，创造性地提出由资本主义向社会主义过渡的总路线和相应的一系列的方针政策。仅在短短的几年之内就在全国范围内（除港澳台和西藏外），基本上建立起以全民所有制和集体所有制为基础的社会主义经济制度。这种崭新制度的建立，有力地促进了经济快速发展，提前超额完成第一个五年计划，1952—1957年工农业总产值增长68%，年均增长10.89%[①]。

随后，毛泽东在中国已开始进入社会主义社会的新形势下，先后发表了《论十大关系》（1956年）、《关于正确处理人民内部矛盾的问题》（1957年）、《读斯大林〈苏联社会主义经济问题〉谈话》（1958年）、《读苏联〈政治经济学教科书〉下册谈话》（1959—1960年），以及1958年11月在郑州会议上的讲话，等等。他通过这些著作、谈话，在努力探索如何建设社会主义道路的过程中，提出了一系列独创性的社会主义政治经济学的重要论点，为丰富发展马克思主义经济学理论体系做出了重要贡献。主要表现在：

第一，准确地提出"政治经济学研究的对象主要是生产关系，但是要研究生产关系，就必须一方面联系研究生产力，另一方面联系上层建筑对生产关系的积极作用和消极作用"[②]。即认为既不是像斯大林同志说的只研究生产关系；也不是像国内某些学者那样，把生产力以及法律、政权等上层建筑也当作研究对象；同时更不是脱离生产力和上层建筑孤立地研究生产关系，而是在与此二者相联系中研究生产关系。很显然，毛泽东这样理解和表述政

① 根据国家统计局:《伟大的十年》,人民出版社1959年版,第14页数据推算。

② 毛泽东:《毛泽东文集》第8卷,人民出版社1999年版,第131页。

治经济学的研究对象是符合马克思原意的。

第二，最先提出了社会主义基本矛盾的理论。毛泽东说："在社会主义社会中，基本矛盾仍然是生产关系和生产力之间的矛盾，上层建筑和经济基础之间的矛盾。不过社会主义社会的这些矛盾，同旧社会的生产关系和生产力的矛盾，上层建筑和经济基础的矛盾，具有根本不同的性质和情况罢了。"① 由此说明社会主义社会无比优越于旧社会和资本主义社会。

第三，十分重视社会主义宏观经济发展要按比例实现综合平衡。马克思认为，社会生产两大部类要按比例发展是任何社会化大生产的必然要求，但只有在以公有制为基础的社会主义社会才能自觉地有计划地去适应按比例实现综合平衡的发展。毛泽东的新贡献在于，他用辩证观点看待综合平衡与不平衡的关系。他说："在社会主义经济发展过程中，经常出现不按比例、不平衡的情况，要求我们按比例和综合平衡。"② 还说："说社会主义经济的发展一点波浪也没有，这是不可能设想的。任何事物的发展都不是直线的，而是螺旋式地上升。"③ 但尽管如此，社会主义经济既然能自觉主动地实现综合平衡，满足按比例发展的要求，就能从总体上避免资本主义不可避免的周期性经济危机，从而使宏观经济能维持持续稳定增长。这乃是社会主义经济发展快于资本主义经济的根本原因之一。

第四，在产业结构上，毛泽东从中国国情出发，明确提出应实行以工业为主导、农业为基础的方针，要按农、轻、重的次序安排国民经济计划。毛泽东在中央1959年庐山会议上讨论总结过去经济工作经验时说："过去安排国民经济计划是重、轻、农，现在是否提农、轻、重，重工业要为轻工业、农业服务。"④ 这就进一步创造性地发展了马克思关于两部类生产要按比例发展的思想。

---

① 毛泽东:《毛泽东文集》第7卷,人民出版社1999年版,第214页。

② 毛泽东:《毛泽东文集》第8卷,人民出版社1999年版,第119–120页。

③ 毛泽东:《毛泽东文集》第8卷,人民出版社1999年版,第120页。

④ 见《陈云文选》第3卷,人民出版社1986年版,第397页注释119条。

第五，强调社会主义经济发展必须重视商品生产和价值规律的积极作用。在马克思主义经济思想史上，此前，这是一个禁区。斯大林在晚年虽然承认社会主义社会需有商品存在，但只限于消费品和不同所有制之间及企业与个人之间交换的产品，全民所有制内部调拨的产品和生产资料则不是商品。价值规律在后一领域只具有核算意义，而不起调节作用。毛泽东则认为，商品流通不仅限于不同所有制之间，还与生产力发展水平有关。他说："商品流通的必要性是共产主义者要考虑的。必须在产品充分发展后，才可能使商品流通趋于消失。"① 他还针对1958年人民公社化运动中，一些人大刮"共产风"，急于想废除商品生产交换，以免滋生发展资本主义的思潮，强调指出："商品生产不能与资本主义混为一谈"，"商品生产要看它是同什么经济制度相联系，同资本主义制度相联系就是资本主义的商品生产，同社会主义制度相联系就是社会主义的商品生产。"② 有商品生产存在，价值规律就必然要发挥作用。毛泽东说："这个法则（指价值规律——引者注）是一个伟大的学校，只有利用它，才有可能教会我们的几千万干部和几万万人民，才有可能建设我们的社会主义和共产主义。"③ 与此同时，毛泽东还注意到对价值规律的消极作用应予限制。他说："商品生产有没有消极方面呢？有就限制它嘛！"④ 这样，毛泽东便把商品和价值规律的理论在马克思主义经济思想史上又向前推进了一大步。

第六，提出管理也是生产关系的著名论点。前面已指出，毛泽东是把生产关系视为政治经济学研究对象的。他认为："生产关系包括生产资料所有制、劳动生产中人与人的关系、分配制度这三个方面。"⑤ 因此，在"所有制问题基本解决以后，最重要的问题是管理问题，即全民所有的企业如何管

① 毛泽东：《毛泽东文集》第7卷，人民出版社1999年版，第440页。
② 毛泽东：《毛泽东文集》第7卷，人民出版社1999年版，第439页。
③ 毛泽东：《毛泽东文集》第8卷，人民出版社1999年版，第34页。
④ 毛泽东：《毛泽东文集》第7卷，人民出版社1999年版，第435页。
⑤ 毛泽东：《毛泽东文集》第8卷，人民出版社1999年版，第135页。

理的问题，集体所有的企业如何管理的问题，也就是人与人的关系问题。”[①]他还认为，在所有制性质不变的相对稳定时期，“在劳动生产中人与人的生产关系，却不能不是不断变化的”[②]。因此，领导者必须注意不断调整改善管理制度和方法，使企业所有人员真正形成同志式的互助合作的社会主义生产关系。为达到这一目的，毛泽东在总结群众和企业管理经验中，创造性地提出“对企业管理，采取集中领导和群众运动相结合，工人群众、领导干部和技术人员相结合，干部参加劳动，工人参加管理，不断改革不合理的规章制度，等等”[③]。过去早已成型的、行之有效的“两参一改三结合”的鞍钢宪法，乃是充分体现毛泽东这一光辉经济思想的典范。它的最大特点和优势在于能使企业广大职工真切地感受到自己是企业当家做主的人，因而能充分发挥主人翁感的生产积极性，提高生产效率。不难理解，在国有企业里，这种企业管理的办法不知要比用职工持股来刺激积极性的办法要合理、有效多少倍。

上述毛泽东同志在探索中国社会主义建设道路过程中所提出的独到性重要理论观点，不仅创造性地丰富发展了马克思主义政治经济学理论体系，而且由于它如实地揭示和反映了社会主义经济发展的客观规律，完全贴近广大劳动群众的心思和利益，因而能充分调动各族人民特别是广大劳动群众建设社会主义的积极性，使中华人民共和国成立后，在短短的 20 多年里，就从一个“一穷二白”的落后国家，变成一个基本上建立起独立的、比较完整的工业体系和国民经济体系的先进社会主义大国。从经济总量看，统计数据显示：1952—1978 的 26 年按不变价格计算，GDP 从 679 亿元增长到 3 624 亿元[④]，即增长 434%，年均增长 6.65%，超过西方各国同期年均增长速度。即使在经济受到一定干扰的“文革”时期，广大劳动群众凭着社会主义经

① 毛泽东：《毛泽东文集》第8卷，人民出版社1999年版，第135页。
② 毛泽东：《毛泽东文集》第8卷，人民出版社1999年版，第135页。
③ 毛泽东：《毛泽东文集》第8卷，人民出版社1999年版，第135页。
④ 见邓立群主编：《中华人民共和国国史百科全书》，中国大百科全书出版社1999年版，第566页。

济制度的固有优势和在党中央“抓革命、促生产”正确方针的指引下，经济建设也取得了巨大成绩。漫说农业获得连年持续增产丰收的成果，即使在城市工业和科技战线上，除了有以“两弹一星”为代表的一批高科技产品问世外，仅通过三线建设和从西方引进的一批先进技术设备的投产，就新增了一大批以攀枝花钢厂为代表的现代化大型企业。

总之，中国在毛泽东时代的社会主义经济建设，在马克思列宁主义、毛泽东思想的指导下，依靠党的领导和全国各族人民的努力，尽管有曲折，但成就却依然极其可观，因而也为新的历史时期的改革开放事业奠定了重要的物质基础、理论基础、制度基础和提供了宝贵经验。这些都是我们不容忽视和感到欣慰的。

（2019 年 12 月 26 日于北京）

二、正确对待西方经济学，坚持为我国社会主义改革开放事业服务

——缅怀陈岱孙教授逝世22周年

陈岱孙教授是中国老一辈著名的经济学界泰斗和一代宗师。他出生于1900年10月20日，早年满怀报国之志，远渡重洋，留学美国，先后于1924年和1926年获哈佛大学硕士、博士学位，1927年回国应聘，任清华大学教授，随后又陆续兼任经济系主任和法学院院长，从此开始了他几十年如一日的教学与研究生涯。新中国成立前夕，岱老毅然决然地拒绝赴台，而留在大陆迎接解放，表明了他爱党爱国的决心和意志。新中国成立初期，岱老同全国广大知识分子一样，经历了以学习马列主义、毛泽东思想和批判资产阶级思想为主要内容的学习运动。他凭着自己丰富的阅历和顽强地追求真理的执着精神，通过学习进一步提高和加深了对马列主义毛泽东思想的认识和信仰，进一步坚定了中国只有在中国共产党领导下走社会主义道路才有前途的信念。从此岱老更是意气风发，衷心拥护共产党及其领导的社会主义革命和建设事业，并为其做出了卓越的贡献，学术成就也达到了辉煌的顶点，直到1997年7月27日与世长辞。

岱老离开我们迄今已22年。他一生为追求真理和爱党爱国爱社会主义的执着精神与做出的卓越贡献为我们后辈，特别是知识分子做出了表率，留下了深刻记忆和无尽怀念。现只着重谈谈岱老是怎样正确对待西方经济学，坚持为中国社会主义改革开放事业服务的问题，以缅怀他逝世22周年。

岱老的一生，既追求学术上精益求精，又始终不忘理论联系实际的原则，务求学以致用。党的十一届三中全会后，他面对改革开放的大好形势，特别注重如何正确对待西方经济学，使之能更好地为中国社会主义改革开放和现代化建设事业服务。

（一）如何正确对待西方经济学

改革开放之初，全国兴起了渴望学习西方经济学的热潮，但应以什么态度来学习，却众说纷纭，莫衷一是。对此，岱老在 1987 年撰写了一篇约 1.3 万字题为《如何正确对待西方经济学》的长篇论文，做了系统论述和权威性的回答。

该文一开头就把西方经济学定义为“是指在欧美经济发达的国家中，资产阶级经济学家们对资本主义生产方式各方面的经济问题进行探讨的经济思想体系”①。接着实事求是、合情合理地分析了中华人民共和国成立以来的 40 年中我们对西方经济学态度所经历的一个曲折的历史过程，指出在改革开放前，由于客观、主观上的各种原因，中国对西方经济学采取了回避、排斥和“全盘否定”的态度。“随着对外经济开放政策的实施，……我们对西方经济和西方经济学的态度也有所改变。具体地说，一些人对于西方经济学，从过去的陌生变为某种程度的目眩，从过去的自满变为某种程度的自疑，甚至在某种程度上，出现了对当代西方经济学不加分析、不加鉴别和盲目推崇的倾向”②，到改革开放以后，直到“最近几年，从一个极端走向另一个极端，从盲目排斥走向盲目崇拜的现象似乎有变本加厉之势”。并说：“这个从一极摆向相反的另一极的盲动也许都出于无知。但在出现这两极摆动的情况下，在 70 年代末 80 年代初，已经提出的如何正确对待西方经济学

---

① 陈岱孙：《陈岱孙学术论述自选集》，北京师范大学出版社1994年版，第540页。

② 陈岱孙：《陈岱孙学术论述自选集》，北京师范大学出版社1994年版，第542页。

的问题，就需要更严肃地对待了。”① 怎样严肃对待，岱老提出了几条带根本性的指导思想：首先“西方经济学不能成为社会主义经济的指导思想”。因为经济学是一门“有党性的科学”，西方经济学在本质上是以生产资料私有制为基础的为资本主义生产方式服务的理论思想。因此，它“作为一个整体的经济思想体系，不能成为发展我们国家社会主义经济的指导思想”②。其次，“西方经济学中有价值的研究成果可资借鉴”。一是借鉴管理的经验和知识；二是在经济学分析中，广泛利用数学方法，指出“数学”本来是一个严谨分析的工具，没有理由不利用它为研究我们的经济服务，同时“我们更反对滥用数学，把经济探讨变为数学游戏”；三是西方经济学中，有关市场机制构成和运转的论述；四是西方发达国家各部门经济的经营经验及其在经营实践中提炼出来的对经济运行规律的认识和结论；五是对所谓“后工业社会”某些问题的研究所暴露的问题③。岱老在指出这些可资借鉴之处的同时，还特别提醒：“借鉴不是全盘接受，也不应生搬硬套，更不是拾人牙慧，把某些只言片语当作西来真谛。借鉴必然是有所取舍、抉择。取舍、抉择的根本原则应该是以符合我国国情为主。”④ 这后一句话凸显岱老的爱国情怀和高度的社会责任感。

十分难能可贵的是，岱老上述的这种对西方经济学“一分为二”的科学态度和高度的爱国主义精神与社会责任感，从改革开放到他 1997 年 7 月谢世近 20 年的长时期里，都始终如一地信守不渝，而且几乎都总是在形势所需的关键时刻发表自己的这种见解，在一定程度上起到了有效地引领社会思潮和促进改革开放健康发展的积极作用。

① 陈岱孙：《陈岱孙学术论述自选集》，北京师范大学出版社1994年版，第543页。
② 陈岱孙：《陈岱孙学术论述自选集》，北京师范大学出版社1994年版，第545页。
③ 陈岱孙：《陈岱孙学术论述自选集》，北京师范大学出版社1994年版，第546-553页。
④ 陈岱孙：《陈岱孙学术论述自选集》，北京师范大学出版社1994年版，第547页。

（二）在清除“精神污染”形势下及时发出有力之声

20世纪80年代初，国内有一些人在理论文艺思想战线上散布社会主义“异化”论，实际上散布资产阶级人道自由化思想。为遏制其消极影响蔓延，1983年下半年，党中央发起清除“精神污染”的斗争。在经济学界有的怀疑或误以为这是当局取消或抑制对西方经济学的研究和教学工作。在此思想混乱的情况下，岱老及时在《北京大学学报》（哲学社会科学版）1983年第3期发表了《现代西方经济学的研究和我国社会主义经济现代化》一文，随后《人民日报》1983年11月16日又重发此文，在社会上引起强烈反响。该文指出：“作为一个整个理论体系，现代西方经济学不能成为我们研究、制定我国经济、社会发展的指导思想，却不等于说当代西方经济学中没有什么值得我们参考、借鉴、利用的地方，……当然，相反的，由于某些方面有可资借鉴利用之处，便盲目地全面接受，或者食洋不化，对于没有用的技术手段采取生搬硬套的办法更是有害的。”① 此言一出，立即获得理论学术界广泛的赞同和支持，并澄清了人们的某些怀疑和混乱思想，推动了对西方经济学教学与研究工作的健康发展。

为了拥护和支持党中央发起清除“精神污染”，反对社会主义“异化”论的斗争，岱老除了发表上述重头文章外，还在1984年1月2日为纪念毛泽东同志诞生90周年发表了《坚持马列主义普遍真理与中国革命实践相结合》一文，直接批评了“异化”论的错误所在。他说：“在异化问题的研究中，有一部分人对于这题目的兴趣在于探讨作为马克思主义发展历史的初期的阶段中一个理论范畴的意义，这是无可厚非的。但另有一部分人的研究就超出了这个范围，他们研究的目的是企图以马克思的异化论来否定剩余价值

① 陈岱孙：《陈岱孙学术论述自选集》，北京师范大学出版社1994年版，第415页。

和历史唯物论。"① 该文在最后还强调指出："总之，高举毛泽东思想旗帜，就是坚持马列主义真理和我国革命实际相结合的原则。当然，我们所坚持的是这些基本原理的科学体系，它既不是某一历史时期的个别论断，更不是如异化论这一类的、虽然在早期著作中出现，但在晚期著作中已被更科学的理论所更替的学说。"② 在此说明，岱老不仅批评了某些人企图用马克思早期尚不成熟的观点来否定他后来成熟的观点的错误思想，而且说明岱老并非教条地而是真正信奉马克思列宁主义、毛泽东思想的社会科学学者。应当看到，这是当时国内某些人正在掀起一股企图歪曲，甚至否定马列主义、毛泽东思想邪风的形势下，一位德高望重的学者所发出的铿锵有力的声音，实在令人钦佩。

（三）在 20 世纪 90 年代多次强调反对盲目崇拜西方经济学

1992 年党的全国第十四次代表大会确定以建立社会主义市场经济体制为改革的目标模式以后，在经济学界逐渐滋长了一种边缘化马克思主义经济学和盲目崇拜西方经济学的不良倾向，如有的迷信市场机制万能，反对宏观调控，迷信通货膨胀有益论，反对物价管制；借口科斯产权明晰之说，主张把国有资产量化到个人；甚至以 80 年代西方掀起的私有化浪潮为榜样，主张中国搞非国有化（实即私有化）改革，企图从根本上否定马克思主义政治经济学在中国经济改革和建设中的指导作用。这种不良倾向若任其发展，后果不堪设想，俄罗斯采取"休克疗法"和非国有化政策的悲惨结局就是我们的前车之鉴。面对这种严峻形势，岱老在 1994 年 3 月由国家教委社会科学发展研究中心举办的一次"西方经济学学术报告会"上说："对西方经济学，我们一度进行盲目的批判，现在又存在一种危险，即盲目推崇。盲目

① 陈岱孙：《陈岱孙学术论述自选集》，北京师范大学出版社1994年版，第420页。
② 陈岱孙：《陈岱孙学术论述自选集》，北京师范大学出版社1994年版，第421页。

的推崇会带来很大的问题，因此，目前对西方经济学有深入研究的必要。”同时他列举了在“市场经济”“休克疗法”“通货膨胀”等方面的问题以论证其论点[①]。同年 11 月，岱老在中华外国经济学说研究会第 6 次学术讨论会（北京东北旺会议）上发表的演说中又说：“在过去相当长的时期，我们对西方经济学采取盲目批判，全盘否定的倾向。其影响所及，使受这种倾向裹挟的某些学者把马克思主义的基本立场、基本观点和基本方法忘在脑后，将西方经济学奉为神明，特别是对近年来在全世界尤其是在发展中国家和某些社会主义国家泛滥成灾的西方新自由主义经济学崇拜得五体投地，把西方新自由主义那一套奉为社会主义经济改革的金科玉律，在理论上造成严重混乱，在实践上造成严重后果”[②]，同时还强调指出：“近年来我国学术界对西方经济学的研究和借鉴工作，主要的倾向和主要的危险是盲目崇拜和照抄照搬。”[③]

（四）为丁冰主编的《现代西方经济学说》作序

一年以后，即 1995 年末，岱老在为笔者主编的《现代西方经济学说》一书作“序”时，在上述一系列反对盲目崇拜西方经济学论述的基础上又进一步全面系统地论述了这一观点，明确指出：“70 年代末，我国克服了对西方经济学说的盲目批判、一概排斥的态度”[④]，“我们有一批专家从改革开放伊始，就主张对当代西方经济学采取分析的态度，弃其糟粕，取其精华，作为我国社会主义建设和改革的借鉴。但在汹涌而来的对当代西方经济学盲目崇拜的浪潮中，这一正确主张的声音似乎太小，不足以左右社会潮流的方向。于是我们就面临这样一个历史格局，从过去的对西方经济学的盲目排斥

① 高鸿业主编：《西方经济学与我国经济体制改革》，中国社会科学出版社1964年版，第1页。

② 胡代光主编：《现代市场经济的理论与实践》，商务印书馆1996年版，第5页。

③ 陈岱孙：《陈岱孙学术论述自选集》，北京师范大学出版社1994年版，第11页。

④ 丁冰主编：《现代西方经济学说》，中国经济出版社1995年版，第1页。

这一极端，跳到对西方经济学盲目崇拜的另一极端，这是当前的主要危险。”① 不仅如此，该“序”还进一步具体提出了如何克服当前盲目崇拜西方经济学这一主要危险倾向的9条措施，其中特别提出要“大力加强马克思主义的学习和研究”②，真可谓是对症下药，恰到好处。笔者感到十分荣幸的是，“序言”充分肯定了拙著在这方面所做的努力，认为拙著“……尤其值得称道的是作者应用马克思主义的基本立场、基本观点、基本方法，对当代西方经济学的主要流派及其分支的理论的发展做了细致剖析、批判和鉴别，审慎地区分其精华和糟粕，特别对近年来甚嚣尘上的新自由主义思潮进行了实事求是的、旗帜鲜明的、尖锐的批判，在某种程度上弥补了我国近年来对西方经济学研究工作的不足，从而在我国外国经济学研究工作中开辟了新的生面”③。笔者深感自己和我的同伴做的还很不够，很惭愧，岱老的夸奖只不过是他老人家对后辈的关爱、鼓励和鞭策，为我们今后的学术研究指明方向，因而深为感动和感激。

岱老的“序言”当时以《对西方经济学研究工作的几点意见》或《西方经济学研究和我国社会主义经济改革》为题，先后由《经济学动态》1995年第11期、《高校理论战线》1995年第12期、《求是》1996年第2期等全国10多家报刊全文或摘要发表，在海内外引起强烈反响。针对岱老撰写的“序言”，1996年3月26—27日，由国家教委社会科学发展研究中心、中华外国经济学说研究会、社会主义经济规律研究会在京联合举办“西方经济学研究问题学术报告会”，全国120余位经济学者参加，一致赞同岱老的观点，认为当前西方经济学研究中存在的主要危险倾向是对其“盲目崇拜，照抄照搬”，急待改进，一时之间，成为学界的一个热门话题。笔者认为，岱老这时强调提出的这个问题，不仅是一个如何正确对待西方经济学的方向问题，也涉及如何更好促进改革开放事业健康发展的问题，是岱老在晚年对

① 陈岱孙:《陈岱孙学术论述自选集》,北京师范大学出版社1994年版,第2页。
② 陈岱孙:《陈岱孙学术论述自选集》,北京师范大学出版社1994年版,第1页。
③ 陈岱孙:《陈岱孙学术论述自选集》,北京师范大学出版社1994年版,第7页。

西方经济学研究和社会主义改革开放与建设事业做出的最重要的贡献。

当然，在学术理论的研究探讨中，任何一个问题或观点，不同学者有不同意见是难免的。如岱老的“序言”公开发表后，有学者就怀疑那是否出于岱老的本意。其实这种怀疑完全是一种不知情的不必要的误会。笔者曾做过公开的说明（见上海《社会科学报》2006 年 2 月 23 日，及刘贻清等主编《刘国光旋风实录》中国经济出版社 2006 年版；第 392–397 页，丁冰写的文章)，谅必会得到有关人士的理解。

1996 年 4 月 28 日，岱老曾针对当时有人误以为“序言”的意见不是出于他的本意的观点，给笔者写的一封亲笔信说：“其实，说是由我所引起的对西方经济学的意见，乃是当时相当一部分对西方经济学有过涉猎者的共同意见。”即十分肯定了“序言”中对西方经济学看法的意见，既是他本人的意见，也是当时许多研究西方经济学学者的“共同意见”。

1997 年 1 月 19 日，上海财经大学经济系主任程恩富教授（现任中国社会科学院学部委员会主席团成员、马克思主义研究学部主任）为自己即将出版的新著《西方产权理论评析》一书请岱老题词，岱老十分高兴，当即写了苍劲有力的 16 字箴言：“弘扬马列，锐意求新，借鉴西学，体察国情。”这凝结了他一生宝贵的治学经验，指出了我们研究西方经济学正确的方向、方法，同时也再次重申了他坚持在“序言”中所表明的马克思主义立场、观点、方法，为学术界留下了最宝贵的精神财富。

从上看出，岱老作为著名的经济学界泰斗和一代宗师，不仅在经济思想上，为中国改革开放事业做出了卓越贡献，而且对我自己也给予特别的关心、爱护和帮助。现特谨以此文奉献给岱老，以纪念他逝世 22 周年，并表达自己对他的无限崇敬、感谢之情。

（2019 年 4 月 10 日于北京）

三、陶大镛先生百年诞辰纪念讨论会暨新时代理论经济学学科建设论坛上的发言

今天，大家齐聚一堂隆重举行陶大镛先生百年诞辰纪念讨论会暨新时代理论经济学学科建设论坛，是有十分重要意义的。

陶先生是我国老一辈著名的经济学家、教育家、社会活动家、坚定的马克思主义者，也是我十分崇敬的老师。

特别令我敬佩的是，陶先生学识渊博、功底深厚、思维敏捷，并且时刻关注天下大事，对国内外形势判断多有准确的独到见解。例如，美国双子座被炸后不久的2001年年底，他已生病在家，我同胡代光、吴易风、李翀等几位同志去看望他时，他最先明确判断说："'9.11'事件是美帝国主义由盛而衰的转折点。"这给我留下十分深刻的记忆。自那时以来近20年的世界风云变幻，迄今美国的综合国力虽然仍居世界之首，但相对说来，无论是经济科技，还是政治外交，甚至军事等各个领域都已明显处于日趋衰落之势，以致连特朗普上台前也哀叹，美国现任政府政策"已将美国拖垮"；上台后更叫嚷要"美国优先"，竟敢冒天下之大不韪，实行逆潮流而动的保护主义、孤立主义、单边主义、退群主义政策，以图使美国"再次强大起来"，从而使美国从过去主导经济全球化、高唱自由贸易的先锋，变成了频遭世界群起而攻之的厉行保护主义的堡垒；甚至对中国的和平崛起也由惊恐、忌恨到不惜发动贸易战，挥舞其臭名昭著的301条款来阻挠中国的科技进步，破坏中国的"2025"计划，遏制中国的经济发展。这对中国自然会产生某些

不利影响，但却更能激发大家自力更生，加紧迎头赶超的斗志。同时还要看到，美国使出那些遏制中国的招数，表面看来，气势汹汹，实际更深刻地暴露了它色厉内荏，日趋衰落的本质，也更有力地印证了陶先生的判断十分正确。

现在世界的经济形势，一方面是以美国为首的帝国主义经济日趋衰落，另一方面是各个新兴市场经济体正在不同程度上不断发展壮大。特别是中国特色社会主义经济正如旭日东升，朝气蓬勃，不仅已荣登世界第二大经济体宝座，而且 GDP 至今仍继续保持中高速增长。笔者根据相关可靠数据计算，今后若不出意外，中国只要 GDP 年均增长 6.5%，到 2028 年在经济体量上就可明显地超过美国而跃居世界第一。党的十九大指出，中国现已跨上强起来的新时代中国特色社会主义道路，并到 21 世纪中叶就将建成为富强民主文明和谐美丽的社会主义现代化强国，实现中华民族伟大复兴的中国梦。我相信，在以习近平同志为核心的党中央的坚强而正确的领导下，上下团结一心，艰苦奋斗，这个宏伟目标必将计日程功。

新时代、新任务，必须要有新作为。现落在我们经济理论工作者头上的当务之急，就是要创造出既遵循马克思主义政治经济学理论体系的规范，又符合新时代要求的经济学学科体系的教材、专著，借以为新时代的伟大任务提供理论支撑。据笔者所知，现有许多同志都在这方面进行探索。笔者体会，习近平同志在 2015 年 11 月 23 日中共中央政治局第 28 次集体学习会上的讲话，2017 年 10 月 18 日党的十九大报告相关部分等，已对此提供了很好的理论框架和要点。总之，我们只要以习近平新时代中国特色社会主义思想为指引，就一定能在新时代理论经济学学科的建设上结出丰硕成果。谢谢大家！

（2018 年 5 月 11 日于北京师范大学）

四、名师仙逝　风范长存

——纪念胡代光教授诞辰100周年

我国著名经济学家、北京大学资深教授、博士生导师、中华外国经济学说研究会前会长、名誉会长，我最崇敬的老师，不幸于2012年12月27日病逝。6年多来，他和蔼可亲的音容笑貌、高大丰富的人品学识，无时无刻不萦绕我的脑海，不胜怀念。他出生于1919年5月5日，现谨以此文略表寸心，缅怀他教学与学术研究上的辉煌成就，用以纪念他诞辰100周年。

胡代光教授不仅是我国著名的老一辈经济学家，而且是坚定的马克思主义者。他的学术功底之深厚，可谓学贯中西，睿智超人，成果累累，仅改革开放以后他公开出版的学术著作（含与他人合作的）就有20余部，论文100余篇，而且屡获重奖或好评，影响十分深远。

1980年，胡代光教授出版了《米尔顿·弗里德曼和他的货币主义》一书，这是一部在国内首次全面、系统地介绍和分析与科学评价弗里德曼货币学说的学术专著，开创了国内马克思主义者“一分为二”地正确评价西方一个经济学派理论的先河，特别是对青年学者系统了解货币主义起到了极为重要的启蒙作用；1982年他又编著出版了《现代资产阶级通货膨胀理论批判》一书，亦受到学界热烈赞扬。《金融研究》杂志刊文指出：该书“系统而通俗地介绍了乞止20世纪70年代末，资产阶级各个流派的经济学家关于通货膨胀问题的理论观点和政策主张，同时又以马克思主义基本原理为指导，对他们逐一进行了分析和批判”。

1982年，胡代光教授与厉以宁教授合著的《当代资产阶级经济学主要流派》一书，是国内首次全面论述、深刻分析、正确评价当代西方经济学各主要学派学说的巨著。《世界经济》杂志刊文高度评价说："这是一本内容丰富，题材广泛的学术论著"；作者"对当代资产阶级经济学的各个主要流派，以及货币主义、新自由主义、新制度主义、瑞典学派、熊彼特理论体系和罗斯托经济成长阶段论等，做了全面而系统的评述，涉及各派的学说渊源、重要代表人物、理论特征和分析方法以及它们的主要理论"。因此，该书不仅在当时成为国内同类著作少有的畅销书，而且影响极为深远，实际成为后来国内学者研究西方经济学各流派的论著和编写教材的最早范本和重要依据。该书贡献如此之大，1987年获得"北京市哲学社会科学和政策研究优秀成果奖"一等奖。

1988年，胡老师出版了《西方经济理论和经济计量学评论》一书。这是他积多年潜心研究一系列西方经济学的创新成果，具有很高学术价值的一部著作。该书主要包括了对斯拉法的商品生产和价格决定理论与西方经济计量学的评述等，凸显了胡老师既坚持马克思主义，又勇于进取、敢登理论前沿、不断开拓经济学学术研究新领域的创新精神。1953—1960年，胡老师在北大主讲"统计学原理"和"经济统计"两门课程，结合教学写出一系列经济计量学方面有创新见解的论文。进入60年代后，他便从研究统计学扩展到西方经济学更广阔的领域，首先是对刚问世的斯拉法理论进行了系统研究。

1960年，英国剑桥大学出版了斯拉法的《用商品生产商品》一书，在西方被誉为是"一部划时代的著作"，不仅解决了李嘉图"不变价值尺度"的难题，而且对马克思的价值—价格理论做出了"独特的贡献"。胡老师及时注意到这本书的出版及其影响，从1962年起进行认真研究，并写出了4篇约9万字的长篇论文，对其理论体系、方法和实质做出系统的深入分析和批判，在指出它最迷惑人的"还原理论"是所谓发展了马克思的劳动价值论时说："'还原方程'并非斯拉法的'发明创造'。实质上，他是用数学符号复制麦克库洛赫的庸俗价值理论。”[①] 他认为，斯拉法与麦克库洛赫的区别只在于手法不同，后者是把用以支配劳动的可变资本由远期顺推到近期，按复利法计算出使用的资本总量，并把这个总量视为劳动的实现；前者则相反，把用以支配劳动的资本（L_0W）[②] 由近期推到远期，同样按复利方法计算出它的价值总和。

但二人共同的致命缺点是否认马克思的关于价值乃是唯一由活劳动所创造的基本观点，因而不是发展了马克思主义的劳动价值论，而是庸俗价值论。

《西方经济理论和经济计量学评论》一书，除收入上述各篇论文外，还对西方各经济学派的理论，以及希克斯的《价值与资本》、巴兰与斯威齐合著的《垄断资本》做出了评论。这对学习、研究西方经济学的学者来说都是难得的参考材料。

1989 年，胡老师与罗志如、范家骧、厉以宁教授共同编著的《当代西方经济学说》（上、下册）是又一部质量高、影响大的著作。中国社会科学院经济研究所编辑出版的《经济文献信息》评价说：“该书介绍西方经济学的基础理论和其他主要流派之全面和系统，评价之中肯与深切，是近年来同类著作中少见的，它几乎囊括了西方微观经济学与宏观经济学的全部内容，具有很高的学术价值”；“读完这本书，不但可以从整体上了解西方经济学的体系，而且可以完整地把握某一理论的渊源及其现状。这是作者们多年来潜心研究、精心剪裁和巧妙设计的结果，也是该书的独到之处。”因此，该书获“北京大学第三届科学研究成果奖”荣誉奖；并获得 1991 年“北京市第二届哲学社会科学优秀成果奖”一等奖。

1990 年，胡老师与刘诗白、魏埙、宋承先教授共同主编出版的《评当代西方学者对马克思〈资本论〉的研究》一书，主要是由胡老师于 80 年代

① 胡代光：《西方经济理论和经济计量学评论》，经济科学出版社1988年版，第116页。

② L_0代表劳动量，W 代表每个劳动的工资量。

初在北京大学专为研究生班开设的“评当代西方学者对《资本论》的研究”专题课程的基础上写成的，全书12章中有6章由胡老师执笔撰稿。该书反映了胡老师对《资本论》的深刻理解、坚定信仰和对西方学者相关观点的熟悉了解。该书是“六五”计划期间全国哲学社会科学重点项目之一，曾获“孙冶方经济科学1990年度著作奖”。评委会认为：“本书是国内第一部系统评介当代西方学者对《资本论》研究的专著，是一本坚持和发扬马克思主义政治经济学的作品。……该书有力地回答了资产阶级学者的挑战，证明了马克思主义没有过时，《资本论》仍然具有强大的生命力。这本专著对坚持以马克思主义为指导来评介当代西方经济学，正确认识当代资本主义，具有重要理论意义和现实意义。”其后，该书又先后于1992年被评为第二届“吴玉章哲学社会科学奖”；1995年获国家教委“首届全国高等学校人文社会科学研究优秀成果一等奖”；1999年获“国家社会科学基金项目优秀成果二等奖”。

1998年，胡老师主编出版的《西方经济学的演变及其影响》一书，是“七五”计划期间全国重点科研项目之一。书中创造性地提出了西方经济学发展史上有“六次革命”的新论点，扼要地勾画出西方经济学400多年来演变的基本过程；随后又着重分析了从边际革命，特别是凯恩斯革命以来的西方经济学各家各派的理论和政策主张，及其对现实经济生活的影响。该书的出版对国内学者进一步认识和把握西方经济理论发展的基本过程、原因和实质起了重要作用，因而在2003年获得第三届“全国高等学校人文社会科学优秀成果一等奖”。

改革开放后，胡老师发表了大量高水平的学术论文，仅已精选汇集成册，公开出版的就有《胡代光选集》（1996年山西人民出版社出版）、《经济理论和政策问题研究》（2005年北京大学出版社出版）和《西方经济理论和经济计量学评论》（前已述及。经济科学出版社1988年出版）三大卷，成为中国经济学界蔚为壮观的宝贵精神财富。

在译著和工具书方面，胡老师也做出了重要贡献。从1978年开始直到

1997 年，由他主要负责编选、组织、翻译出版了《现代国外经济学论文选》（商务印书馆出版），共有 17 辑，并且为其中绝大多数亲笔撰写了每辑的“出版说明”，对国外一些有影响的经济学论文和人物进行了简要的、合适的评论。这套《论文选》得到学术界广泛好评，并成为国内学者研究西方经济学的重要参考资料和大量引文的重要来源，影响十分广泛而深远。1996 年，由胡老师主译的萨缪尔森《经济学》第 14 版中文译本由首都经济贸易大学出版社出版，以及 1999 年由胡老师作序出版（华夏出版社出版）的萨缪尔森《经济学》第 16 版中文译本，都成为国内高校西方经济学教学中的重要参考书籍。在工具书方面，他和高鸿业教授先后于 1996 年、2000 年共同主编（笔者任副主编）出版了《现代西方经济学辞典》和《西方经济学大辞典》，为国内研究西方经济学的学者提供了重要的基础性条件，获得了学术界的广泛好评。

胡老师的一生，不仅在学术研究上做出了众所公认的杰出贡献，他作为一位著名的教育家，始终忠诚于党和国家的教育事业。从 1960 年开始，他出任北大经济系副主任、主任，1985 年北大经济学院成立担任第一任院长，同时兼任烟台大学经济系首任主任等，都尽心尽责一步不落地出色完成了教育领导职责；对学生既热情关怀，又严格要求，诲人不倦，因而得到广大师生的尊敬和赞誉。他从 1953 年进入北大算起，在近 60 年的教学生涯中，辛勤培养了四五千名经济学科本科毕业生、指导硕士生 70 余名，博士生 21 名，此外，还在西南财经大学负责培养了博士生 14 名，不愧是桃李满天下的一代宗师。因此，2009 年为庆祝新中国成立 60 周年，胡老师在中共北京市委教工委举办的“首都教育 60 年人物风采”活动中获 60 名离退休先进风采人物荣誉；2010 年北京大学诞生 110 周年之际又获北大全校教师最高荣誉奖——蔡元培奖（获此奖的仅 10 人），被誉为“北大名师”。

胡老师一生的重要贡献绝不仅限于一两个高校之内。中华外国经济学说研究会于 1979 年 9 月 11 日成立，他从成立之日起，就一直先后担任总干事、副会长、会长、名誉会长的重任，长期为研究会无私地辛勤操劳，并力求充分发扬老会长陈岱孙教授所倡导的“弘扬马列，锐意进取，借鉴西学，体察国情”的精神，和研究会一贯遵循的“尊老扶幼、团结奋斗、共同进步”的优良传统。研究会之所以有今天欣欣向荣的繁荣景象与他往日长期的无私奉献是分不开的。此外，他还曾担任中国《资本论》研究会副会长、北京市经济学总会副会长、中国金融学会常务理事、中国数量经济学会顾问、北京大学校务委员会委员和外国经济研究中心主任等职。

胡老师的贡献也不仅限于教育、学术界，他还曾担任全国人大财经委员会委员和第六、第七、第八届民革中央常委，积极为国家、社会出谋划策。

尤其令人敬佩的是，胡老师不仅为人谦逊、诚挚、谨慎、乐于助人，而且更为可贵的是，他矢志忠诚于马克思主义、社会主义和爱国主义的高尚情怀和刻苦勤奋的敬业精神。直至卧床不起之日，他都不停地博览书报、指导博士生、笔耕不止；同时时刻关心国际局势、祖国前途和学术思想前沿。他曾袒露心扉：“我常想，既为共产党员，那就必须全心全意为人民服务，一定要实践为共产主义事业而奋斗终生的誓言”（胡代光著《九十春秋的回忆》）。笔者真切地感到，他的誓言已句句兑现，他的一生，堪称是奋斗的一生，学界的丰碑，后辈的楷模。胡老师虽已和我们永别6年多了，他的贡献和风范将永世长存！

在此停笔之时，不妨将胡老师自己的格言谨录于后，以示后人：

人不是一般动物，人是有理想精神的，有社会属性的；人们也不是鲁滨孙，人们生活在社会关系之中。在生活上，助人为快乐之本。为人民，为社会，为国家做出贡献，自己的精神也会得到振奋，相反，如果天天为了个人的私利奔波追逐，自己就会陷入苦恼的漩涡。心胸要开阔，不唯名不唯利，襟怀坦白，多为人民服务，在工作岗位上发扬敬业精神①。

（2019年5月5日于北京）

① 张琳、孙战龙主编：《北大名师》，北京大学出版社2010年版，第151页。

五、为人谦逊 淡泊名利 光耀照人

——纪念高鸿业教授逝世 12 周年

高鸿业教授是我国著名的从事西方经济学教学与研究、翻译的马克思主义经济学家、博士生导师。他早年留学美国，1957 年毅然决然地舍弃国外优裕的生活、工作条件，回到北京，受聘于中国人民大学，报效祖国，成绩卓著，硕果累累。笔者直接间接地受惠于高先生的许多影响、支持和帮助，使我没齿难忘。他不幸于 2007 年 5 月 17 日病逝，令人悲痛不已。现特奉献此文纪念他逝世 12 周年，并寄予无限哀思和缅怀之情。

高先生对西方经济学造诣之深厚和学识之渊博，笔者在 20 世纪 60 年代刚到北京任教不久，就已耳有所闻，但直到 1979 年 9 月 11 日，在中华外国经济学说研究会成立大会上，我们才第一次见面相识。那次开会我恰好坐在他的旁边，没有想到我久已仰慕的知名学者高先生原来却是一位平易近人、和蔼可亲、着装朴实得有点像老农民样的长者，一下就使我和他亲近了许多。闲谈中得知他翻译的萨缪尔森《经济学》第 10 版即将出版。他说出版后大家就可以看到萨缪尔森经济学的第一手材料，哪些对，哪些错就有据可查了。果然过了不久，就收到了他送我的第 10 版译本上册。随后 1981 年、1982 年又陆续收到送我的中册、下册。我读罢三册，深为高先生娴熟的翻译技巧和深厚的专业功底所折服。

高先生对萨缪尔森《经济学》研究之深，在国内是无出其右的。他不仅在 20 世纪 80 年代初译出第 10 版，并在之前已译出过第 5 版，之后又主持译出了第12版；而且还著有《评萨缪尔森〈经济学〉》专著，全面、系统、深入地分析评论了萨氏的《经济学》。萨氏的这本书由于是当代西方国家最流行的经济学教材，高先生对它的翻译和研究，为中国学者学习、研究西方经济学铺垫了坚实基础。更可贵的是，高先生在继60年代初与其他学者共同主编《当代资产阶级经济学说》，1988年与吴易风教授合著《现代西方经济学》（上、下册）之后，1996年又主编出版了内容更丰富、水平更高的《西方经济学》（上，下册），这本教材连同其第2、第3、第4版都被评为国家级教材，多次获省部级大奖。其特点是对微观、宏观经济学的阐述不仅客观、全面、系统、层次清晰、逻辑严密，能反映该学科的最新研究成果，而且在每章“结束语”中都有实事求是的、有说服力的马克思主义的科学分析和评论。这在当前许多同类教材基本上全盘照搬，不加评论的情况下，弥足珍贵，因而高先生主编的这本教材已被公认为中国在西方经济学学科的教材建设和教学工作中的一面坚持马克思主义的鲜红旗帜。高先生在西方经济学研究和教学中的巨大成就影响了一代又一代的莘莘学子，不愧是中国研究西方经济学学科的开拓者和奠基人之一。

高先生在1999年对凯恩斯《通论》重译的贡献也不可低估。2002年，笔者在重新修订1995年主编的《现代西方经济学说》一书时，就将原版中所有使用《通论》的引文出处都统统改用高先生重译本的译文和出处。我这样做不只是因为对高先生的崇敬，更重要的是因为觉得高先生的译文比原来徐先生译本翻译得更准确、更通俗、更明白。因此，人称高先生为“资深翻译家”是非常贴切的。

高先生在学术活动中所体现出来的理论勇气，和坚持马克思主义、热爱社会主义的高尚品格，是笔者格外钦佩的。在20世纪90年代初，当新自由主义的科斯理论以十分迷人的色彩刚刚传入中国之际，有博士论文全盘接受其观点，高先生独具慧眼地指出，科斯理论有不科学之处，若全盘照搬就有可能对中国经济改革产生消极后果。随即又在《经济研究》1991年第3期发表了《科斯定理与我国所有制改革》一文，明确指出：“科斯定理不能充当我国所有制改革的理论根据”，并说：“该定理所涉及的内容根本与我国所有制改革无关”，“如果接受了科斯定理而把它当作所有制改革的根据，就等于主张彻底取消公有制而建立完全的私有财产制度”，从而率先揭开了批判科斯产权理论的序幕。

随后，当中国国企的产权改革已作为经济体制改革的关键和核心问题提上议事日程，马克思主义者与新自由主义的信奉者围绕产权改革的争论也日趋激烈的情况下，高先生分别于1994年和1996年连续主编出版了《西方经济学与我国经济体制改革》第一、第二两册，从各方面阐明了我们必须正确理解和借鉴西方经济学的合理成分为我所用，而决不能盲目崇拜，完全照搬西方经济学，并有说服力地深入分析批判了当时正蜂拥而入的新自由主义思潮。诸如国企改革要以科斯产权理论为指导，“产权要量化到个人论”“一股就灵论”“小政府大社会论”“市场万能论”“通胀有益论”，等等谬论，都受到有力的批判。这就势必遭到一些既得利益者和新自由主义的信奉者的痛恨。有人甚至不惜使用卑鄙手段，把一颗子弹放到信封里，写信警告高先生“要小心点”。高先生面对这种卑鄙的恐吓，毫无畏惧，只在一次会上满不在乎地说了一句：“我这么大年纪了，怕什么！我做了该做的事，就是牺牲了也值呀！”在场的同志除对威胁者感到无比愤怒外，对高先生那种坚持真理，不怕牺牲的英雄气概莫不肃然起敬。

高先生具有强烈的热爱社会主义祖国的高尚情操，这也是十分令人敬佩的。1957年他已在美国获得博士学位，并已担任美国密苏里大学经济学院副教授，有着优裕的生活待遇和工作条件，但为了祖国的社会主义建设事业，他毅然决然地选择了回京报効祖国的道路。曾有人问他为什么要回国时，他回答说，因为感到苏联搞社会主义，经济发展比美国好，中国搞社会主义也定会比美国好。足见社会主义就是他一生执着追求的目标。1996年秋，我为协助高先生推荐他的老同学，台湾淡江大学教授盛庆琜博士到首都经济贸易大学经济系担任兼职教授，我们三人同坐小轿车上，高先生讲到他1957年回国时的见闻时说：“我回国按规定可向组织报销一笔不小的费用。

这笔费用不需我自己去领，而是组织派人给我送来的。我收到钱后，连打收条、签字的手续都没有，就算把事了结了。这使我非常吃惊，在共产党领导的国家里，人与人之间有这样高度的信任感，简直不可思议。”盛接着说：“既然在中国曾经有过如此良好的社会风尚和诚信度，那将来也一定会再出现。”盛还表示自己一定要好好研究这个问题（他的专业是研究哲学的）。高先生十分赞许盛的说法，再次充分显示他热爱社会主义的心情。

高先生为人谦逊、淡泊名利的风范光耀照人。他是中华外国经济学说研究会的名誉会长，为研究会的发展经常出谋划策，贡献多多。2001 年，时逢他 80 华诞，研究会的同志们多次提出要为他举行庆祝会，他都执意拒绝，并说如果要开会，到时就借故外出。最后大家研究只好由我和胡代光、吴易风、李翀等几个同志到西三旗他家里去看望，以表达对他的祝贺。1986 年高先生受中国社会科学出版社之托，承担组织编写《现代西方经济学辞典》的任务，他便与胡代光教授商议筹划共同主持编写事宜，在编委会上，又推举我任副主编，办理日常具体事务。辞典历经 10 年，到 1996 年正式出版。这是国内第一部较全面地介绍西方经济学各个分支学科名词、范畴和代表人物的大型辞典。在出版的最后阶段，两位主编的排名却费了一些周折。先是胡先生把高先生放到前面，高先生见后立即毫不犹豫地把次序颠倒了过来，胡先生见后又改了回去，高先生又改了回来，使作为副主编的我感到很为难，最后我只好建议以年龄、姓氏笔画为序才算把难题解决了。但他们这种真诚地相互谦让、淡泊名利的高尚品德深深地感动了我，我一定要以他们为榜样，好好地向他们学习。

高先生虽然已离开我们 12 年了，但他以高超的学术造诣为我国西方经济学学科建设树立起一面光辉旗帜，他在学术活动中坚持马克思主义，执着追求真理、热爱祖国、热爱社会主义与诚朴谦逊、淡泊名利的高尚品格，是我们受用不尽的宝贵精神财富，并将永远留在我们的心中！

（2019 年 5 月 20 日于北京）

第四篇

丁冰自传

一、青少年时期

（一）我的老家

丁冰，原名栾长嘏，笔名钦平。男，汉族，1930 年 4 月 30 日出生于重庆市，长寿区，双龙乡，王家冲狮子湾（现名光明村）。祖父是私塾先生。父亲于川东师范学校毕业后，除早年在川西某保安团任军需几年外，直到解放前后都一直从事教育工作，先后任长寿县教育局长、督学、小学校长。母亲文盲，勤于纺织，因劳累过度早逝。我有兄姐二人，大哥 1935 年到 1943 年任民生轮船公司会计，1943 年即离职失业，1951 年病逝；姐姐出嫁游家，仅 3 年病逝；姐生有一子，名游树丰，很勤奋刻苦，有出息，中共党员，曾是中学模范教师，现已退休，儿孙满堂，个个茁茁成长。

（二）从小学到国立十二中

1936 年，我开始上小学两年，转读私塾两年，再转读小学 3 年，于 1943 年夏小学毕业。我自幼勤奋好学，每期在班上的成绩不数第一，就数第二。1943 年秋以第一名的优异成绩考入离长寿县城不远的国立十二中学初中部，因而获得学校全公费待遇，不仅不交学杂费、书籍费、食宿费，而且有时还免费发衣服。学校老师的素质较高，思想一般也倾向进步。记得

1945 年秋，毛主席的《沁园春·雪》一词在重庆发表，我们的国文老师就将它当作教材教我们朗读。当时我虽不全解其意，但一读到“数风流人物还看今朝”的千古绝唱，就心潮起伏，深为毛泽东的伟大气魄所折服而留下深刻印象。同学中与我交往最密最好的是薛大为。他天赋聪敏，为人诚恳，成绩优异，爱国心强，后为钱伟长的得意门生（硕士），北京理工大学、澳门大学教授，国家级专家，获国家自然科学奖二等奖，并多次应聘去伦敦讲学，成为海内外著名力学家。在十二中时期唯感不足的是，生活艰苦，饭吃不饱。早餐只吃一碗见不到多少米粒的稀粥；半月才吃一次肉，一吃就拉肚子。

（三）从重庆市中到青木关中学

1946 年夏初中毕业。因十二中在抗战胜利后迁回武昌，我即另考重庆市中（现市一中）就读。这是当时重庆最好的一所中学，学生都是“百里挑一”考进去的，素质很高；厉行荣誉考试，即考试无人监考，也无人作弊；政治环境相对宽松，我订阅了一份《新华日报》，也未受到任何干扰和迫害。进校不久，因以公费收容原国立中学留川学生为主体的国立青木关中学成立，我便为求得公费待遇于同年 10 月底转到该校去了，直到 1949 年夏高中毕业。

青木关中学是在抗战时期国民政府教育部旧址的基础上建立起来的，教师水平较高，管理较开明，学生来自四面八方，民主自由空气甚浓，成为鼓励培育我智力开发和社会活动能力的摇篮，是我一生成长的重要起点。在那里，我趁学校初创，课业不重的时机，抓紧自学，在求得老师的个别指导下，只用一年的时间，基本上学完了高中三年的课程；同时又在课余与李贤仁、黄作华等同学发起成立了一个学生社团。社团是一个以追求进步、崇尚民主、活跃学术、联络友谊为宗旨的学生进步学术团体。起初取名“长声学社”，后改名“穆松学社”，会员最多时有约 100 人。由我担任第一届社长，陈振邦、戴宫涛分别继任第二、第三届社长，学社开展了许多有声有色的课余活动。诸如：定期每周出版一份油印小报和不定期出版大型壁报；举办学术讲座和文艺晚会；组织考生服务团；成立图书室，篮球队，歌咏队，等等。这些都含有一定进步倾向的内涵，为配合、推动全国一浪高过一浪的反美爱国运动和反内战、反饥饿、反迫害，争温饱、争自由的民主运动，起到了一定的积极作用。1949 年快毕业时，我还以“穆松学社”为依托，发起集资创办了一个小型“肥皂厂”，按现在的话来说，可算是在校“创业”的一种尝试。可惜那时因物价飞涨，原料价格比产品价格涨得还快，只经营了几个月就破产了。

这里再着重谈一下，1947 年秋，校内形势发生了很大变化。这时国民党党棍袁品心抢夺了原来比较开明的钟芳铭先生的校长之位，重用自己的一帮爪牙，如高中部的教导主任兼英语教员汪仁培，采取高压手段，镇压学生民主运动，动辄就记过、开除学生，弄得全校死气沉沉，学生不敢过问国家大事。我与潘金声（改革开放后任中科院长春物理研究所研究员、学位委员会委员、博士生导师）等同学便商量以打击汪仁培为突破口，坚决反对袁品心的反动高压政策。具体由我用文言文写了一篇题为“讨汪檄文”的大字报，以他有虐待父母的不孝之罪为借口，指责他不配为人师表。大字报以“一群学生”的名义，在半夜秘密贴出，第二天早晨前往观者众多，轰动全校。汪感到脸面丢尽，随即离校而去。从此，袁品心的高压政策有所收敛，随之，学校民主斗争的火焰又逐渐燃烧起来，直到 1949 年 4 月，为配合解放军渡江，大批同学浩浩荡荡长途跋涉，奔赴重庆沙坪坝，参加全市学生反饥饿、反迫害、争温饱、争自由的“四·二一”大游行。在这一斗争中，我还与潘金声一同秘密起草了《罢课宣言》在校内外散发助威。

（四）进重大（重庆大学），迎解放

我在青木关中学 3 年的学习和积极参加社会活动中，对国内外政治形势开始产生兴趣。为探索政治理论的奥秘，以图深造，遂于 1949 年秋考入重庆大学法学院政治系学习。时任法学院院长罗志如教授和政治系主任潘大逵教授分别为我们讲授经济学和政治学。我有幸亲聆这些进步名师的教诲，有如茅塞顿开，认识到一个人的成功，不仅需有渊博的知识，而且要有眼观全球的胸怀和头脑。因而使我更加积极关心和参与国内外的革命斗争，特别是校内的革命斗争。这时我已接触到地下党及其外围组织——新民主主义青年社（简称新青社）的杨仁溥等同学，并在他们的暗中鼓励、支持下，被推到斗争第一线，直接与三青团展开争夺学生自治会领导权的斗争。结果是共产党大获全胜，我则被选为系学生自治会委员，从此政治热情更高；同时又在地下组织的帮助下阅读了艾思奇的《大众哲学》等进步书籍，开始在理论上明白了许多事理。1949 年 11 月，在重庆临近解放的日日夜夜，我的主要任务是在地下党的领导和学生自治会的具体安排下参加护校斗争，干联络、值班、放哨之类的事。

二、离开重庆大学，参加工作初期

（一）退学进银行

1949 年 11 月 30 日重庆解放，这是一个特别令人兴奋的日子。我认为从此有了晴朗的天，我辈青年前途无量，至少就业有保障了。但重庆刚解放，社会金融秩序非常混乱，“银牛”满天飞。我与许多同学一起积极响应党的号召，走上街头反对金融投机倒把活动。由于我一向积极，1950 年 1 月初即被地下组织（当时尚未公开）个别挑选去参加禁银宣传队，到綦江、南川一带去宣传禁银工作。所到之处，无不受到广大群众特别是工人群众的热烈欢迎和支持，使我第一次深切地感受到广大人民群众衷心拥护共产党、毛主席和自己翻身得解放的喜悦心情。到 1 月底，宣传结束回城，即由新青社社员，同系的高年级同学胡光文、萧世远帮我办好正式参加人民银行工作的手续，随后又在重庆大学办理了退学手续。

重庆大学的退学手续是由杨仪学（女）、黄作华帮我办的，由杨将证书送到人民银行交给我。我们三人都是青木关中学同级的同学，又都于 1949 年下学期在重大读书，经常晚饭后一起在松林坡的林荫道和嘉陵江岸的鸳鸯路上散步。杨仪学聪敏伶俐、举止文静，又美丽漂亮，我心里不免对她有些好感，或许黄也有此同样心情，但各都心照不宣。我自杨送来退学证书后，很长时期没再同她联系，以便他俩更好地接近。令人欣慰的是，她俩后来果然成了白头偕老的一对。

（二）紧张狼狈工作的第一天

进入人民银行后我先是在川东分行工作。第一天上午上班被分配到银行大门口（原中、中、交、农的“四联总署”）的收发室工作，很是高兴。觉得这是我一生走出校门第一份正式在册的工作，也是党交给我的第一个神圣任务。当时我并不知任务的深浅和轻重，只觉得既然是党给我安排的，凭我一个大学生的知识和本领，就没有不会干的，并决心要把它干好。我就这样信心满满、决心大大地踏上了工作岗位。孰知我刚一接手工作，就有一位市机关内部送文件的交通员送来一包文件资料要我签收。我一下就懵了，不知怎样办理签收手续。还是交通员老道，他见我是刚来的生手，便耐心地一一指点我签收的方法。困难还在于，这第一个还未办完手续的时刻，第二个交通员又已早在一旁等着我签收，急得我满头大汗，一时之间，自己真不知道这一天能否顺利熬过去。

第一天上午送文件的交通员很多，下午却不见有人来。但见收发室停有几辆自行车闲着，于是我灵机一动，就骑着自行车去逛街。我行经道门口、小什字，直往西绕过解放碑（现名人民纪念碑），再回头往东走。由于这回头路是下坡，尽管坡度不大，但放手让车飞跑，车速特别快，行至离心心餐厅不远处，便将路旁停靠的一辆人力车撞翻了，还折断车轮的一根钢条。这下着实把我吓坏了。想不到的是，人力车夫也吓坏了，觉得自己把车停在不该停的路旁，触犯了“解放军”。好在这时有一位长者在旁调和。我因穿的是一身刚刚发给我的灰色干部服，被长者误认为我也是解放军。他对车夫说：“解放军是很讲理的，钢条断了，帮你修好就行了。”我一下就如释重负，很爽快地拿出 1 角钱（是我当时供给制 1 月收入的 1/10）赔偿给车夫，并连声道歉，他很高兴。一番始料不及的车祸，就这样简单痛快地了结了。我深深感到：当时自己根本没有把革命纪律当回事，不知上班时间逛街、公车私用都是错误的，十分内疚；幸得当时党和解放军在人民群众中的威信很高，甚至到了“迷信”的程度，否则，一场车祸是难以如此简单而又合情合理地了结的。

我上班的第一天过得如此的紧张、狼狈，组织是毫不知情的。但不知何故，第二天组织就把我调到银行二层楼的出纳科管理文件去了。出纳科的科长就是近一个月前带领我们去綦江、南川开展禁银宣传的军代表兼队长尹一民同志。当时他在我心中是一个年轻有为的老革命，身材偏瘦略高，腰挂手枪，威风凛凛，言谈举止却文质彬彬，遇事有主张，有谋略，可谓文武双全，队员个个佩服，我就是十分敬重他的一个。所以，我现在又在他的领导下管理文件，感到格外开心，工作特别认真、仔细。

（三）从川东分行转入重庆分行

1950 年 5 月，我由川东分行转入重庆分行（两行均在重庆道门口）计划室设计科工作。在那里，除我之外，都是解放前各大银行经理、主任一类精通银行业务的高层管理人员。如银行巨头胡子昂（解放前夕任重庆市参议长，后任全国工商联和民建会主席）的弟弟重庆某大银行副经理（胡子昂任经理）胡永百先生也在其中，共约十来个人，组成一个政治学习小组，由我任组长。那时，我感到自己因刚出校门，在政治上成了党最信任的人，干劲更加十足，凡有党的号召都莫不闻风而动。这时因蒋介石疯狂轰炸上海，党号召开展增产节约运动，支援上海。我即组织小组讨论，会上胡永百说：“抽水马桶每大便一次冲一次，太浪费了，应该用几次冲一次，即可节约很多水。”会上对此意见，竟无异议，我因不懂是怎么回事也没有吭声。事后想来，不免有点好笑，足见当时大家对党号召的理解，总的说来是很积极、正确的，但有的表现也难免有失之极端或幼稚。在设计科，我感到高兴的是，同那些业务高手始终都保持很好的团结、融洽关系，并向他们学到许多在书本上难以学到的银行金融知识，因而萌发了我要为经济、金融事业献身的念头，同时也为后来从事经济学教学与研究工作开始了最初的有益探索。

在银行期间，我在党团组织的教育培养下，政治思想觉悟迅速提高，只要是党的指示和组织的要求，无不积极遵从，不知疲倦夜以继日地工作。到1950年6月26日，全国新民主主义青年团刚成立不久，我便在重庆人民银行被第一批批准入团。同年9月，我又被选拔去筹建银行工会工作。工筹会主席是原重庆地下党员陈子进同志。他特别信任我，让我担任文教部、组织部两部部长。1952年4月，他生病住院，组织嘱我代行他主席职务，直到同年9月调往重庆市政府人事局工作为止。

（四）干劲冲天“风华正茂”的日子

我在银行工会工作两年期间，正值朝鲜战争爆发，在党的“三边”（边抗、边稳、边建）方针指引下，全行与全国一样，正是抗美援朝、三反五反、劳动竞赛运动热火朝天地开展的时期，几乎是天天大会小会不断，而且许多场合都需要工会代表出场，我也就只好在白天忙着去应付大小会议，晚上才坐下来处理宣传、组织等工会本身的事务，以致经常是熬到半夜一二点，困了就睡在办公室的沙发上，到天蒙蒙亮时，接着再干。这个时期我虽然很繁忙、很紧张，但一点也不觉得苦，只觉得越忙越苦心里越甜，认为这是自己为党的事业做出了应有贡献，真正体现了人生的价值。现在想来，可算是有点不可理喻，我本来是一个才疏学浅的人，却经常大言不惭地代表工会在大小会上哇啦哇啦地发表意见，真是初生牛犊不怕虎，不知天高地厚；也有点飘飘然地感到自己进入了“风华正茂”时期。摆在今天，无论如何也是不敢随便去登台讲话的。

那时正因为不知天高地厚，不免过高估计自己，认为自己差不多已够入党条件了。加之，党组织也吸收我参加作为党员培养对象的“积极分子学习小组”，于是我就信心十足地向党提交了第一份入党申请书。但不久，因自己表现积极，被选调到重庆市政府人事局工作，入党问题就暂时搁置了下来。

（五）温暖的人事局

1952年9月，我被选调到重庆市政府人事局干部科任科员，主要是搞全市干部调配工作。这与在银行搞群众性工会工作的方式方法和要求有很大不同，即干部调配的政策性很强，需要十分谨慎、细致和耐心。在1953年人事局刚从原市府大楼搬到枣子岚桠不久的一天，我在接待室与一位被调动的干部谈话。因为他不愿去新的岗位，我本应耐心地说服他以大局为重，却情不自禁地露出了不耐烦的急躁情绪。恰好当时有一位《重庆日报》记者在旁，第二天就见了报。局领导、办公室主任董桂同志，很慈祥可亲的一位老干部见到报上批评，便立即责成我做了一番检讨，才算了事。这是我工作以后第一次受到批评，印象太深刻了。从此记住了办事一定要仔细、耐心、谨慎。

人事局是一个十分讲原则而又温暖、和谐的革命大家庭。同志们相互之间的关心、体贴，可以说是无微不至。我因此而更加干劲十足，1953年荣幸地被市政府直属机关团委评选为“三好团员”。我所在干部科的同志们，虽然都只是二十几岁的年轻人，但都显得政治上成熟老练，而又朝气蓬勃。如科长高峰同志是从老区来的年轻老干部；屈文达、朱梅欧、王松美、田雁等，都是科里的年轻骨干（主办科员）。其中除屈文达是我在重庆大学同系高年级的同学、重庆地下党员外，其他都是参加西南服务团到重庆来的。因此，在我眼里，他们都是比我觉悟较早的老革命，很是羡慕。我与田雁从那时相识以来，至今半个多世纪，一直保持着密切联系，亲如兄弟；政治思想上也始终保持高度一致，非常难能可贵。80年代，他出任西南服务团团史研究会副会长兼秘书长，为协助许多老同志落实政策起了很大作用；为组织、主持拍摄《年华无悔》电视剧，弘扬西南服务团革命英雄主义精神做出了重要贡献；随后还为关心下一代工作不遗余力，可谓老当益壮，革命到底。

在人事局里，特别值得怀念的是田伯萍局长（现已去世）。他原是新华社记者，知识渊博，原则性强；对下属同志既和蔼可亲，又要求严格；工作也很放手，敢于大胆培养、提拔干部。因此，大家感到在他领导下，心情舒畅，进步很快。如上述科长、骨干中的绝大多数人员，后来都很快被提升到市局级或更高的领导岗位。田局长除抓局里工作外，还经常给市政府直属机关干部做理论学习和政治时事报告，不愧是名扬全市的马克思主义理论宣传家。我后来去行政干校工作时也多次请他去作报告，因此与他较熟，后来对我帮助极大，容后再叙。

（六）开始从事教育事业

我在人事局工作不到两年，于1954年5月被调到重庆市政府行政干部学校工作。差不多与我同时由人事局调到干校去的还有郭扬、孙绍文等同志。郭去干校新职为教育科长，是我的上级。孙原是上海同济大学法律系毕业的高才生，我俩去干校同在基层骨干班（简称基干班）工作。他当班主任，我当辅导员。班里还有戴廷智同志，为组织干事。孙知识渊博，口若悬河。我们三人经常一起聊天，他一说就没个完，而且很坦率、彻底，叫你不得不口服心服。改革开放后，他回归本行，才华尽显，成了重庆著名的大律师。1990年我回重庆，他满腔热情地招待并陪我旧地重游，相聚甚欢。遗憾的是，我们相约2008年奥运时他来京再相聚，但他终因病重未能成行，翌年9月28日去世，令我不胜悲痛。基干班第一期结束后，第二期由我接替孙当班主任兼辅导员，文淑兰同志当组织干事。文工作非常积极热情、认真，待人诚恳，我们工作配合得十分默契、愉快，全班教学工作搞得十分出色，我因此被评为全校1954年优秀工作者。

我初去干校时与校部团总支书记任群同志同住一室，他党性强，能力也强，待人诚恳、热爱生活、多才多艺、乐于助人。因此，我们很谈得来，每夜不聊到 12 点是睡不成觉的。他看中一位学员，我协力促成。他（她）们一直恩爱如初，令人欣慰、祝福。后来他升任中共重庆市委副秘书长，作风依旧，我们的友谊也更加与日俱增。他每次来京，无论多忙准会挤出时间来家看我，有时还带着夫人陈文兰同志一起来，我特别高兴。我同老伴顾凌英一起去重庆，他（她）们也满腔热情招待、陪游，并作东邀约原干校老同志们设宴款待，使我们愧不敢当。1999 年他主编出版了《中国秘书学》一书，并常出席中央秘书工作会议，成为我国秘书界的一位知名人物。

（七）决心重上大学

1955 年夏，由批判“胡风集团”引起的全国肃反运动，在行政干部学校也扎扎实实地开展起来。组织分配我的主要任务是，照看被怀疑的“重点”。所谓“照看”，就是在上班时间，陪着“重点”人物一起在学校教室里看书，以防他们外出串联，便于审查。大家都面向讲台排排坐，我坐最后一排。于是我就趁此机会沉下心来有计划地通读了斯大林的《辩证唯物主义和历史唯物主义》，毛泽东的《矛盾论》《实践论》，冯定的《平凡的真理》，华岗的《科学的哲学》，以及其他一些形式逻辑学方面的著作。我越学越觉得自己知识贫乏，越学越觉得跟不上时代前进的步伐，满肚空空，希望重新上学读书的炽热心情，就像火山爆发一样从胸中燃起。恰好 1956 年 1 月初，周总理作了“关于知识分子问题的报告”，党中央、毛主席向全国人民发出了向科学进军的号召，我就毅然决然地决定以破釜沉舟之势，离职重考大学。我的这份心愿当即获得学校党政领导、组织的热情支持。内心的感激之情，无以言表。

在干校与我同时参加高考的还有石永义等同志。石考上了中国人民大学历史系马列主义基础专业，后来的著述很多，还当过一个时期的中国人民大学党委宣传部部长，是我在北京一直保持联系的难得的好朋友。我考上了四川大学经济系，于 1956 年秋正式入学。从此我便开始了向科学进军的步伐，也满足了我在 1950 年在银行工作时萌发的打算将来为经济学献身的愿望。在我一生为革命而奋斗的历程中，如果说 1950 年 1 月正式参加人民银行工作是第一次重要的起点，那么这次重上大学，便是第二次重要的转折点，即从一般行政事务工作转向学术领域去拼搏。

三、重上四川大学读书时期

（一）初进川大友人送温暖

我考入川大，当即受到我初中时最诚挚的同学密友薛大为（前面曾提到过此人）从北京远程来函祝贺，并寄来由郭大力翻译的旧版《资本论》和一本俄汉字典，我视之为最珍贵的贺礼，也是对我献身于经济学的鼓励和鞭策。当时他已在北京工学院（现北京理工大学前身）任教，并考上了钱伟长的研究生。他的姐夫和姐姐在成都某拥有几千人的国营大厂分别任党委书记和人事科干部。因有大为积极热情的推荐，他（她）们非常热情地欢迎我星期天去玩。尽管那时还一度处于经济困难时期，我也一点不见外地常去他们家，受到好菜好饭的招待，使我感到就像是在成都有了一个新家般的温暖。

（二）整风反右风暴进校园

1956 年秋，我进入川大后不久，即 1957 年春便开始了轰轰烈烈的整风、反右运动。起初，大家还是按党的方针，和风细雨地给党提意见，帮助党整风。但不知从哪里冒出一股邪风，如上海《文汇报》等，天天刊有“春风未度玉门关”之类的报道，原较平静的四川大学，大字报一下就像暴风骤雨似的在校园里铺天盖地而来。其中多数是在善意给党提意见，也有极少数赞扬支持储安平的“党天下”和章、罗的“轮流坐桩”之说。在川大，大概是物理系的一个女生冯元春，还在大礼堂上千人的大会上公然说：“共产党应该下台”，使我大吃一惊。我当时与学生会主席、我最要好的朋友廖盛华同学经常一起议论时事，深感全国形势和校内形势都十分严峻，学生会的工作难做。因此，我始终认为，1957 年确有右派，有的还很猖狂，党领导反击右派是必要的。但后来有人想把它一风吹，肯定不妥。问题是“反右”在执行过程中被人为地扩大化了。我们全班 30 个同学有 5 个“右派”，其中最小的一个同学龚联辉，还不满 18 岁，实在有些冤枉。当时我是团支部宣传委员，他很乐意跟我谈思想，我越听越觉得冤枉，但也只能无可奈何地同情而已。好在他并不因此而气馁，后来被分配到新疆生产建设兵团工作，仍继续刻苦奋斗，还当上了其下属某部党校的校长。比较一下与龚同龄的廖君沛同学，因在运动中没有受到冲击，后来又一贯勤奋努力，不仅在川大任教，并升任教授、博士生导师，还一直坚持马克思主义，成为我班同学中最有独立见解的学者。

（三）热火朝天“大跃进”，全班同学写书忙

1958 年春，全国人民在党的力争上游、多快好省地建设社会主义总路线的指引下，开始掀起了轰轰烈烈的“大跃进”运动。我班同学也不甘落后，因大多数是调干生，入学前就有一定理论基础和工作经验，通过热烈讨论，遵照“破除迷信，解放思想”的精神，一致决定集体编写一本《外国国民经济史讲稿》，以作为对“大跃进”的贡献。这项大胆决定，当即得到经济系党政领导和老师们，如党总支书记李慧同志和周春、石柱成、韩世隆、张赞洞、晏仁章、王俊华等老师的大力支持和指导。于是，在全班同学集体讨论、制定大纲、搜集资料的基础上，由（按姓氏笔画为序）丁冰、

王世雄、罗涛先、章清华，蔡载新5位同学执笔，于1958年夏末写成初稿。随后系里又指派韩世隆、王俊华等老师具体指导我们反复加工修改。修改稿于1959年春送到北京“大跃进”成果展览会展览，被高等教育部看中，立即交由高等教育出版社于同年11月公开出版。因此，这本书无疑是“大跃进”的产物，是一个集体研究成果，也是新中国第一部以马克思主义为指导、系统研究编写的外国经济史著作，曾被选作高校教材，受到读者好评，迄今也未见有歧义。

大概在1975年“五一”节后的一天，我偶尔在北京劳动人民文化宫，见到张贴的北京市劳动模范人物榜上，介绍中国人民大学樊亢教授的贡献之一，是他在1965年主编出版了新中国第一部以马克思主义为指导的《外国经济史》。这使我顿生疑义，认为说得不太准确。因为它的出版时间比我们编写的《外国国民经济史讲稿》出版时间整整晚了5年多。2004年《读书》杂志第3期刊载了一篇署名文章，以北京大学中文系学生在“大跃进”中写出一部78万字的《中国文学史》为例，不分青红皂白一概否定大学生在“大跃进”中多快好省地搞科研的成就，是否说得太绝对了一点。因为该文作者至少不了解当时在四川大学发生的情况。由此我联想到，有的人对“大跃进”的看法，也往往是不加具体分析地予以全盘否定。我觉得这种看法是缺乏唯物辩证法观点的。诚然，我不否认“大跃进”中，上有急于求成的思想，下有瞎指挥、浮夸风、共产风，造成了资源浪费、经济失调等经济损失。但说一千，道一万，这毕竟是我党尚缺乏建设经验的问题，是可以通过总结经验教训加以改进提高的。而“大跃进”的可贵之处在于，它充分体现了全国人民在党的号召和领导下，迸发出空前高涨的经济建设热情和冲天干劲，也充分体现了党在经济上基本完成了社会主义革命之后，立即把工作重点转移到以经济建设为中心的轨道上来的决心。同时在“大跃进”中，广大劳动群众和人民包括文教在内的各条战线上所取得的成就和付出的辛勤劳动，也应当受到尊重，不能一笔抹杀。为此，我于1999年庆祝新中国成立50周年时，特意发表了一篇

《新中国前三十年生产建设的伟大成就不容否定》[①] 的论文，其中就包含了“大跃进”的成就不容否定的内容。

(四) 睡通铺，吃大锅饭，丰产不丰收

1958 年下学期，我和川大经济系的部分老师、同学一起，基本上是在成都郊区金牛坝人民公社度过的。在那里，我们同农民一起睡在 20 来人的大通铺上，吃大锅饭，日夜参加深耕一尺五的大生产。社里因劳动力不足，顾了深耕，就顾不上挖红薯。结果是 1958 年丰产没有丰收。而在公共食堂里，大锅饭却敞开肚皮吃。遇到节庆日子，一桌还摆上十几个菜，有荤有素，绝不亚于一般婚宴的水平。当时我一边吃着，一边担心：这样的挥霍能维持多久?！与此同时，金牛坝乡合作社升级的筹建工作也在积极进行，策略是先挂牌子，后填内容。我们学生则与社队干部一起帮助计算评估由合作社提升到公社的可行性。回学校后，还由蔡载新同学执笔，与我共同署名在《四川大学学报》上发表了一篇《论金牛人民公社产生的必然性》的文章。过了不久，眼见经济困难愈益明显，又得知毛主席在几次郑州会议上的讲话精神，和给各省市、地、县、社、队、小队六级干部的亲笔信，才感到自己的文章有问题，把共产主义的远景看得太简单、太容易了。由此，我记下了一个深刻教训：科学研究必须从实际情况出发，严格遵循客观规律，不唯书、不唯上、只唯实，更不能人云亦云，随风倒，或者违背自己的良知信口开河。这样，我就暗暗下定决心：自己只为追求真理而奋斗，否则一生就一文不值。

---

① 中华人民共和国国史学会学术部:《社会主义与中华民族的伟大复兴》(中)，当代中国出版社1999年版。

（五）尊敬老师是我的本分

在川大，为了求得知识，我十分尊重老师的教诲。尽管在“大跃进”中破除了对“教授”盲目崇拜的迷信，但我仍然觉得他们每个人都比自己高明许多，只有虚心诚恳地把他们丰富的知识和优秀品德认真学到手，才能更好更快地提高自己。何况“三人行，必有我师焉”！为此，我除认真听课外，还经常在课后向老师个别请教。因此，我与老师的关系都很好，我在离校后与有的老师一直长期保持联系。如讲授社会主义政治经济学的于瑞喜老师就是如此。在校时我不止一次地去他宿舍请教，还额外地学到他简便搜集整理资料的方法；1961 年，我毕业分配到北京，临行前曾向于老师借 10 元钱做路费，他慨然应允（我第一个月领到工资后立即奉还），表明对我的充分信任和关心，使我十分感激。大概在 1963 年，他因事来京，还顺便来看我，我于 1979 年 10 月下旬去上海做教学调查取经时，也到他府上拜望过。再如讲授世界经济的韩世隆老师，几十年来一直关心爱护着我，不断惠赐大作，使我继续受到教诲；我每次回成都，他都要盛情款待，使我愧不敢当；他已早是全国著名的经济学家了，晚年又专攻书法，著有可以名垂千古的《海天书法集》，成了享誉中外的著名书法家。他在成都频繁举办“海天书法展”，每次都邀我参加鉴赏，使我不胜荣幸，他还在百忙之中俯赠墨宝：“春风桃李，福寿满门”八个大字，更使我受宠若惊。有如此集教育家、经济学家、书法家于一身的好老师，实在是我的福分。

（六）初试讲台，教学信心大增

1961 年上学期，时值国家经济困难时期，教学暂行“劳逸结合”，但如“外国经济史”等主课仍照常进行。学校为培养学生实际工作能力，便决定由前述5位执笔编写《外国国民经济史讲稿》的同学轮流登台讲课。我按原编写的分工，负责讲授德国经济的形成发展史。出我预料的是，我讲课结束，话音刚落，便受到满堂暴风雨般的热烈掌声，从而增强了我未来从事教学工作的信心和兴趣。

四、进北京劳动学院

（一）统一分配到北京

1961年秋，我在川大毕业，顺利地按自己的意愿分配到了北京劳动学院（首都经济贸易大学前身）马列主义教研室任教。这使我深切地体会到统一分配的巨大优越性。在此，我还不得不对当时负责分配工作的王俊华老师表示深深的谢意，是她亲自征求我的意见，并完全按照我的意愿分配我到北京来的。同来北京的还有吴世泰、陈继忠两同学。他俩被分别分配到冶金部、交通部，随即又具体落实到其下属京外的基层单位。因此，比较起来，只有我幸运地一直留在北京。到北京后，给我第一个最新鲜的感觉是，这里的信息灵通、思想活跃。诸如赫鲁晓夫搞修正主义，撤走在华专家之类的事，在川大都一无所知，在北京却是茶余饭后的热门话题。因此我认定北京是一个做学问的绝好之地，心情十分舒畅，工作特别起劲。

1961年8月我到劳动学院，国庆后开始上课堂，先后给劳经系、物资系讲授经济学说史（与钟立辉同志分讲前、后部分）和政治经济学。我还编写了一本社会主义政治经济学的讲义印发给学生，颇受欢迎和好评，直到“文革”开始后才暂别课堂。

（二）建立温暖的小家庭

我单身一人来到北京，不久经我们教研室金方同志的介绍，我与本校图书馆的顾凌英同志相识，并于1962年3月8日在天安门广场相互倾诚相诉，十分融洽，同年7月7日由同一教研室的祝文新同志操办了一个简单的婚礼就成家了。我们一直相处很和谐，工作上相互支持、帮助；生活上相互关心、互谅互让。顾工作积极勤奋、肯学习、肯砧研，1987年，经评审晋升为副研究馆员（相当于副教授），并于2006年72岁时终于实现了她1954年申请入党的愿望；1996年，她为了帮我编词典而学会了使用电脑。我遇到电脑的拼音输入、发送电子邮件、化解电脑的故障等，需要的时候让她帮忙是常有的事。在90年代，我作为唯一的副主编（主编：胡代光、高鸿业）在编纂两部大型辞典：《现代西方经济学辞典》（132万字）和《西方经济学大辞典》（270万字）（分别由中国社会科学出版社于1996年、经济科学出版社2000年出版）时，在技术上的编纂整理，因为这属于她的专业，她也出了不少力。在改革开放新形势下，我俩在以不同的方式为社会主义现代化事业而奋斗。总之，只要是属于正能量的事，她都会无条件的热情帮助、支持。为此，我国坚定的马克思主义者，《谁是最可爱的人》《地球的红飘带》《话说毛泽东》《东方》（上、中、下）等等一系列脍炙人口的文学名著作者，全国著名文学家和诗人魏巍同志特亲笔书赠条幅，文曰：“丁冰、凌英贤伉俪：已是悬崖百丈冰，犹有花枝俏。”落笔时间是“任午年（2002年——笔者注）初春”。我们得此条幅，深感受之有愧，同时又甚感欣慰和鼓舞。

（三）“文化大革命”的冲击

“文化大革命”真是一场触及人们灵魂的“大革命”。像我这样自信忠心耿耿为党工作的人，也未免于难。“文革”初期，即1966年7月29日，我和马列主义教研室的金方（时任党支部书记）、祝文新（党员）同志三人一起被用几十张牛皮纸写成的特大型大字报诬陷为开了黑店——“三家店”。祝被诬陷为店主“老板”，金为“经理”，我为“小伙计”。我们三人在“文革”前，的确是相互交往甚密，是最好的同志、朋友，同时也是忠实于党和毛主席的马克思主义者，绝谈不上开什么“三家店”的问题。我们一致感到大字报所列的“事实”，都是一些不关痛痒或莫须有的小事，并不多在意，只是觉得它无端地在群众中造成一些不良影响，于心不甘。还是我们同一教研室的、三代贫农出身的共产党员方圣春同志，冒着风险，挺身而出，仗义执言，当即写了一张震动全校的“反对把革命群众打成反革命”的大字报。一时之间，真把我感动得情不自禁地痛哭了一场。后来紧接着党的八届十一中全会召开、工作组撤走和毛主席的“炮打司令部——我的一张大字报”传来，一系列举措之下，我们感觉似乎变了天一样获得了新的解放。“三家店”大字报的主持者在群众开会辩论、批判的压力下作了检讨和道歉，也取得了我们三人的谅解，特别是大家都以大局为重，随着时间的推移，彼此慢慢地消除隔阂，言归于好了。

（四）冷静思考，抓紧一切机会读经典

1966年冬，当“三家店”的冤案及其恶劣影响被彻底消除以后，自己心里产生了另一种想法。认为局势依然很复杂，自己处于底层，很难看清究竟，倒不如静下心来踏踏实实地充实自己的基础知识，以便将来更好地为党为人民服务。为此，除了一些必要的集体活动照常积极参加外，我总是抓紧一切可用的时间和条件努力自学、读书。1967年，上海“一月风暴”、北京“二月逆流”迅速波及全国，群众中的两派斗争也明显升级。我校两派高音喇叭宣传战，吵得人整天没有一刻能安心看书，我就到远离学校两三公里的红领巾公园去看，或者到小庄文化馆、北京图书馆去看。到了中午，啃个面

包，打个盹，接着又看。在那些地方，我认真地读了《资本论》《反杜林论》《国富论》《通论》《经济学原理》（马歇尔）等，有时还把《国富论》的中文、英文版对照起来读，兴趣更浓，收获更大。心想不管将来形势怎么变，这些基本知识总是用得着的。但这样安心看书的日子不长，只延续一年多就被下放到农村去了。

五、下放河南“五七干校”

（一）住场院茅草屋，半夜开天窗

1969年10月下旬，我校与其他许多高校和人文研究机构、媒体等单位一样，遵照林彪在“备战”的名义下发布的“一号命令”，立即在一星期内紧急疏散农村，进“五七干校”劳动锻炼。所谓“五七干校”，是由毛泽东同志根据《人民日报》1968年9月29日编印的《情况汇编》第628期登载的黑龙江《柳河“五·七”干校为机关革命化走出条新路》一文，于同月30日做出重要批示后普遍推广建立的。批示说：“广大干部下放劳动，这对干部是一种重新学习的极好机会，除老弱病残者外都应这样做。在职干部也应分批下放劳动。”① 我认为，这是永保红色江山不变色，不忘初心的一项重大战略性的举措。例如，当今以习近平同志为核心的党中央政治局的成员之所以能不负众望，就与他们一般都有过艰苦劳动锻炼和与群众同甘共苦的经历有关。现还需指出的是，据我所知，毛泽东同志批示所根据的文章，乃是由时任《人民日报》情况组组长并负责编辑《情况汇编》的马克思主义者马炳全同志所编辑上报中央的，他根据《人民日报》记者黄彩忠去黑龙江采访获得由黑龙江省委写成的关于“柳河‘五·七’干校”约8 000字长文，重写压缩为1 400字便于领导阅读的文

① 见中共中央文献研究室：《毛泽东年谱》，中央文献出版社2013年版，第200页。

章，因而取得了很好的效果。

至于我们去“五七干校”为什么与林彪的“一号命令”联系在一起，并要求下放的时间很急，“一锅端”，而不是“除老弱病残者外……在职干部也应分批下放劳动”？那是另一个需要探讨的问题。但不管怎么说，进“五七干校”，我认为还是走的正道。

按规定，我校教职工，连同家属在内“一锅端”，从10月29日乘火车出发，行程整整两天两夜，于31日到达河南信阳专区的息县驻定。这是经济困难时期的全国重灾区之一。我们去时，受灾的痕迹还隐约可见。所以我们所面临的生活条件比较艰苦，但大家都斗志昂扬，兴致很高，没有一个人叫苦，至少是没有一个人公开怨天怨地。

我们初到息县时，有一部分人包括我自己在内，被安排在息县杨店，住在刚刚腾空的一间大仓库里。几十户带有家属的教职工挤在一屋，确也不大方便，好在只住了一两天就分散到各农家去住了。我家与邹克仁家被分配到场院安家。这场院是一间面积五六十平方米的泥墙草顶的茅屋，是农民平时用作堆放农具、种子的场所，屋前则是一个用作收获稻谷打场的场坝。我们去时农民就腾出茅屋的大半面积，再用玉米桔秆作墙在房屋中间隔开成两间供我们两家居住。这在当时看来，差不多就像是独门独院的住所，很是阔气了。因此我们两家都很满意，着实高兴。没想到的是，我们住进去几个月后，在一个狂风大作的深夜，房顶上不断掉下草来，咔嚓咔嚓作响，吓得我们把头缩进被窝里，盖得严严实实的，不敢伸出头来；直到天明，掀开被子一看，让人大吃一惊，原来房顶开了个天窗，我不禁想起了杜甫的《茅屋为秋风所破歌》。当然，古今有所不同。我们所面临的光景不是“八月秋高风怒号”，也不是“茅飞渡江洒江郊”，而是“茅屋为暮春狂风所破，仰望不见房顶见天空”。奇观难得，千载难逢，不亦乐乎！

我们居住的场院邻居是一孤单穷困并有残疾的老人，大家都称他为魏大爷，住在离我们的住房约50米靠左边场坝的边缘。我们共同饮用一口深井的水。他因腿脚有疾打水吃力，我就义不容辞地每天早晨帮他从深井里把水提上来再送到他房间里去。他很高兴，我也有了助人为乐和向贫下中农学习的机会，很开心。因此，我们关系很融洽。

我们住场院最感困难的是，每日三餐都要到约一里开外的食堂去打饭回来吃。本来一里路在晴天来回一趟，最多半小时，算不了什么不方便，但在雨天就苦了。因为在约一里的路程中，有三四十米的泥土路。杨店的泥土黏性很强，雨天泥土被软化，一脚踩下去，就像南方用石臼捣糍粑一样，不使劲地拔，是拔不出来的。

（二）自力更生，“飞车”运石头

为了解决住房困难问题，领导决定，大家拥护，自力更生，自己建房。于是在1970年的春夏之间，一场到几十里外的远处运砖、运石头的劳动，在我们“五七干校”里热火朝天地开展起来了。我被分配到离杨店约五六十里的淮河对岸用排子车拉石头。由我驾辕，另有两位助手在车两旁帮着拉套。空车去时，因为是下坡路，我就学着我老家重庆山城的人力车夫拉下坡路时的办法，让两位助手坐在车上，我驾辕居中，两手抓紧车两边的长杆并往上扬，两脚离地，让车轮自动向前滑动，结果我们三人都在乘车而不是拉车。只是两助手坐着乘车，我是吊着乘车而已。由于是下坡路，让车轮自动加速度地下滑，车就像飞车一般地往前行驶。大家有说有笑，有时还伴着嘹亮的歌声同行，好不快活，开心极啦！但当车装上三四百斤重的石头往回拉时，就费劲多了。因为一是上坡路，二是要通过一座长约一百米的旧式木桥，桥面的横置木板有的已腐朽，特别在桥的中段，有约1尺宽的桥面根本没有横置木板（已全朽掉了），两个车轮只能在两根作为桥梁的粗壮木头上通过。我驾辕时必须使左右两轮准确地落在两根粗壮木头上再往前拉，稍有偏差就会掉下河里喂鱼。这真是一件胆大心细的粗活。我感到庆幸和自豪的是，每次都胜利地完成了任务，何其快哉！当然，我如此，其他伙伴也如此，在拉运石头中，全校没有出过一次事故。

（三）迁北河，进厨房，大显身手

这样，我们在杨店安全地住了半年多。到了 1970 年 9 月与我们一起下去的 1965 级学生已分配工作，腾出了比杨店生活条件稍好一点的北河住地（离杨店五六里），我们举家搬到那里去住了，同时我的劳动岗位也转换为到北河的食堂当炊事员，具体负责烧火煮饭炒菜。我觉得工作不饱满，又自告奋勇地要求再加烧开水锅炉、晚上当会计算账的工作，一人“三肩挑”；白天稍有空闲还给大家理发。我的技术虽然不咋样，但大家并不嫌弃，来找我理发的人越多我越高兴。只有一次不小心，把一个女同志的耳朵剪伤了，来的人才少了点。1973 年我回京后头一两年还有同志要找我给他们理发，而且这些同志都还是要讲点面子尊容的人，是马虎不得的。我在食堂的得意之作，是给大家做了一次芝麻馅的水磨元宵，很多北方同志是第一次吃到这种上品元宵，都赞不绝口。在食堂里，还有郝国印同志（改革开放后曾依次任国家统计局的《中国信息报》社副社长、教育培训中心副主任，官至厅级退休。退休后，又任民办黄埔大学校长等职），做了一次可口的香酥鸡，很受大家欢迎，都夸我们食堂办得好。

在息县，我们采取“自力更生，丰衣足食”的方针，不仅食堂办得好，猪也养得肥。佘太君式的老革命田孟君同志，养一头猪 300 多斤重，交给食堂杀了做红烧肉吃，大家都嫌腻。鸭子也养得好，杨家绍同志养了一大群鸭子，产的鸭蛋一大筐一大筐的，大家吃得都不想再吃了。当时我们在息县，虽然住得差一点，为了劳动方便，也为了趁机把破旧衣服消费掉，穿的尽是补丁衣服。当地农民流传着一个“五七干部”特征的顺口溜：“穿得破，吃得好，手上一块大手表。”

（四）迁罗山，游武汉，当上了“插秧标兵”和猪班副班长

1971年初，我们遵照上级决定，全体人员迁往罗山与物资部“五七干校”合并。去后不久，适逢春节假日，我便带着7岁的小儿子丁又锋到武汉去观光游览。记得是初二的下午抵达武昌的，住进一家简陋的统仓式旅馆，第二天去珞珈山武汉大学参观，然后沿坡而下到山脚，就是偌大的东湖。那里游人很少，只见湖边停靠一小船，好像是在专门等着我父子俩去雇用游览的。于是我俩放心登舟，让船夫送我们到湖心亭，又绕湖一周后，平安上岸。这一平安游，可以说是武汉，甚至全国前些年乱哄哄的场面已基本恢复平静的证明，甚感欣慰。第三天我俩又游览参观了汉口，横渡汉水，抵汉阳，跨龟山，过长江大桥，一路风光无限，眼界大开。第四天满心欢畅地回到罗山等候上班劳动了。

我新的岗位是到大田里干纯粹农活。在大约一年之间，除了耕地、耙田、播种等高层次的农活没插手外，其他诸如种菜、插秧、除草、割稻、挑担、打场、码垛、扛约100斤的麻袋进仓，等等，基本上干了个遍。而且干一件爱一件，虽然很苦很累，但觉得增长了知识和能力，很有兴趣，因而很卖力气，有的还干得很精细出色，被评选为“插秧标兵”。1971年秋，全连队活学活用毛泽东思想讲用会上，还安排我登台发言，不胜荣幸之至！

到1971年年底，又调我到猪饲料房，学习叶鸿海先进的（将切碎的麦秸）发酵制作饲料法。我从中捉摸出了如何做醪糟的手艺，可算是一个附带的收获。不多久又转到猪班去喂猪。喂猪要挑饲料桶，是个力气活，李竞生同志个子高，比我力气大，当班长，我当副班长。这大概就是我一生最高的官衔，很是心满意足。

（五）奔走相告：林彪摔死了

在罗山，不仅劳动，政治学习也抓得很紧，个个关心国内外大事。例如，在1971年国庆前夕的一次小组学习会上，有同志提出，原准备在天安门广场举行一年一度的国庆庆典，为什么今年却打算停了？过了几天就传来爆炸性的消息：林彪在蒙古温都尔汗摔死了。大家一听就欢呼雀跃起来，奔走相告，兴奋极啦！大家认为，胆敢谋害毛主席、篡党夺权、搞乱中国的罪魁祸首，终于自我爆炸，乃我党和国家之大幸也。再如接着第二年的“红五月”重要节点，大家都以各种不同形式表示热烈的庆祝。我虽不才，在准备庆祝活动中，也凑上了几句诗略表心意。

五月赞歌

（一）

红五月，五月红，
芝加哥怒声震得天转地动。
全世界无产者齐奋起，
为明天而团结战斗。

（二）

红五月，五月红，
赵家楼的火焰冲天空。
划破了无尽的黑夜，
闪出了黎明的曙光照寰中。

（三）

红五月，五月红，
莱茵日出照五洲。
春雷响处乾坤转，
奴隶翻身有盼头。

（四）

红五月，五月红，
五七光辉烈长空，
说什么“失业”又“变种”，
狂犬吠日白费功。

（五）

红五月，五月红，
天下大乱风暴涌。
今日主要倾向在革命，
“声明”照得大地红彤彤。

（六）

红五月，五月红，
延安“讲话”垂千秋。
卅年来文艺放异彩，
“结合”的道路显威风。

（七）

红五月，五月红，
上海工人打先锋。
一个顾正洪倒下去，
又起来了千万个顾正洪。

（八）

看啊！
光辉的节日一串串，
灿烂的五月喜重重。
方今天下我为主，
胜利的歌声遍全球。

总之，我全家三口同全校教职工和家属一起在干校学习锻炼，既艰苦也欢乐，收获不小。我们不仅学到了在城市和学校里难以学到的比较系统的农业劳动的技能与知识，也学到了贫下中农勤劳刻苦的优良品质，进一步提高了爱党、爱国、爱集体、爱社会主义的政治思想水平。同时我们在坚持自力更生、丰衣足食的方针下，生活水平也日益提高。在干校是如此，治理国家又何尝不是如此；在农村在干校有用的知识、技能和思想认识，对于一个人一生的奋斗历程来说，又何尝完全没有用？我深深地感到，自己在回京以后，从干校所取得的收获，特别是农田知识和艰苦奋斗精神，都充实和增强了自己 40 多年来从事经济学教学与研究工作的内容和动力。

六、回北京，重登讲台，干劲倍增

（一）给社会单位上课，从早讲到晚，不知累

1973年初，我从河南“五七干校”随校回京。当时学院尚在与人大几个系酝酿合并办学之际，我就在教研室的安排下，满腔热情地投身于热火朝天的、广阔的社会教学活动之中。因当时林彪已摔死，民心大振，各企业纷纷办起职工学校或培训班，急需教师上课。我虽告别课堂多年，但经“五七干校”锻炼，学到了贫下中农不少优良品德和农业知识与技能，心里比较踏实，有摆在面前的“大有作为”之机，心里不知有多高兴！

当时请我去讲课的单位很多，在市内的有：北京供电局，北京第一、第二机床厂，人民机器厂，东城区工会，商业局职工培训班等；远郊的有：房山某职工学习班、密云的北京第八机床厂。我视不同情况分别向他们讲授政治经济学、《工资、价格和利润》和《帝国主义论》等，最忙的时候经常是上午、下午和晚上连续一天去三个单位共讲10小时以上，可当时并不觉得累。那时是没有讲课费之说的，给我的最高待遇是：课堂一杯清茶、市内一张（公交）月票、远郊有专车接送。这已使我心满意足，觉得自己从事的是“没有定额、不计报酬”的共产主义劳动而自得其乐。

（二）编写马列经典著作辅导教材

1974年，与人大合并归北京市领导后的北京经济学院开始招收经济、哲学理论班学员。我除受派参与经济理论班的教学活动外，主要是接受中共北京市委宣传部布置的（具体负责布置的是原中国人民大学的教师余学本同志）为学习五本马列主义经典著作（《共产党宣言》《哥达纲领批判》《反杜林论》《帝国主义是资本主义的最高阶段》《国家与革命》）而编写辅导教材的工作。这个任务最初是在北京虎坊桥附近的东方饭店开会布置的。会议开了两天，第三天集体去天津大港油田参观。这是我第一次出门到天津，第一次见到有如满天星斗似的火光冲天，第一次见到大片大片的盐碱地，第一次见到辽阔无边的大海，真有点像大姑娘上轿头一回，感到一切都很新鲜，大开了眼界。

在东方饭店的会议上，分配给北京经济学院的具体任务是：由我院牵头，与北京铁路局党校、海淀区五七干校、机械局读书班、新华印刷厂、维尼纶厂等单位的一些同志共同组成编写组，负责编写《〈帝国主义是资本主义的最高阶段〉学习参考纲要》。我院参加编写组的除祝文新同志和我以外，还有王建冬同志。

在编写组内的分工：祝文新负责组织领导，丁冰负责编写提纲、统稿，同时由经院和党校的教师分工撰稿（丁冰实际担当了近1/2的撰稿任务），其他主要负责协助搜集资料和参加讨论工作。最终成果由人民出版社于1975年8月出版。出版的成果，在当时虽然为防止助长个人名利思想而没有记上任何个人的姓名，但自己通过编写工作却着实有效地加深了对《帝国主义是资本主义的最高阶段》的理解；并为该书的公开出版而感到莫大欣慰和鼓舞。因为这毕竟是党交给的重要任务，而且是我到北京后出版的第一部（此前的姑且不计）著作，尽管是以集体名义出版，仍大大增强了自己以后从事科研工作的信心。

（三）重新调整学术活动的主攻领域

但是，我觉得这些让人称心的事，毕竟还是临时性的工作，下一步具体路子究竟怎样走？主攻什么专业？这才是至关重要的，并且需要尽早做出抉择。仔细想来，在1970年，从报上见到周总理与周培源谈话，提出要重视基础理论研究的意见，便认为周总理当时虽然是针对自然科学说的，但也必将波及社会科学；1971年9月13日林彪摔死之后，更预感到形势必将大变，自己绝不能停滞、满足于马克思主义政治经济学及其学说史的专业，而需要把视野扩宽到西方经济学上。因此，1973年初回京后的两三年间，我在积极承担应对各种临时性任务的同时，又在着手进一步系统搜集西方经济学说史和现代西方经济学的资料。经过一段时间的反复思量和费了一番周折，最后在1977年初已粉碎“四人帮”的新形势下，我便毅然决然地选定将来要主攻自己比较感兴趣、过去又较熟悉的西方经济学；当基本摸清了西方经济学后，再收紧拳头回归本行——马克思主义经济学。我觉得这是我在70年代后期，在国内形势大变动的前夜，对自己专业方向所做出的又一次重要选择，也是我一生事业征程中的第三个转折点。

（四）积极准备经济学说史教材，幸遇高人高论

主意既定，1977年10月10日—11月15日，我趁教研室组织去江南各大学调查、学习取经之机（参见《1977年畅游江南小记》），进一步系统搜集资料，随后又花了两年时间写成了近80万字的“经济学说史”讲义。这为我转向西方经济学的教学与研究奠定了坚实基础。但苦于缺乏社会交流和专家指点而担心自己成果的质量。恰好这时我在川大高我一级的同学杜肯堂同志（后升任教授和川大副校长，研究区域经济学的专家）于1978年8月来京开会，住月坛北小街社会科学院经济研究所，顺便来寒舍看我，谈起北

京大学胡代光教授也在那里参加许涤新主编的《政治经济学辞典》中关于“外国经济思想史”部分辞条释文的讨论会。于是经杜的引荐，我在经济所第一次拜见了胡代光老师，又经胡的介绍一起参加了讨论会。会议是由张培刚教授主持的，他风趣、娴熟地驾驭着整个讨论会场。每天上午开会，下午休息，持续十来天。我每天都准时到会。参加者除张培刚、胡代光外，还有北大的范家骧、厉以宁，中国人民大学的高鸿业、李宗正、吴易风，对外贸易学院的姚增荫等。他们都是中国研究西方经济学的一流经济学家，我第一次在那里见到他们，并聆听他们的高论，为我在研究西方经济学的征程中起了很重要的加油充电作用，同时也使自己估量出自己“讲义”的质量，心中有底了。

七、党的十一届三中全会后学术活动的新征程

（一）参加小型学术座谈会，为评价西方经济学定调

1979 年 1 月 24 日，即在党的十一届三中全会刚刚结束仅一个月之后，首都部分从事西方经济学研究与教学工作的理论工作者立即率先响应三中全会解放思想的号召，举行了一次如何评价当代西方经济学的座谈会。会议由当时中国社会科学院世界经济研究所副所长仇启华同志主持，出席会议的有胡代光、范家骧、厉以宁、姚增荫、黄范章、丁冰、杨德明等八位同志，商务印书馆的张宗理同志也参加了会议。北京大学的罗志如先生没有出席，由范家骧同志宣读了他的书面意见。会上一致认为，过去中国对西方经济学全盘否定的态度必须改变，对西方经济学必须进行科学分析，实事求是地去其糟粕，取其精华；并具体指出，在诸如边际分析方法、价格分析理论、报酬递减律等 15 个方面的问题，都包含有许多合理的因素，值得我们研究、借鉴或参考。会议纪要曾在《世界经济》1979 年第 1 期增刊上公开发表。这是中国学术界第一次公开表明，应以“一分为二”的正确态度对待西方经济学的观点，对全国西方经济学的研究与教学工作产生了重要影响，我也一直遵循这个正确原则，至今不渝。

（二）1980年开始为经济系应届生讲授经济学说史

1980年下学期我开始给77级学生讲经济学说史课，计划每周4小时，一年讲完。但遇到一大难题是：我近80万字的讲义草稿虽然写出来了，却因字迹不清，难以付印实用。幸在当时经济系副主任祝文新同志的大力支持、安排下，请经济理论班留系任教的老师全体出动，帮助分工抄誊，才得以顺利付印。为此，我耽误了他们许多宝贵时间，深感内疚；对他们的热情支持，至今难忘并由衷的感激。同时这也说明，如果说我在教学科研工作中做出了一点贡献，那也是大家共同努力的结果。

“讲义”打印出来后，我首先送请同行专家审阅。中国人民大学李宗正教授的书面意见是：“丁冰同志编写的《政治经济学史》系统地阐述了经济学说整个发展过程。条理清楚，材料丰富，观点明确。作者在编写过程中吸取了已出版的经济学说史著作的优点，又提出了自己的独立见解，是一本较为全面并具有特点的经济学说史讲义。”贵州社会科学院副院长周成启同志来信说：“丁冰同志：……你的讲义内容丰富论述清楚，文字朴实，结构严密，可以说是爱不释手。只是有一点美中不足，注释中引用的版本太旧。”这样，我就放心地把讲义发给学生作教材使用了。该课开始是给77届四年级学生讲的，接着每年连轴转依次给78～81级学生上同一课程，直到1984年以后，因留校任教的学生艾春岐同志已可以接替任教，我才把重心逐渐转到讲授现代西方经济学原理与流派、名著选读、专题研究等方面。

（三）我是改革开放的受益者

说实在的，我作为一个再普通不过的知识分子，在改革开放的新形势下，从一定意义上讲，也是一个真正的受益者。因为：

第一，改革开放的新形势有力地促成自己下定决心把今后拼搏的主战场转移到西方经济学教学与研究领域，并愈益感到这种选择十分正确。

第二，在新形势下，党制定了更有利于调动知识分子积极性的尊重知识、尊重人才的政策和职称评定制度，为我更充分发挥自己的才智为人民服务，提供了更优越的社会环境和条件。我有幸于1978年10月从助教升为讲师，1983年3月升为副教授，1987年7月升为教授，可算一帆风顺。有道是，“英雄有了用武之地”，岂不快哉！不仅如此，我升教授之时，正好是我15岁小女儿丁海落实了直升高中之日，可谓双喜临门；同时也是我要去参加兰州商学院承办的全国马克思主义经济学史学术讨论会的暑假期，于是我便兴致勃勃地带着她一起去兰州玩。会间的一天早晨，当参会同志们正要一起乘车去拉卜楞寺参观前，我不巧稍受风寒感冒。自己本来没把它当回事，小女儿却早就去医务室给我把药拿来了。这使我十分惊喜，联想到她小时就闪现出有主见，会办事的火花；还在六七岁时就写出了“我的理想是想当个科学家”，令人分外喜爱。果然，她后来都一直为此理想而不懈地奋力拼搏，只是到了2010年不幸做了甲状腺切除手术后，我才力劝她量力而行，适可而止。

第三，1984年5月26日，我光荣地加入了中国共产党，实现了我1952年递交第一份入党申请书以来几十年的夙愿；并认为自己自参加革命工作后，一直忠心耿耿地为党工作，为追求真理，为共产主义事业而奋斗的赤子之心，终于以入党为标志得到了党的正式承认；同时也能更好、更直接地接受党的教育与监督，从而能更好地为实现共产主义远大理想而奉献自己绵薄之力。因此，在这之后，我更加积极努力于本职工作，一心一意地投入西方经济学专业的教学与研究的学术活动之中。

（四）积极参加外国经济学说研究会活动

1979年9月11日，中华外国经济学说研究会经过长时期的酝酿筹备以后，于北京宣告成立，由许涤新同志任名誉理事长、陈岱孙教授任理事长、胡代光教授任总干事。在总会的安排和指导下，北京外国经济学说研究会于1980年12月25日成立，会上由总会理事长陈岱孙教授提名，全体一致通过陶大镛任北京分会理事长、副理事长高鸿业、干事丁冰。一年后领导班子增补完善，新增副理事长范家骧、丁冰任秘书长；新增副秘书长詹君仲、吴易风、商德文。1992年又进一步调整：丁冰被增补为副会长；詹君仲接任秘书长，直到2001年换届卸任为止。

北京分会在我任秘书长、副会长期间的主要学术活动之一，是在1983年5—6月举办了15讲的“西方经济学评介讲座”，有400余人听讲。讲稿经修改整理，由陶大镛、高鸿业、范家骧任主编，以与讲座同名的书名于1986年6月公开出版。我承担其中关于“经济增长论”一讲。这是我参加的集体著作之一。

中华外国经济学说研究会成立后的第一次全国学术讨论会于1981年5月上旬在成都举行。我积极参加了会议，并顺道重返故里，探访亲友，相聚甚欢。5月2日我应母校同学的邀请，参加了川大同学的聚会盛宴。出席宴会的有（排名不分先后）：李伯文、王淑惠、尤力、廖盛华、廖君沛、陈世萍、王世熊、吴世泰、罗节礼、张传文、李善明、周成启、丁冰、王慰庭、古竟成、赵立人等，大家久别重逢，不胜欢快之至。其次，川大的韩世隆老师设家宴款待我；人口所的张世文教授也设家宴欢迎，作陪的有该所的田雁同志（我的老朋友），使我愧不敢当，十分高兴和感激。

（五）和蔼可亲的老局长——田伯萍

前面已提到，我于50年代在人事局工作期间的田伯萍局长。1981年5月中旬，我去成都开会后返京路过重庆时，到他府上拜望，他非常高兴，并于13日派专车陪同游览长江大桥，同去的有田伯萍、高峰、杨继明、陈淑芳等同志；14日晚田局长又设盛宴招待，出席作陪的有：高峰、王松美、尹一福、陈淑芳、杨继明、别宗智等原人事局同志，我在行政干校的好朋友任群同志也应邀出席，真使我受宠若惊，更使我感受到了重回人事局娘家般的温暖。改革开放后，田局长已升任重庆市人大秘书长兼重庆出版社社长。1982 年他来北京组稿，住《人民日报》招待所，恰好与我家毗邻，我几次去看望他，交往甚密。一次是，他要我陪他去看望新闻界老前辈、抗战前夕就已是上海的著名记者、抗日积极分子、民治新闻专科学校[①]的老校长、时任全国政协委员、我的岳父顾执中先生。去顾家里后，他俩谈起民治新闻专科学校培养出许多出类拔萃的新闻人才和社会名流，认为应该把这个学校恢复起来。果然过了一两年后，他俩就分别在北京、重庆把该校重新恢复起来了。过了不几天，我又请田到我家做客，并请原人事局同事、时任中国科学院地理研究所研究员、党委书记郭扬同志作陪，相聚甚欢。田那次来京的主要任务是为出版社组稿，我正好有两部书稿谋求出版，田看后，正合要求，非常乐意接纳，使我喜出望外。于是我最初的两本著作：《马克思主义政治经济学简史》《资产阶级古典政治经济学》，就这样在田的热情帮助下，分别于 1983 年 9 月由四川人民出版社、1984 年 12 月由重庆出版社顺利出版了。万事开头难，我深知成材之道，最难的是开始起步之时。因此，田局长可以说是我一生学术生涯的开路人，内心的感激之情，绝不是用言语所能表达的。

（六）学术成果初显

我在积极参加中华外国经济学说研究会和北京分会的活动中，由于学会工作关系，与许多前辈著名经济学家，特别是陶大镛、胡代光、高鸿业、李中正教授往来十分密切，并在他们的指导和帮助下，不断地进步和发展。

我较早的专著《资产阶级古典政治经济学》（1984）、《战后的科技革命与现代资本主义经济》（1998）两书，都由陶大镛教授作序；陶老师主持的

① 该校初创于1928年的上海，后迁重庆，抗战胜利后又迁回上海，直到1953年结束。

两个大型重点课题：《外国经济思想史新编》（上、下，1990—1991）、《现代资本主义论》（1996）都邀我参加，使我得到了很好的锻炼。这两部巨著后来都获得省部级大奖，影响很大。

从1981年下半年起，作为北师大经济系第一任系主任的陶大镛教授，还邀请我去讲授西方经济学说史，一周4节课，连续两年；他的每次博士研究生的毕业论文评审答辩，也请我参加，从而进一步增加了我与他的联系和聆听他教诲的机会。

至于胡代光教授，我最初的一本专著《马克思主义政治经济学简史》（1983年）就是由他作序问世的，为我的学术生涯开了一个好头。随后，我于1988年出版的《当代西方经济学原理》、1993年出版的《当代西方经济学流派》两书也由胡代光教授作序。这些都说明胡老师对我爱护有加，内心不胜感激。截至目前，《当代西方经济学原理》一再修订，已到第七版，重印29次，共发行了28万多册，成为在国内同类教材中畅销的教材之一。这在校内还有幸受到时任校长助理郑功伦同志（现任民办"北京逻辑与语言研修学院"院长）的特别赏识，2000年被评选为首都经济贸易大学优秀教材一等奖；2006年荣获北京市教育委员会颁发的北京市高等教育精品教材证书。它产生如此效果，显然与胡的序言有关。除此而外，也显然与首都经济贸易大学出版社的正确领导与决策，以及全社同志的积极努力关系极大。这里只着重谈三位同志：一是陈文冰同志。她是出版社1987年成立时创建人之一，后任副总编辑、编审。本来，我的《当代西方经济学原理》书稿在1983年已基本写成，很想早日出版，但苦无机会。直到1987年出版社成立（当时名为北京经济学院出版社），陈首先发现了我的打印书稿，便主动提出并经社领导同意，决定将此书列入首批出版计划，于1988年正式出版。这真使我喜出望外，内心十分感激她有伯乐式的慧眼。二是刘红同志。她也是出版社刚成立就在册的元老之一，后任编辑室主任、副编审。《当代西方经济学原理》前5版，都是由她一手精心编辑和帮助修订完善的；她还随时搜集社会反响，不断督促、鼓励我根据读者和形势发展的需要，一再修订再版。三是杨玲同志。她是现任社长兼总编、编审，就在今年春节前一两天，她和社里其他领导特别诚挚热情地邀我再次修订。我为其盛情所动，也就不顾年迈体弱，决心再次修订，以不负众望。

胡代光老师除给我的著作写序外，1985 年烟台大学成立时，他作为该校经济系兼职的第一任系主任，请我去讲西方经济学原理，每周 12 节课，持续一个多月，颇受欢迎，临别时全班学生还人人签名合送我一本珍贵的相册，以示尊敬和鼓励。这自然也增加了我与胡老师的联系和对他的感激之情。

当然，我与胡老师联系最多的，还是在中华外国经济学说研究会活动中。我从该会成立之日起，就一直积极参加它的每次大小学术讨论会、调研工作会，同时积极提供论文和发言；到 1990 年第四届年会上被选为理事，并参加以胡代光教授为总干事的总干事会（相当于常务理事会，共 9 人），我与李宗正、厉以宁三人一起归属学术理论组，后二人或者因病，或者事多，实际有关工作多由我做。这样我便开始进入学会领导的核心层。1997 年 7 月会长陈岱孙教授仙逝，经 1997 年 10 月第七届年会选举胡代光教授接任会长后，我的担子更重、更复杂，跑腿的事也不少，但我从未叫苦叫累；2000 年第八届代表大会上，厉以宁被选为代理会长，我被选为代理秘书长；2001 年 10 月在杭州进行第九届年会换届选举，则由吴易风教授接任会长，我为总顾问。

在上述学术活动中，我与中国人民大学的高鸿业教授、李宗正教授的联系也十分密切，他们对我帮助很大。高与胡代光共同主编两部大型辞典：《现代西方经济学辞典》《西方经济学大辞典》，我作为唯一的副主编经常与他俩当面或电话联系；高老师每出版一本新著和译著，都必亲手签名送我阅读，而且还割爱送我一套《新帕尔格雷夫经济学大辞典》，使我受益匪浅、十分感激。李宗正教授是中国国内第一部最具权威性的《经济学说史》（上、下册）主编之一，被誉为中国研究“经济学说史”的“祖师爷”，我向他学到不少相关知识。他的博士生毕业论文也请我参加评审，如现任中国人民银行副行长潘功胜的博士论文就是其中之一；1990 年前后，他还请我去为经济、财政系的博士生系统讲授“当代西方经济学流派”课，我在讲稿的基础上进行修补完善后，以与课程同名的书名由北京经济学院出版社于 1993 年正式公开出版，受到社会好评。1994 年 11 月荣获北京市第三届哲学社会科学优秀成果二等奖。

（七）喜有新的学术阵地——国家教委社会科学发展研究中心

从 1992 年起，中国的改革开放事业进入了一个新的发展阶段。随着社会主义市场经济体制目标的确立，国有企业的改革日益提上了重要的议事日程。这一极为敏感的问题，在理论上与马克思主义经济学和西方经济学的关系很大。以 1995 年 4 月为界，由武兆令教授、田心铭教授先后任主任的国家教委（教育部）社会科学发展研究中心，围绕国企改革和宏观调控等问题举行了一系列经济理论学术讨论会。我是从 1993 年春，由时任中共中央政策研究室综合组组长王一程同志（后任中国社科院政治研究所所长）的引荐，参与讨论北京大学智效和教授的一篇关于商品经济的论文，开始参加“中心”的学术活动的。1994 年 3 月 29 日—4 月 1 日，“中心”举行了全国性的“西方经济学学术报告会”。会议由吴易风教授和我轮流主持，有百余名专家、学者与会。陈岱孙、陶大镛、胡代光、高鸿业、范家骧、刘涤源、朱绍文、罗元铮、陈宝森、许毅、吴易风、胡钧、张帆、丁冰、杨德明、智效和等著名经济学者在会上做了学术报告。我的报告题目是：“股份制与搞好国有企业”。差不多以同样的规模和格局，在 1994 年下半年又举行了两次学术报告会。在这两次会上，我分别作了题为“从西方国家干预经济看我国当前加强宏观经济调控的迫切性”“应怎样进行国有大中型企业的改革”的学术报告。上述三次“报告会”的学术成果，由中国社会科学出版社于 1994 年 11 月和 1996 年 1 月分别出版了《西方经济学与我国经济体制改革》

第一、第二册。这两册文集都由高鸿业任主编，吴易风、丁冰、王箴禹任副主编。从各方面的反映看，“中心”通过上述活动，对全国经济理论界和企业改革，都产生了较广泛而重要的影响。

90年代末，“中心”还组织了一系列适应当时国内外经济形势发展需要的经济专著，由山东人民出版社负责出版。这为我们许多理论工作者提供了一个展示自己才智和为人民服务的绝好机会，以致大家都怀有对“中心”深深的感激与敬意。我承担了题为“资本主义国家市场经济研究”的项目，于2001年1月由山东人民出版社以同名专著的形式出版。

90年代中后期到新世纪初叶的一二十年间，“中心”还组织我们到全国一些经济改革发展先进地区与企业走访学习与调查研究。所到之处，无不受到有关领导与同志们的热情接待和周密安排，使我们能深入实际，大开眼界，充实了经济理论研究的底气和内容。我们根据调查的材料撰文宣传他们的先进事迹，对推动企业的改革发展也产生了积极影响，如与青岛双星集团、保定乐凯公司的关系①，由此。我们与企业彼此之间，相互促进，相得益彰，初步走上了产、学、研三结合的正道。

我深切地感到“中心”之所以取得如上辉煌成绩，主要是由于有武兆令主任这位从延安窑洞中走出来的老同志和后来继任主任田心铭同志的正确领导，有一批精干的骨干力量，如夏伟东、李新中、樊建新等组成的强有力的干部队伍。他（她）们始终坚持以马克思主义为指导，紧跟中央正确的路线方针政策，从实际出发，及时抓住热点、敏感问题，组织团结一批务实的著名专家学者进行研讨，批判各种离谱杂音，树立正气；同时将有关信息及时积极整理向上反映或提出建议，以利于领导更好地正确抉择。

这里还需着重指出的是，我所参加的上述“中心”活动，基本上都有

① 国家教委社会科学发展研究中心于1997年组织经常参加该会议活动的理论工作者，包括丁冰在内，先后去双星集团、乐凯公司调查，后分别发表文章：一是丁冰的《当前应怎样搞好国有企业——兼论双星集团蓬勃发展的启示》（《当代思潮》1997年第1期）；二是丁冰、李新中合写《从乐凯的发展看民族工业的振兴》（《高校理论战线》1997年第10期）。

李新中研究员的身影和功劳。他在70年代中期曾就读于我校（北京经济学院）经济理论班，是坚定的马克思主义者。他学习、工作一贯刻苦认真，逻辑思维清晰，口才伶俐。无论怎样纷乱如麻的问题，他都能快速理出头绪，并用三言两语生动地表达出来。同一句话或同一个思想，一出自他之口，就格外令人中听。我1993年开始参加“中心”学术活动时，他早已从某高校调到“中心”工作，1995年4月起任主任助理，后又升任副主任，协助领导主持安排大小会议和学术研究活动。由于“中心”有信息丰富的独特优势，再加上他敏捷的思维和口才，就如虎添翼，更加充分展现出他过人的才华。他不辞辛劳，经常加班加点地为大家整理资料，向出席“中心”会议的专家学者系统报告有关信息，或者应邀到各高校报告形势，受到大家普遍的尊敬和赞誉。就我来说，因曾是同一学校校友和师生关系，自然更加深了一层深厚的友谊，在许多学术活动中，他都给我以热情诚挚的支持帮助，我的一些学术成果，与他的支持帮助分不开，甚至联名公开发表文章，使我没齿难忘。他在2018年4月不幸英年仙逝，噩耗传来和去与遗体告别，都令我悲痛欲绝。

（八）主编出版《现代西方经济学说》

前已说明，1993年我出版了《当代西方经济学流派》一书，受到社会好评，同时也立即引起了我校科研处的注意。1993年9月的一天，科研处处长宋倩如同志打电话给我，提供了一个申报国家教委人文社会科学研究“八五”规划重点项目的机会。我喜出望外，立即按要求填报申请，并很快如愿以偿地获得批准立项，定名为“现代西方经济学的主要流派和经济思想研究”课题组。课题组由我主持，成员有：张连城、臧红、戴中、艾春歧、裴小革、丁之锁、李海珍、韩学丽、安燕、贺飞。大家满腔热忱、齐心协力、积极努力地按计划于1995年夏完成初稿，最后以《现代西方经济学说》的书名，由丁冰任主编，张连城和臧红任副主编，1995年12月由中国经济出版社出版。出版前，我曾请我国经济学界泰斗，老一辈著名经济学家陈岱孙教授作序，他当即欣然应允；同时我考虑到岱老年事已高（当时95岁），不应多使他费心，便建议先由杨德明研究员起个草稿，再请他修改定稿。杨是岱老的学生，过去常为他起草文稿，还曾与岱老联名发表文章，比较熟悉、了解岱老的思想，因此，岱老完全同意我的建议。半个月后，我将书稿和杨德明写的序言送请岱老审查，岱老用了一个多星期进行逐字逐句的圈点、修改，还增补了大段大段的文字。当我取回改好的序言，见到岱老的这种仔细认真负责的精神，激动得不禁热泪盈眶。这不仅是岱老给我们树立了严谨治学的良好榜样，也饱含着他老人家对我们晚辈倾注的深厚关心、爱护和期望。

岱老在序言中对《现代西方经济学说》给予高度评价，说此书“对当代西方经济学说主要流派及其分支理论进行了系统的研究和深入阐述，并且追踪研究了当代西方经济学重要理论和主要流派的最新发展，内容十分丰富。尤其值得称道的是作者应用马克思主义的基本立场、基本观点、基本方法，对当代西方经济学的主要流派及其分支理论的发展做了细致剖析、批判和借鉴，审慎地区分其精华、糟粕，特别对近年来甚嚣尘上的新自由主义思潮进行了实事求是的、旗帜鲜明的、尖锐的批判，在某种程度上弥补了我国近年来对西方经济学研究工作的不足，从而在我国外国经济学说研究工作中开辟了新的生面”。序言最可贵的地方，是对中国近几十年来西方经济学研究工作做了高度的概括和精辟的分析，认为中国目前“从过去的对西方经济学的盲目排斥这一极端跳到对西方经济学盲目崇拜的另一极端。这是当前的主要危险”，并且对流行于当前西方国家的新自由主义思潮的实质和表现进行了深刻的揭露，尖锐指出：“西方国家在国内甚至在国际经济生活中厉行国家干预主义政策，但要求广大发展中国家，特别是社会主义国家推行新自由主义改革模式和经济政策，取消国有企业，取消国家对经济生活的管理，洞开国内市场，与西方牢牢控制的世界经济接轨，其目的无非是要在发展中国家恢复殖民主义统治，在社会主义国家搞和平演变，演变为资本主义，或外围资本主义。我们的某些学者十分卖力地在国内贩卖这一套新自由主义货色，而且非常顽固地加以坚持，实际上扮演一个可恶的角色。”

由于这篇序言的观点关系到我们国家命运的大问题，因而引起了社会的广泛关注和强烈反响。《经济学动态》1995 年第 11 期首先把这篇序言提前发表以后，接着《高校理论战线》《真理的追求》《财政研究》《求是》《财经理论与实践》，以及《经济日报》《北京青年报》《中国改革报》等全国十几家报刊全文或摘要转载，引起了经济学界的轰动效应，获得了社会普遍的好评，以致引起中央领导的关注，并向我索取该书查阅。该书 1996 年 12 月荣获北京市第四届哲学社会科学优秀成果一等奖，1998 年 12 月 10 日荣获普通高等学校第二届人文社会科学研究优秀成果经济学三等奖。

为了弘扬岱老“序言”的思想，1996 年 3 月 26—27 日，由国家教委社科发展研究中心、中华外国经济学说研究会和社会主义经济规律系统研究会联合举办了有全国 120 余名专家学者参加的“西方经济学学术报告会”。我国著名经济学家宋涛、陶大镛、胡代光、高鸿业、范家骧等 20 余位教授、研究员做了专题报告或即席发言，一致同意和赞赏陈岱孙教授所写序言的观点。我也作了“一分为二与盲目照搬——由陈岱孙教授的意见谈我国学者是怎样对待西方经济学的”专题报告，并为大会提供了一篇《试析理性预期理论》的论文，会后分别由《北京青年报》1996 年 4 月 1 日和《经济学动态》1996 年第 8 期公开发表。

同年 4 月 24 日，我把社会上的这些热烈反响写信向岱老做了汇报，他当即给我写了回信：

丁冰同志：

月之二十四日惠函，附四月一日青年报一片……俱于昨日收到。其实，说是由我所引起的对西方经济学的意见，乃是当时相当一部分对西方经济学有过涉猎者的共同意见。而近日这意见忽然引起人们注意，应归功于德明同志把它条文化。

专复　并讯

近祺

陈岱孙

九六年四月二十八日

我收到这封回信后，兴奋得一夜没有合眼，深感他老人家不仅身怀过人的学识，而且一生忧国忧民之志，至老不衰。回信表明，他面临学界的各种反应又重申了自己序言的观点，同时也没有忽视杨德明同志为他起草原稿的功劳。就我个人来讲，更深切地感到他对后辈关爱有加，无以回报。因此，2009 年，《高校理论战线》杂志社总编辑田心铭教授约我为陈岱孙的学术思想写一篇专题研究文章时，我欣然同意，经刻苦钻研后，写了近 3 万字的《陈岱孙学术思想专题研究》一文，连载在该杂志 2009 年第 7、第 8 期上（收入丁冰著《中国经济热点问题研究》，中国经济出版社 2010 年出版），以示对岱老的深切怀念和感谢，并决心向他深邃精湛的思想学习。

1996 年春，在学界、新闻界对上述“序言”的热烈讨论中，我应清华大学“求实读书会”之请，给他们的博士、硕士研究生等做了一次“谈谈对西方经济学的态度问题”的学术讲演，满场座无虚席，受到热烈的欢迎和好评，为当时正在兴起的对西方经济学的热烈讨论平添了几分热烈气氛。

（九）参加“九五”规划重点项目“马克思主义经济学体系的继承与创新”的研究撰稿工作

1997 年，我应北京师范大学杨国昌教授之邀，参加了他主持的国家社会科学基金“九五”规划重点项目“马克思主义经济学体系的继承与创新”的研究撰稿工作。参加者有（以姓氏笔画为序）：丁冰、马健行、王辅民、成保良、刘明远、刘鼎全、杨国昌、张旭、张钟朴、侯廷智、顾海良。我负责撰写其中的“西方经济学的变化与马克思经济学理论体系”部分。此课题经过多次讨论修改，最后于2004年4月由杨国昌主编，成保良副主编，以同名专著的形式出版。可以毫不夸张地说，此书是当前中国系统研究马克思经济理论体系最有创意的一部力作。该书刚出版，就被中共中央编译局副局长、《国外经济理论动态》杂志社社长李其庆研究员看中，并立即派记者采访我，写了一篇记者访谈录刊载于该杂志2004年第8期上。我以此文为基础，后来又应约经扩展深入研究撰写了一篇4万多字的长文：《马克思主义经济学理论体系与西方经济学理论体系的比较研究》，收入吴易风教授主编的《马克思主义经济学与西方经济学比较研究》（三卷本）第一卷（中国经济出版社2009年9月出版；收入丁冰著《国内外若干经济热点问题探析》一书，中国经济出版社2013年11月出版）。

（十）参加中国史学会庆祝新中国成立50周年活动

1999年9月初，中华人民共和国国史学会为庆祝新中国成立50周年，在郑州举行了全国性的大型学术讨论会，出席会议的有：宋平及其夫人陈舜瑶同志，以及邓力群、李力安、马宾、袁木、周光春、胡悌云、有林、沙健孙、梁柱、朱佳木、喻权域、丁冰等同志，约200多人。我为会议提供了一篇《新中国前三十年生产建设的伟大成就不容否定》的长篇论文，被收入《社会主义与中华民族的伟大复兴》中册中，由当代中国出版社于2000年出版。

我在参加这次学术研讨会时，有幸与喻全域同志相识。他是原新华社国内部副主任，《经济参考报》总编辑，人民日报编委会委员兼总编辑室主任，当时任全国政协委员、中国社会科学院新闻与传播研究所所长、人权研究会副会长、《真理的追求》杂志社主编等要职。因为我的家与他的办公室仅一墙之隔，所以能常去他那里聊天。他主编的《真理的追求》确是名副其实，敢于讲真理，讲真话，讲老百姓喜欢听的话，因而很受群众欢迎。很多读者见到这本杂志有“相见太晚”之感。他从我的《新中国前三十年生产建设的伟大成就不容否定》一文中选出一部分，冠以“评三种否定社会主义的谬论”的标题，在该杂志 1999 年第 11 期首篇位置公开发表，得到了社会的许多赞扬声，我因此而结识了许多新朋友。接着该杂志 2001 年第 2 期又刊载了我的《国企改革岂能“全面退出”》的文章，进一步表明了自己反对国企私有化的观点，同样受到了社会有识之士的普遍赞扬。该杂志的拙文如此，其他同志的文章差不多也都如此。遗憾的是，这样一份为群众广泛欢迎的杂志到 2001 年第 7 期以后停刊了。

由于我参加了 1999 年的国史学会的活动，2000 年 7 月，河南国史研究会邀请我去郑州向全市机关干部和高校教师作了“对我国当前经济中的几个困难问题和出路的一点思考”的学术演讲。在那里，我受到河南省委宣传部部长、经济学博士林炎志同志，原副省长胡悌云同志和省政协、省社会科学院等单位的一些领导同志，以及退休的一些老领导、老同志，特别是国史学会的负责人唐菊成同志的热情接待。报告会是在河南省委党校举行的，偌大的礼堂坐得满满的。由于我讲得很实际，受到了意想不到的热烈欢迎和好评。原某部师政委原虎林同志还赠我七律诗一首：

七律

听丁冰教授经济形势讲座赞

（2000 年 8 月 4 日于河南党校）

今朝豫地破天荒，
听众凝神聚满堂。
博论当今经济状，
刻求实事解迷茫。
放言马列扬真理，
立场鲜明捍主光。

昂首情激动人志，

为兴国企共抗战。

——西藏军区郑州干休所原虎林草赠

这次演讲的讲稿，除由河南国史学会内部印发外，又由《首都经济贸易大学学报》2000年第6期公开发表。

八、进入新世纪的学术活动

（一）任中华外国经济学说研究会总顾问

进入新世纪以后，我虽已年届七十，而且自 1995 年便已按规定退休，但实际从事的教学、研究和学术活动并未减少，甚至任务更重、更忙。主要因为：一是继续接受学校返聘为学生授课，课时比过去少不了多少，直到 2009 年才告别讲台。其中除了给校内研究生、校内各系在全国各地的研究生班上课外，还给北京物资学院和黄浦大学等校上课。二是接受京内外高校和研究机构的博士生、硕士生毕业论文的评审答辩，以及国家课题研究成果的评审鉴定，每年至少有十几份或近二十份之多。这是一个十分严肃的任务，必须仔细推敲，落笔准确，费时不少。三是积极参与学术活动。或许有人问：既已退休，何必再去忙呢？我认为，这些都是自己力所能及的，因而也是作为一名共产党员所义不容辞的社会责任和义务。我的座右铭是："生命不息，奋斗不止。"常言道，奋斗就是幸福嘛！我现着重谈谈第三个，即积极参与学术活动的情况。

我的主要学术活动阵地，在中华外国经济学说研究会。前面已指出，2001 年 10 月中旬该会第 9 届年会的换届选举在杭州举行。新领导班子：会长吴易风、副会长兼秘书长李翀，其他还有程恩富、颜鹏飞、王振中、尹伯成、方福前、史晋川、李善明、余文烈、杨玉生、杨德明、俞品根、晏智杰、彭松建等13人任副会长，陈彪如、张培刚、朱绍文、宋则行、陶大镛、胡代光、谭崇台、高鸿业、厉以宁任名誉会长，丁冰任总顾问。2009年11月，第十届会员代表大会换届选举前夕，按规定成立党组，程恩富同志为书记，我为党组成员之一；代表大会选举后，程恩富同志接任会长，我仍继任总顾问至今。这不是挂虚名，是要实干的。

（二）中华外国经济学说研究会进入欣欣向荣发展时期

我作为总顾问，全力支持和协助新领导班子的工作。在吴易风会长的正确领导下，大家齐心协力团结一致，使学会办得有声有色，出现一片欣欣向荣景象。每年各会员单位像各国争办奥运会一样热烈地争办全国研究会的学术讨论年会，或专题讨论会，使得有些年份既开年会，又开专题讨论会。而且每次会议一般都有书面的新思想、新成果问世。中华外国经济学说研究会，每年开一次年会，出一本论文集，被公认为是国内高质量、高水平的学术研究成果。在论文集的出版环节上，得到中国经济出版社领导，特别是总编、社长毛增余博士的鼎力支持，功不可没。此前，“研究会”成果的出版则有赖于商务印书馆的胡企林、吴衡康、张宗理、杨宝兰；经济科学出版社的李爱屏；北大出版社的彭松建、林君秀等出版界的领导、同志们的积极热情支持。这些我都历历在目，永远铭记和感谢。

此外，2007年4月14日，我与吴易风会长、李翀秘书长等同志商量并征得高校社科发展研究中心领导同意，由“研究会”与“中心”联合召开了一次全国性的“西方经济学教学工作研讨会”。出席会议的有研究会全国各省市代表40余人。会议由吴易风会长主持并做主题发言。接着先后发言的有：胡代光、丁冰、王振中、颜鹏飞、杨玉生、邓海潮、程恩富等20位代表。李翀同志因事未到会，但提供了书面发言。讨论会的成果综述，先后由《当代经济研究》《马克思主义研究》《高校理论战线》公开发表，对纠正在西方经济学教学工作中忽视马克思主义指导地位的不良倾向起了一定积极作用。我的发言题目为“坚持以马克思主义为指导改进西方经济学教学工作”，后来收入丁冰著《从中国走向世界——着重于经济视角的分析》（中国经济出版社 2017 年 8 月出版）一书中。

（三）修订再版《现代西方经济学说》和主编“现代外国经济学大系”丛书

前述由我主编的《现代西方经济学说》于 1995 年出版后，在社会上取得了“轰动”性的良好效应。进入新世纪后，我们应出版社之约拟修订再版，以满足社会需要，同时也能继续扩大影响。于是，在 2002 年，由我与张连城教授共同主编，有王军博士参加，对《现代西方经济学说》进行修订再版。修订时我们深深感到，该书之所以取得意想不到的社会效应，首先要归功于陈岱孙教授著名“序言”。而且“序言”本身已经过六七年的实践，证明了它的科学性和生命力。因此，仍将“序言”继续保留，并在“修订版前言”中声明：“老一辈著名经济学家陈岱孙教授曾为本书初版作序，这是我们的荣幸。几年来国内外形势发展变化的实践，越来越证明他所阐明的观点十分正确。因此当我们这次再版本书并继续保留他的序言的时候，不由得不对他表示深切的怀念和崇高的敬意，还特别感谢他对我们的厚爱和在晚年为我国学术界留下了珍贵的思想财富。”

在这种背景下，同时也考虑到中国以 2001 年加入 WTO 为标志，对外开放进入了一个新的发展时期。从此，中国在经济、文化、科学技术等方面都必然会与国际社会建立更紧密的联系，首当其冲的则是经济思想理论方面的问题。因此，经张连城教授提议，我们共同商量，一致同意再进一步为西方经济学的学术研究和教学工作多做贡献。即由丁冰、张连城主编，以中华外国经济学说研究会所拥有的雄厚研究实力为依托，以《经济日报》出版社为后盾，集中出版一套大型的“现代外国经济学大系”丛书。原计划出 20 本，后因各种原因，实际出版了 12 本，这也是很难得的。现将已出版的书目、作者、字数、出版时间列表如下（按原计划项目排序）。

序号	书名	作者	字数（万）	出版时间（年）
1	原凯恩斯主义经济学	丁冰	32	2006
2	新凯恩斯主义经济学	王健	16	2005
3	芝加哥学派与新自由主义	车卉淳　周学勤	17	2007
4	瑞典学派经济学	裴小革	28	2008
5	新古典宏观经济学	杨玉生	22	2007
6	新制度经济学	程恩富　胡乐明主编	30	2005
7	新制度主义	张林	25	2006
8	市场社会主义	余文烈	44.2	2008
9	发展经济学	邹薇主编	60	2007
10	垄断经济学	吴汉洪	31	2008
11	当代西方金融理论	李翀	33	2005
12	福利经济学	姚明霞	15	2005

以上12本书，共353万字。它得成功出版，除有赖于各专家的刻苦钻研和鼎力支持外，主要应归功于《经济日报》出版社的领导，有胸怀全球的眼光和气魄而做出了如此大型丛书的出版计划，以及我的主编伙伴张连城教授的积极精心策划，本项目负责人胡子清同志的积极努力和不辞辛苦、认真负责的精神。没有他（她）们的正确决策和辛勤劳动，一切都无从谈起；同时，如果没有中华外国经济学说研究会领导和专家们的热情支持，要想成功，也是不可能的。在此特向为此丛书出版做出贡献的领导、同志、朋友们表示深切谢意。

（四）加强与国史学会和《中华魂》杂志的联系

我自1999年第一次参加中华人民共和国国史学会学术讨论会以后，在延安精神研究会常务副会长有林同志的关照下，该会随后几年分别在呼和浩特、长沙、郑州等地开会时都邀我参加，使我受益匪浅。我还多次应邀参加延安精神研究会所主办的《中华魂》杂志社年终学术座谈会，因而对该杂志也有较深刻认识和良好印象。认识到这个杂志一贯坚持以马克思列宁主义、毛泽东思想、中国特色社会主义理论体系、习近平新时代中国特色社会主义思想为指导，认真贯彻落实延安精神，坚决反对违背这些原则精神的历史虚无主义、新自由主义、民主社会主义。我除对历史虚无主义少有涉及外，都积极参与。或者主动投稿，或者被约稿，都篇篇被录用。在2004—2016年该杂志发表了相关拙文13篇，给我极大鼓励，也给了新自由主义和民主社会主义以相当打击。特别是当国内民主社会主义者在2007年初公开叫嚷“只有民主社会主义才能救中国”的时候，杂志社及时敏锐发现问题。主编马蓥伯同志当即电话约我写一篇批判的文章。我认为这是《中华魂》有远见，敢为人先的正义之举，便义无反顾地欣然同意，随即撰写了《我国应该走瑞典民主社会主义道路吗》一文，刊载于《中华魂》2007年第6期（收入丁冰著《中国经济热点问题研究》，中国经济出版社2010年9月出版）。

我与新自由主义、民主社会主义的争论，当然不仅限于在《中华魂》杂志。应该说，从20世纪80年代改革开放以来的几十年间，这是我特别用心研究的问题之一，在新世纪初叶则更加集中体现于发表在《中华魂》的拙文上。此外，在其他许多场合都表现出这样的争论。例如：

（1）《当代经济研究》（月刊）是我批判新自由主义的重要平台之一。2000—2011年，我在该刊发表的8篇文章中，有一半以上是批评新自由主义的。这自然应感谢编辑部，特别是常务副主编丁堡骏教授和编辑郭殿生教授的大力支持。

（2）2012年5月，由中国出版集团世界图书出版公司出版的、刘思华编著的《当代马克思主义经济学家：批判与创新》一书第十集关于“丁冰”的素描中，作者把“对新自由主义和民主社会主义思潮的批判”视为丁冰的四大“批判与创新”之一。

(3) 在其他刊物上，如《高校理论战线》（月刊）2005 年第 9 期、《海派经济学》（季刊）2008 年第 19 辑、《当代经济研究》（月刊）2011 年第 11 期、《管理学刊》（双月刊）2013 年第 1 期、《学术评论》（双月刊）2017 年第 5 期等，对丁冰学术思想做较全面系统介绍时，都把“对新自由主义和民主社会主义思潮的批判”视为其重要组成部分。我认为，这些评价都是十分准确的，在此特向上述杂志编辑和相关专家表示由衷的感谢和敬意。

（五）主要学术活动阵地转向中国社科院

进入 21 世纪 10 年代，我的主要学术活动阵地转移到了中国社会科学院马克思主义研究院和世界社会主义研究中心。这是因为：一方面国内外政治经济形势的变化，我的活动便不能不随之有所调整。从国内看，进入新世纪以后，党中央日益重视加强马克思主义的宣传教育。2004 年 1 月 5 日，中央发布了《中共中央关于进一步繁荣发展哲学社会科学的意见》，强调必须大力繁荣发展马克思主义的哲学社会科学。2009 年 9 月，中共中央十七届四中全会针对当时一些党员、干部对马克思主义信仰不坚定，甚至出现“祖宗不足法”谬论流行的现象，做出了“建设马克思主义学习型政党，提高全党政治思想水平”的决定。在那些年，习近平同志也一再反复强调党员、干部，特别是领导干部要认真学习马克思主义经典著作，并要与学习中国特色社会主义理论体系结合起来提高政治思想水平①。在这种新思想的指引下，中国社会科学院在机构设置上也做了一些相应的调整，经中共中央政治局常委会批准，将原马克思列宁主义毛泽东思想研究所扩充组建为马克思主义研究院（学部委员程恩富教授为首任院长）；世界社会主义研究中心也充实扩

① 习近平:《认真学习马克思主义经典著作》,《马克思主义文摘》2011年第7期;习近平在2012年6月考察中国人民大学等高校教学时讲话等有关报道。

展了马克思主义和科学社会主义研究活动的内容和空间，为继续深入研究和运用马克思主义经济学提供了一个新的机会和平台。另一方面，前已说明，我在20世纪70年代后期，之所以把主要学术活动的领域转移到西方经济学方面，主要用意在于深入进去摸清其底细，明辨其是非，然后再回归本行，深入研究马克思主义经济学。经过约30年西方经济学的教学研究工作，特别通过与新自由主义和民主社会主义的争论，自我感觉“摸底”的目的已基本达到，现该是攥紧拳头回归本行的时候了。这可以说是我一生革命生涯的继第三次转折之后的第四个转折点。有幸的是，我受到社会科学院及其马克思主义研究院和世界社会主义研究中心领导的厚爱，分别于2011年6月20日聘请我为顾问和2013年5月13日聘请我为特邀研究员。这既是给我的荣誉，也是给我的责任和鞭策，更是给我回归本行所提供的良好条件，内心十分感激。因此，对马克思主义研究院和世界社会主义研究中心的学术活动，我一向积极参与。

（六）进入几十位著名学者纵论天下大事的行列

从马克思主义研究院方面看，不定期由中国社会科学院马克思主义研究学部编的、中国社会科学出版社出版的一系列名家论著有：①《36位著名学者纵论新中国发展60年》，2009年10月出版；②《36位著名学者纵论中国共产党建党90周年》，2011年7月出版；③《38位著名学者纵论马列主义经典著作》，2012年12月出版；④《30位著名学者纵论党的十八大》，2013年5月出版；⑤《33位著名学者纵论毛泽东思想》，2014年3月出版；⑥《38位著名学者纵论邓小平理论》，2014年12月出版；⑦《42位著名学者纵论全面深化改革与依法治国》，2015年7月出版；⑧《45位著名学者纵论政治经济学》，2016年9月出版；⑨《35位著名学者纵论改革开放》，2018年11月出版；⑩由“刘国光等著”（实际仍可归属于“中国社会科学院马克思主义研究学部编”）《纵论改革开放30年：刘国光等26位学者多视角解析》（河南人民出版社 2008 年 12 月出版）。上述 10 本书，由几十位著名学者撰写而成，堪称是国内罕见的、高规格高水平的、纵论天下大事的系列丛书。其对推进中国社会主义现代化事业发展将会或已经起着重要积极影响是不言而喻的。我要说的是，这项大工程的建设，首先要归功于从事主持策划的“研究学部”主任程恩富教授。他年富力强、功底深厚、眼界开阔、胸怀坦荡，始终坚持马克思主义，坚定不移地遵循党的路线方针政策，不辞辛劳地团结一大批著名学者共同筑就大型丛书工程，贡献突出，功不可没。我因有幸在 10 本书中都有论文列入，可算是进入了纵论天下大事的几十位著名学者的行列，并得以在相关问题上畅所欲言，格外开心，感受深刻，因而对主持者、编者不胜感激。

（七）“一带一路”是构建人类命运共同体的有效途径

世界社会主义研究中心是一个国际性的，为包括中国学者在内的世界各国左翼或倾向于马克思主义、社会主义的进步学者，提供探讨世界社会主义运动发展问题的学术平台。世界社会主义研究中心每年至少举行两次讨论会，其中一次是中外学者共同参与的。每次参会论文在会后都经修改整理，按创新、先进、前沿原则选编成“世界社会主义黄皮书”，由“研究中心”主任李慎明研究员主编、社会科学文献出版社出版。截至目前已出至黄皮书《世界社会主义跟踪研究报告——且听低谷新潮声（之十五）》（2018—2019）。另还将会议讨论成果按专题整理修改，仍由李慎明研究员主编、社会科学文献出版社出版。计有：①《世界格局与我国安全战略》，2014 年 10 月出版；②《世界社会主义和左翼思潮：现状与发展趋势》，2014 年 10 月出版；③《社会主义是人类历史发展的必然》，2015 年 5 月出版；④《领导权与话语权：“颜色革命与文化霸权”——中国话语权研究之二》，2016 年 10 月出版；⑤《时代与霸权——中国话语权研究之三》，2016 年 10 月出版。每本书都有我的一篇拙文被选入，不仅增加了自己经受锻炼的机会；更重要的是进一步激发了自己关心天下大事的热情，开阔了由中国走向世界的视野。如我十分关注习近平同志 2014 年 7 月出席巴西福塔莱萨举行的金砖国家（BRUCS）领导人第六次会晤峰会的活动及其丰硕成果，并针对当时奥巴马的“亚太再平衡”战略和妄图以《跨太平洋战略经济伙伴关系协定》（TPP）围困中国的诡计，写下了《突破重围，打出一片广阔的新天地——简评〈福塔莱萨宣言〉》一文，热烈赞扬习主席创造性地继承、发展了毛泽东同志划分三个世界的伟大战略思想。此文被选入《社会主义是人类历史发展的必然》一书公开发表。受此鼓舞，我又仔细学习研究习主席在 2013 年九、十月提出的“一带一路”倡议及其实施效果，深感这是进一步具体、有气魄地创造性发展和运用了划分三个世界的战略思想，而且将是一个必胜无疑的重大战略举措。因此，我撰写了一篇《“一带一路”是我国“走出去”的大手笔、大智慧》的文章，收入拙著《从中国走向世界》一书中（中国经济出版社 2017 年 8 月出版）。沿此思路，我于 2018 年写了《试析“一带一路”与我国特色大国外交的关系》《“一带一路”是推进中国特色大国外交的重要经济基础》两文，分别刊载于中国社会科学院《世界社会主义研究》（月刊）2018 年第 11 期和高等教育出版社《思想理论教育导刊》（月刊）2018 年第 12 期，进一步把推进“一带一路”建设与习主席 2013 年在莫斯科国际关系学院演讲中就提出的人类命运共同体的概念联系起来，强调指出，现初步实践，特别是在亚非的实践说明，一带一路乃是构建或实现“人类命运共体”伟大目标的有效途径。

（八）难忘两本期刊的热情支持

这里有必要谈谈高等教育出版社《思想理论教育导刊》（下称《导刊》）对我学术研究的热情支持。我在 2002 年向《导刊》投递第一篇稿，截至 2018 年共投稿 9 篇，主要是在进入 21 世纪 10 年代以后投递的。因 2013 年 12 月《导刊》借庆祝创刊 15 周年之机，颁奖鼓励作者，我因在该刊2010年7月发表的《坚持公有制的主体地位是我国当前不容忽视的一项重要任务——兼评对“国退民进”的指责》一文荣获二等奖。受此鼓舞，从2013年起到2018年，我每年都向《导刊》投稿一篇，使我得以尽情表达学习习近平新时代中国特色社会主义思想的体会；充分阐明2016年“黑天鹅展翅，美国资本主义日趋衰落”的实质等问题。特别令人感动的是，我每次投稿与常务副主编查朱和同志及责任编辑陈娟、鲍莉炜等同志联系时，总是能得到爽快、迅速、满意的结果，给了我很大的支持，在此，特表示衷心谢意。

几乎同样的情况，也出现在与《福建论坛》（下称《论坛》）的关系上。在我心中，《论坛》就是自己学术活动的坚强后盾，也是中华外国经济学说研究会的坚强后盾。我每次投稿都得到《论坛》的积极支持和录用，而且总是耐心细致地编辑修饰，提高档次，或者做出准确摘要，使读者一目了然。例如，2017年我为庆祝十月革命100周年，写了近两万字的长文《重读列宁〈国家与革命〉有感》，被《论坛》刊载于2017年第10期首文，责任编辑陈燕同志还写了一段言简意赅的摘要，十分准确地表达了拙文本意重要之点。摘要说：“列宁在1917年完成了《国家与革命》巨著，创造性地发展了马克思、恩格斯的国家与革命和无产阶级专政的学说，扫除革命行进中的思想障碍，从而促进并赢得了伟大俄国十月革命的胜利。中国之所以能有今天这样蒸蒸日上的大好局面，就是由于中国共产党从诞生之日起，总的说来，基本上都是在马克思列宁主义的指导下，沿着伟大十月革命的道路前进的，并且能紧密结合中国实际和国外形势的发展，创造性地提出了毛泽东思想和中国特色社会主义理论体系，开辟出继续迈步前行的中国特色社会主义道路。当前，我国继续坚持走十月革命和中国特色社会主义道路所需注意的四个问题：必须牢记坚持公有制经济主体地位是坚持中国特色社会主义道路的生命线，必须重视当前我国政府高额债务隐患，认真准备应对和防控智能机器人的挑战，应高度警惕陷入‘修昔底德陷阱’。”我读罢这段摘要，着实激动不已，深感知我者，《论坛》也。

（九）参加《马克思主义大辞典》的审改工作

中国第一部规模空前的《马克思主义大辞典》已于2017年12月出版，有200万字，2 094个条目，辞典分为（马克思主义、列宁主义、毛泽东思想，中国特色社会主义理论体系——邓小平理论，“三个代表”重要思想，科学发展观）四编，涵盖的内容全面、系统、丰富。《马克思主义大辞典》由中央“马工程”咨询委员会主任、原中宣部副部长徐光春同志任主编，中央“马工程”首席专家、武汉大学马克思主义学院梅荣政教授任常务副主编，卫兴华、尹汉宁、田心铭、李捷、沙健孙、周新城、赵曜、钟哲明、顾海良、陶德麟、梁柱、靳辉明等马克思主义专家任副主编，以及一大批修养有素的马克思主义专家学者参与撰稿、审改和统稿工作。这一浩大工程从2013年启动，历时5年，至2017年12月出版，实际成为坚持以马克思主义为指导的中国共产党十九大献出的大礼。它必将对贯彻落实习近平新时代中国特色社会主义思想起到理论基础和研究工具的重要作用。我有幸应邀参加审改工作，这一工作既是对我学习研究马克思主义成果的一次实际检验，也是给自己继续深入学习马克思主义的极好机会，收获良多。如上述在《福建论坛》发表的《重读列宁〈国家与革命〉有感》一文，就或多或少是在这次参加审改活动的启发下写成的。所有这些都使我由衷地感谢《辞典》编委会，特别是周新城、梅荣政教授。

现聊以自慰的是，我一生跟着党所做的一切不懈努力，都已得到人民的认可。2016年2月6日即农历腊月二十八日，应中共中央办公厅、国务院办公厅的邀请，我有幸参加人民大会堂举行的春节团拜会。我认为这是党和国家、人民给予自己最高的奖赏和评价，不胜荣幸之至。

（十）补充三个京外有关的重要人物

最后还有必要谈一下前面尚未提及，但与我学术活动关系较大的三位京外师长、同志和朋友。

一是武汉大学的刘涤源教授。中华外国经济学说研究会1984年在华中工学院（华中科技大学前身）举行第一次调研工作会议时，我认识了刘老师。1987年11月在南京举行第二次调研工作会议上，听到他自我介绍如何从学习研究西方经济学而后转向信仰马克思主义的治学历程，使我深为佩服，内心崇敬之情油然而生。1990年，我拜读了他1989年出版的《就业一般理论评议》一书，顺手写了一篇读书体会，认为这本书是截至当时为止，国内“对凯恩斯主义最成功的研究”，该文在武汉大学《经济评论》1991年第2期发表后，深得他的赞赏。从此，我们就开始了亲密的忘年之交。最使我感动的是，我在《经济学动态》1991年第4期第一次用“钦平”笔名发表了一篇《喜看外国经济思想研究的新成果》，大概不到一个月，他就写信问我：“‘钦平’是不是你？”这不仅使我大吃一惊，一位近80岁高龄的著名经济学家，还如此细心地觉察到我这样一个晚辈刚开始启用的笔名，真是知我而又时刻关心我者，刘老师也。随后，他写的《反通货膨胀论》（1992）、《垄断价格机理研究》（1995）等理论性、现实性都很强的力作，我都仔细拜读，并乐于写出书评发表。1995年，我去武大参加中南、西南、西北三大区外国经济学说研究会学术讨论会时，还带着我的两个研究生韩婧（现为中国建设银行公司业务部副总经理）、车卉淳（现为北京物学院教授、物资经济系学科主任、学术带头人，著述多多）一起去他府上拜望，并三代师生同堂合影留念。从此我们忘年之交的友谊更加深了一层，他每次给我写信都亲切地称我“钦平弟”。的确，他待我亲如兄弟，什么话在信上都和我讲，甚至夫人于1996年去世后的悲痛心情也向我倾诉。1997年冬，他临终前还嘱咐他的两个孩子珈厚、珈朴将他身后才能出版的遗著《凯恩斯主义经济学评论》寄赠给我。果然，我于1998年收到了他两公子寄来的他的大作。我见此书如见其人，不胜伤感。特别使我敬佩的是，刘老师几十年如一日，诲人不倦、笔耕不止的奋斗精神，在晚年不顾高龄的劳累，主持了五卷本高质量的“凯恩斯主义研究丛书”，为中国对凯恩斯主义的研究树起了一座不可动摇的丰碑，并成为我2006年1月出版的《原凯恩斯主义学派》一书的重要思想来源和参考书。

二是武汉大学的傅殷才教授。我与傅教授深交是从1992年中华外国经济学说研究会在郑州举行第五次学术讨论会时开始的。会议期间，他把自己主编的特大型工具书《当代中国经济大辞库》中的“静态经济学”“动态经济学”两个条目的释文，共约12万字交我撰稿（后者我又交与我的学生李海珍合作完成）。因此，我们往来比较密切。他早年留学苏联，根底深厚，是公认的在研究西方经济学中一贯坚持马克思主义立场、观点、方法的著名经济学家；他的文章很有说服力，我很喜欢读；他主编的《经济评论》杂志很快就成为我国经济学界影响很大的核心期刊。后来即2008年3月10日该刊编辑部聘请我为匿名审稿专家，我欣然应允。1995年，傅教授邀我去武大参加由他主持的中南、西南、西北三大区外国经济学说研究会学术讨论会时，我俩交往更深。当时他在主编“当代世界十大经济学派丛书”，把其中《瑞典学派》交我撰稿，我愉快地接受并按期完成了任务，于1996年4月出版。他的夫人1996年春来京办理出国手续，托我照顾，我只在我校附近给她找了个比较简陋的旅馆住下，照顾不周，至今都感到愧疚。傅殷才教授一生刻苦勤奋，不辞辛苦，特别在90年代教研任务十分繁重，除著述、组织社会学术活动外，还要指导几十个博士生。1996年7月因劳累过度不幸英年仙逝。噩耗传来，我着实因中国经济学界失去了一个坚定的马克思主义者和栋梁之材，也因我失去了一个好同志、好朋友而悲痛不已。

三是贵州省社会科学院的周成启研究员。他是四川大学高我一个年级的同学。他在改革开放前后就与他同班同学李善明（后为研究员，曾任中华外国经济学说研究会副会长）合作写过一系列关于马克思主义经济学史方面的著作。1983年，他由贵州师范学院调到贵州省社会科学院，不久即升为该院副院长，并被选为国家级有突出贡献的中青年专家。他对学会工作很积极，担任几个学会理事或常务理事。我与他在80年代初多次相见于学术会上，相互交谈甚密，结下了深厚友谊。他多次来京，每次都必来看我。他从事的几项大型的科研项目，如主编的《外国经济学家辞典》（海天出版社1993年出版）、主编43卷本的“国际经济惯例丛书”（贵州省人民出版社1992—1995年出版），都找我作合作伙伴，并任副主编。他还托我于1994年在北京举行的中华外国经济学说研究会第六次学术讨论会上，将该《辞典》送给每位与会代表，足见他对学会的爱心。他的代表作《政治经济学原理的历史考察》（上海人民出版社1988年出版）也找我一起联名出版。其实，我只在书中写了一篇“绪论”应景而已。这些都说明我们不愧是同窗好友，是中壮年时期学术上忠实的亲密伙伴，他对我的帮助、支持和影响终生难忘。

九、结束语

综上所述，我从20世纪50年代中期转至学术活动领域拼搏以来，在从事经济学教学与研究工作的成绩方面，在20世纪主要表现在教学工作上，其著作也主要是为教学服务的教材性质的作品，独创性的见解相对较少。21世纪则多着重于国内外现实问题，服务于中国社会主义现代化事业，特别是为习近平新时代中国特色社会主义伟大事业、伟大斗争服务，因而新的见解相对较多。这主要体现在“进入新世纪的学术活动”和如下几本著作上：①《丁冰学术文选》（首都经济贸易大学出版社2004年10月出版）；②《中国经济热点问题研究》（中国经济出版社2010年9月出版）；③《国内外若干经济热点问题探析》（中国经济出版社2013年11月出版）；④《从中国走向世界——着重于经济视角的分析》（中国经济出版社2017年8月出版）；⑤《丁冰自选集》（首都经济贸易大学出版社2020年4月出版）。

其中主要学术思想和创新见解可归结为如下六个方面。

第一，对西方经济学的研究。以马克思主义为指导，全面深入系统地评析了西方经济学理论体系，坚持“一分为二”的科学观点，正确对待西方经济学，并具体分析批判了马克思主义经济学与西方经济学可以相互融合或“综合利用”，从而边缘化马克思主义经济学的错误观点。

第二，坚持“四项基本原则”和改革开放的大政方针政策，揭批干扰它的新自由主义、民主社会主义等思潮。同时强调“坚持公有制主体地位是坚持中国特色社会主义的生命线”，深刻地揭露批评了在“改革”的名义下，企图在我国推行私有化政策的包括西方科斯产权理论在内的各种错误观点和手法，以及所谓“国企低效率论”等伪命题。

第三，对新经济的研究。在20世纪90年代，随着全球高新技术的迅猛发展，学术界提出了“新经济”的概念，我发表了《略论新经济对西方经济理论和经济制度的影响》一文（收入《丁冰学术文选》），率先把新经济界定为，是以信息技术为基础、知识要素为驱动力、网络为基本生产工具的经济，其核心是实现了经济网络化。通过使用一系列创新性的观点、方法，具体深入分析后得到结论：“新经济的出现和发展……进一步证明了马克思所阐明的人类最终必将由共产主义代替资本主义的论断是一个颠扑不破的真理。”这个结论从21世纪新时代人工智能、互联网、数字经济、区块链等技术飞速发展的情况看，必将更进一步证明是靠得住的。

第四，对2008年国际金融危机的系统研究，明确指出它是由西方发达国家在20世纪七八十年代以后长期实行金融自由化政策，金融创新、金融衍生品发展泛滥成灾的必然结果。它由2007年美国次贷危机引发、到2008年9月15日雷诺兄弟公司破产而全面暴发，并迅速蔓延渗透到实体经济，从而暴露出世界性生产过剩危机的本质；在分析论证过程中又创新性地发现：作为这次金融危机基础的生产过剩危机与以往有所不同，即不仅是本国的生产过剩，而且是跨国移动的生产过剩。此乃此次世界生产过剩危机的一个显著特点。

第五，对“走出去”发展战略的研究。在2008年国际金融危机后，美国政府先后提出“重返亚洲”“美国优先”的保护主义，以霸凌主义围堵遏制中国和平崛起。从2014年起，本人及时发表了《突破重围，打出一片广阔的新天地》《“一带一路”是我国大踏步地“走出去”的大智慧、大手笔》等一系列论文（收入《从中国走向世界》），坚决拥护、热烈赞扬习主席高瞻远瞩的对外战略决策。同时在论述中明确提出了两个创新性见解：一是严格区分了我国“一带一路”建设是建立在平等互利、合作共赢，共商、共建、共享基础上的新型经济全球化，而与传统的以美国为首的经济全球化往往具有剥削、歧视、霸权等因素有原则区别，因而受到世界各国特别是广大发展中国家的欢迎，并已形成新旧经济全球化更替洪流势不可挡的局面[①]；二是提出和论证了“一带一路”建设是推动中国特色大国外交路线方针政策的重要经济基础，从而也为进一步推进构建人类命运共同体目标的实现创造了极为有利的重要条件。

第六，展望美好的未来。依据党的十九大精神，着重从我国拥有的制度优势、技术后发优势和独立自主原创优势与深厚的发展潜力出发，详细分析、论证、预测我国 GDP 到 2028 年即可超过美国；并且否定了有的学者认为的，一国经济因基数（总量）增大，增速就会放缓的传统观点，认为现正处于世界经济第五个长波上升期的有利时机，因而只要我们上下团结一心加油干，若不出意外，到本世纪中叶，实现中华民族伟大复兴的中国梦必将计日程功。为了真正实现这一目标，根据列宁《国家与革命》的思想和国际共运的经验教训，我们必须坚持走十月革命和中国特色社会主义道路。对此，在当前需要特别关注的问题主要有：一是必须牢记坚持公有经济的主体地位；二是必须重视我国政府高额债务隐患；三是认真准备应对和防控智能机器人的挑战，建议在坚持公有经济主体地位的前提下，缩短工时为每周 4 个工作日；四是应高度警惕陷入“修昔底德陷阱”。

为使广大读者、领导、专家学者和同志们对本人作品有全面的了解，特在本书第五篇“丁冰作品年表”列出全部作品，请批评指正。

余音：

落笔万言意未尽，且听余音叙衷情。

人到晚年喜忆旧，乐得一生多知音。

---

① 参见丁冰：《新旧更替的洪流势不可挡——推动形成经济全球化新格局（新知新觉）》，《人民日报》2017 年 2 月 17 日，第 7 版。

略有微绩靠恩师，知恩不谢心不宁。
日夜拼搏不觉苦，越苦越累越开心。
若问苦斗为了谁，一心一意为人民。
经验教训处处有，聊以此文示友人。
乱云飞渡遮望眼，紧盯马列指航程。
抓大放小锦囊计，四大折点定终生。

（2019 年 3 月 14 日初稿，2020 年 2 月 23 日修订）

附录　自传补充参考资料

（一）社会兼职

除校内本职工作外，在社会上受正式聘请（有聘书）担任的社会兼职，以时间排序如下：

（1）1986 年 1 月 25 日受聘为重庆工业管理学院筹备组兼职副教授（后改为兼职教授）。

（2）1987 年 3 月 5 日受聘为北京经济学院教师职务评审委员会学科评议组成员。

（3）1989 年 4 月受聘为“国际经济惯例丛书”副主编。

（4）1992 年 12 月 5 日受聘为《当代中国词库》经济部分主审。

（5）1993 年 1 月 10 日受聘为中国农业科学院研究生院西方经济学教授。

（6）2000 年 5 月当选为中华外国经济学说研究会秘书长。

（7）2001 年 7 月 30 日受聘为湖南大众传媒技术学院客座教授。

（8）2001 年 12 月当选为中华外国经济学说研究会总顾问。

（9）2002 年 4 月 25 日受聘为浙江大学经济学院学术委员会顾问。

（10）2003 年 9 月 23 日受聘为西北大学兼职教授。

（11）2005 年 10 月 28 日受邀担任中国人民大学经济学院《西方经济学评论》委员会委员。

（12）2008 年 3 月 10 日受聘为武汉大学《经济评论》匿名审稿专家。

（13）2011 年 6 月 20 日受聘为中国社会科学院马克思主义研究院顾问。

（14）2013 年 5 月 13 日受聘为中国社会科学院世界社会主义研究中心特邀研究员。

（15）2018 年 6 月 5 日受聘为中国科技出版社（暨科学普及出版社）科技/科普专家。

（二）难忘育我成长的摇篮——青木关中学

1946 年秋，我从国立第十二中学初中毕业后考入了沙坪坝重庆市立中学（1949 年改名为市立第一中学），是当时重庆最好的一所中学，学生素质很高，学生是经过严格考试“百里挑一”进去的；校长刘磨潮先生十分热爱教育事业，教师一般是大学毕业生；主要课程每学期都要进行期中、期末两次考试，考试时无须监考，称为“荣誉考试”，学生都非常自觉，绝无考场作弊之事。这种“荣誉考试”有效地激发了学生的自尊心和荣誉感，因而使他们更加自觉地刻苦努力学习。我在那里读了两个多月，参加了一次“荣誉考试”，亲临其境，倍感光荣和自豪；学校的政治空气也相对比较自由，我订了一份《新华日报》，天天看共产党发布的新闻，也没有受到任何迫害。但是，尽管如此，同年 10 月，国立青木关中学刚一成立，我仍毫不犹豫地立即从重庆市立中学转到了青木关中学。因为一个想象中的非常美好的青木关中学对我的诱惑力实在太大了。

1946 年 10 月底到青木关中学后，这里的一切都使我感到新鲜、惬意、宜人。首先是同学们来自四面八方。他们大多来自原敌占区各国立中学的有为青年，见多识广，民主意识很强，现重新聚集在一所新的学校里，自然十分活跃、生气勃勃；加之学校初创，国民党特务尚未及伸手，学校在当地社会贤达钟芳铭校长领导下，对学生的管理也比较开明，因而学校民主气氛十分浓烈。学生社团二三十个，遇有大事还举行各社团负责人联席会议或“记者招待会”，相互交换思想，协调行动，发布新闻，十分热闹。我作为“长声学社”（后改为“穆松学社”）负责人参加过这样的“记者招待会”。会上各种意见，七嘴八舌，使我很受启发，增长了不少见识，也增强了参加社会活动的能力。其次是青木关中学处于两面高山环抱的峡谷之中，风景秀丽，正好是读书、健身的理想场所。最后是一批学识渊博、道德高尚的好老师。这些都使学校真正成为培育我茁壮成长的摇篮，难得的第二故乡。

青木关中学坐落在璧山与巴县交界的青木关镇，南距重庆 50 多公里，东西两面是高山，南有哨卡，北有险关，中间有成渝公路通过。抗日战争时期的教育部、国立音乐学院、中大附中和社教附中等一些机构、学校就设在这里。教育部位居东面半山坡青翠欲滴的密林之中。青木关中学初建时，高中部即以教育部的旧址为校舍。校舍虽然是草顶泥墙，比较简陋，但却是木质地板，外墙漆黑，内室雪白，颇感新鲜。寝室后面是一片森林，一直延伸到山顶。课余林中散步，早晨爬山或在林中朗读，都感到格外舒畅，是我一生从未享受过的自然美景。

进校后的第二学期，即 1947 年春节后，我们高中部搬到山下原社教附中的旧址，对面就是原教育部所在地，现在的初中部。在山坡右边一片田野的连接处，有不少温泉从地下涌出，这又给了我很大的新鲜感，总想去饱尝那自然的恩赐，即使是寒冬的日子也要去那里洗温泉浴。离泉水不远，青木关镇旧街尽头，还有一个长 50 米、宽 25 米的露天标准游泳池，可能是原教育部留下的体育设施，游泳池的水源来自旁边的小溪，每当雨后池水盛满，我就去学游泳。起初是“狗爬式”，慢慢地就学会了游“蛙式”，最多时能游 3 圈。这使我尝到了游泳的甜头和坚持锻炼的好处。从此我下定决心，一定要每天早起锻炼身体。至今几十年来，我这早起锻炼的习惯，除非特殊情况从未间断。近年来，常有人对我说：“你身体真好！”“你跟过去一点没有变。”我听了心里乐滋滋的，同时就怀念起青中的环境给我开了一个健身的好头，功劳应归于母校。

原社教附中的住房，从某些方面说要比原教育部的差。不仅没有地板，地也是坑坑洼洼的，扫地都很难扫干净；十来个同学挤在十几平方米的寝室里，只有一张条桌放油灯，根本无法在寝室学习。好在那时学校允许学生在外面租房住。在高中部与石家沟的女生部（原中大附中女生部旧址）之间有两条竹木茂密的山沟，还有小溪流水蜿蜒相伴，一叫冉家沟，一叫丁家湾。在沟内密林深处，隐藏着一幢幢抗战期间修建的别墅式公馆，环境十分幽静雅致。我们去时还空着，有些同学就在那里租房住。我的同班同学李贤仁（后因病休学低我一班）和他的两个弟弟李贤德、李贤义就租了丁家湾教育部原部长陈立夫住的公馆。从高中部出发沿成渝公路往北走，经过冉家沟，离公路约五六百米远的半山坡上就是丁家湾的“陈公馆”。那是一幢双层夹壁、黄墙红瓦的木质结构平房，有冬暖夏凉的功效。全幢共三室一厅，另有厨房、厕所。外形小巧玲珑，远望有点像一座小庙。室内装修得十分讲究，雪白吊顶、红色地板、四壁透亮。抗战胜利后，陈立夫复员回南京了，房屋归原地产人所有。房主人姓丁，因家境贫寒，舍不得自己住，就用来出租。李氏兄弟去租了两间卧室，月租大概是一个银圆。另一间居室空着，没有人住；客餐厅也空着，只堆放一些杂物。所以，李氏兄弟 1 月出 1 个银圆，实际等于租了个公馆，在当时看来也算贵了。但他们三兄弟住一个公馆总觉得有些寂寞，就把我邀去一起住。我当然乐得去白住那过去想都不敢想的高级华丽的公馆。公馆主人的家离公馆只几十米远，在半山的斜坡上，比公馆的位置还稍高一点。房东对我们很和气，我们衣服破了，女主人还主动拿针线来让我们用，所以我们相处得很和谐。

我在公馆住着，学习条件改善，每天上课回来就在室内加紧刻苦学习。早晨天蒙蒙亮就起床爬到山顶朗读英语，既学习，又健身，一举两得。闲时聊天、下棋、拉二胡，其乐无穷。贤仁兄擅长二胡，我也跟着学了一下子，可惜一直没有好好学。我在那里住了约一年光景，因觉远离学校大本营，也有诸多不便，就搬回校内来住了。

在青中最令我难忘的，还是一些不辞辛劳，谆谆教诲我的老师。在我记忆里，青中老师，都是很有学问、师德高尚的人。他们对学生很和蔼、亲切、耐心。学生有求教于他们的，总是有问必答，也不分时间、地点，只要你向老师提出问题或要求，就一定能及时得到满意的答复。例如，教我们数学的陈老师就是这样一位可尊敬的老师。我在读高一时，因学校刚建立，课程任务不算太重，学生学习的自由度较大。于是我就想趁机抓紧自学，打算在一年之内把高中三年的课程基本学完，提前两年于 1947 年秋去参加成都的升学考试。我盘算着为应付高考，最难的是数学，就去向陈老师求教，请他课外辅导我数学。他当即满腔热情地一口答应，并约定每个星期天到他宿舍（住在山上教育部旧址）辅导我。1947 年上半年，我除了上课外，尽管肩负着“穆松学社”社长的繁重任务，仍千方百计地挤出时间自学，把自学中的难点记下来，待星期天去向陈老师请教。我记得先后至少去过 4 次，最后一次已是 7 月中旬。陈老师本来一放暑假就要回老家的，但一直等到把我辅导完了才离校。那时天气很热，又无电扇、空调，老师满头大汗，仍坚持热情耐心地给我讲解，使我提前学完、学会了高中的数学。当时的辅导不像现在，是一点报酬都没有的，但陈老师为辅导我，依然乐于牺牲自己大量宝贵的休息时间。这种无私奉献精神和高尚情操，使我每想起来就涌流出无限的感激和崇敬之情。

1947 年 7 月下旬，我按计划到成都去投考。在成都曾拜见过当时正在参加“六腊之战”的钟芳铭校长。我投考虽然失败了，但钟校长的为人和在成都给我的帮助，却使我终生难忘。我那次去成都，是身无半文，全凭自己的大胆，冒险去的。起身时通过同学的介绍，由青木关交通检查哨卡的交警给赴蓉的货车司机“打招呼”，免费搭便车去成都的。到了成都，住在我大表哥处的工人宿舍里，大表哥当时是成都东城区椒子街启明电厂的工人。我平时与表哥一起在工人食堂里吃饭，外出时，买一个烧饼到茶馆喝白开水（不要钱）充饥，但考后回学校所需路费却无着落，于是就去向钟校长求援。他当时住在春熙路的一家高档宾馆里，我作为一个普通学生，这样唐突地去求援，心里着实忐忑不安，生怕被拒绝。但我去见他，做了自我介绍，说明回校的困难后，却完全出我意料，他非常热情地接待了我。当即慷慨地给了我10万元法币（大概相当于现在的100元人民币）零用，随即又请我在面馆里吃了一碗面和一碗龙抄手。我真算开了洋荤，头一回尝到了全国有名的龙抄手的美味。我第二次去见他时，一位姓钟的青中高三毕业的同学（名字不记得了）也在那里。他是璧山人，也是去成都参加高考后准备回学校的。他的哥哥正要押运几辆货车到重庆，于是钟校长就介绍我同他认识，同他一起搭乘货车回校。这样我又没有花车费，甚至吃饭也与他们一起吃，没有花钱。这一切，都使我深深感到钟校长对学生的爱护、关心和帮助的温暖，内心的感激无以言表；同时对那位钟××同学的友好帮助也难以忘怀。1950年春，我在重庆人民银行工作时，听说钟校长解放后尚留在璧山县城，我写信问候，他当即回了一封热情洋溢的信，并鼓励我要在党的领导下，努力为人民服务。遗憾的是，自那年在成都分别后，我再也没有见过他老人家，1950年后通信联系也终断了。

教我们生物课的覃正中老师也是我常常怀念的一位可敬可爱的老师。他在青中虽然只待了一年，1947年秋就离校了，但给我的印象极深。他讲课很有条理，清晰、明白而且有趣。学生课上就能很好地掌握，不需课后再花很多时间去复习，因此很受学生欢迎。当时我并不知道他是地下党员，只凭自己对他的尊敬，以及我们是长寿同乡的关系，课后拜见过他。1947年春节寒假期间，我还参加了他举行的婚礼舞会。在当时我感到这样的婚礼很时髦、很体面。我同他的课下交往，主要谈的是如何办好《长声报》（后改名《穆松报》）的问题，比如要把“长声”改为“穆松”，以便扩大团结，就是受了他的启发；打算用募捐方式来充实办社、办报的经费，也首先得到他的支持。覃正中老师带头捐了数额不菲的钱，使我受到很大鼓舞，便更有信心，更有责任，也更加积极地办好“穆松学社”，从而培养、锻炼了我从事社会工作和办事的能力。老实讲，几十年来如果说我还有一点办事能力的话，基本上就是在青中办“穆松学社”的时候锻炼出来的。解放后，覃正中老师调到重庆市统战部工作，按组织的要求，我去请他给“长声学社”和“穆松学社”写一个鉴定性的证明。一见面他就很爽快地提笔写了一份证明信给我，很客观、公正地证明两个学社是一般学生的进步学术团体。我得此证明如获至宝，因而更增加了对他的尊敬和感激。

教我们国文的朱学盈老师是我另一位敬重的老师。他是我高中三年级时才到青中来的，国文讲的很有诗意、文采，课文词意、典故的来龙去脉也讲得清清楚楚，娓娓动听，同学们同声叫好。后来听说他是某大学的讲师，更令我们肃然起敬。他对我的作文比较赞赏，于是我很乐意去向他个别请教。我到他宿舍去，他立即起身让座，特别客气，叫我很不好意思。以后去的次数多了，比较随便了，我受到他的教诲也就更多了。1949 年 9 月以后，我已进入沙坪坝重庆大学读书，他到了小龙坎新成立的重庆市立第二中学教书。重庆大学和市二中挨着，由重大跨过一条公路（汉渝路）就是市二中。所以我常到朱老师那里去继续请教，师母对我也很好，有时还做一点醪糟汤圆之类的小吃招待我。我则把我在重大的见闻、解放战争的形势，以及重庆大学在如何组织护校，准备迎接解放等讲给他听，他总是听得津津有味。我感到在他看来，我是很进步的，是共产党比较信任的人，因此我们师生的情谊也愈加深厚。临解放的前两天，小龙坎、沙坪坝一带到处乱哄哄的，但在重庆大学校内，因地下党组织的护校工作做得好，比较安全。朱老师害怕兵荒马乱遭哄抢，就把装满贵重物品的一只大皮箱交给我，托我拿到重庆大学学生宿舍储藏室暂时保存。解放后，社会秩序渐渐安定下来，我才给他送了回去，他十分高兴，连连称谢。我感到他这一托付保存贵重物品的举动，不仅是对我个人的信任，更表明了朱老师热忱欢迎解放的心境和对组织护校的地下党组织的信任。

我在青木关中学读了三年，为我一生的成长奠定了坚实的基础，值得我怀念的事物和老师、同学，还有很多很多，但限于时间和篇幅，就此打住吧！

（原载《铸秀育英话当年——青木关中学校本教材》，2003 年 10 月内部印发）

（三）青中的点滴回忆——穆松学社与驱赶汪仁培揭秘

1946年秋，我从重庆市中（后改为市一中）高一转到青木关中学就读。那时青中因刚成立，国民党特务尚未来得及伸手，加之校长钟芳铭是当时的开明绅士，也是个热心教育事业的社会贤达，所以，学校民主空气较浓，学生自由结社之风很盛，大约有二三十个学生社团如雨后春笋般地涌现出来。我也趁势发起并以李贤仁、黄作华等原国立十二中的同学为核心，成立了"长声学社"，每周出版一份油印的《长声报》，以示要弘扬位于长寿县的国立第十二中的优良传统。这份小报与当时校里其他小报比较起来，最特殊的是能长期不懈地坚持按期出版。小报内容主要是报道学校点滴新闻，兼有对时局不满的少许评论，颇受读者欢迎，以致许多老师认为是一份有一定影响的、带有进步倾向的刊物。1947年春节前后，为了扩展这个社团刊物，我们便趁机向教师进行了一次募捐活动，教师们几乎没有一个不热情慷慨解囊的。记得当时捐助最多的是钟芳铭校长（具体数字记不清了，大概相当于现在人民币50元左右）；其次是教生物的老师覃正中先生（地下党员，当时我并不知道，但他对《长声报》比较关心，是我所感受到的）；一般老师也至少捐有约相当于现在人民币5元。我们有了这笔资金，便从1947年春季开始，将刊物扩版，由原来一张蜡纸，增加到两张蜡纸，仍每周出版一期，并将刊名由《长声报》改为《穆松报》；相应的，"长声学社"也改为"穆松学社"；社员由原来十几人增加到几十人，最多时有近百人。当时学生社团中，除"月雨学社"和"国青科学社"从事自然科学研究外，我们"穆松学社"是最活跃，社员也是最多的社团了。"穆松学社"是一个以追求进步、崇尚民主、活跃学术、联络友谊为宗旨的学生进步学术团体，由我任第一任社长；1947年秋开始，又先后由陈振邦、戴宫涛同学继任社长。学社除定期出版《穆松报》外，遇有重要节日还出壁报专刊。记得1947年为纪念五四运动，出了专刊——"高举科学与民主的旗帜"，十分引人注目。此外，学社还创立了图书室——由社员自愿捐出图书，计有好几百册，设专人管理，再借给各社员阅读；组织考生服务团——帮助投考青木关中学的考生解决住宿、喝水、临场及时解答考题等；举办学术讲座——聘请老师在民教馆礼堂做专题学术演讲；组建篮球队、歌咏队，并曾举行过几次球赛和一次文艺晚会。这些活动一直持续到1948年下半年，因临近毕业，温课任务加重，才慢慢少了。

然而这时毕业即失业的威胁感却愈益加深，于是我凭着创办“穆松学社”的基础和社员的信任，又发起由社员自愿投资，在重庆小龙坎创办了一个勤工俭学式的肥皂厂（实际只是一个小作坊），试图为“穆松学社”社员将来的就业留出一条退路。此设想提出后，立即得到大家的积极支持，凡有条件的社员都把自己节省下来的零花钱拿出来投资办厂。肥皂厂的财务、技术、生产经营工作由戴宫涛负责。大概在1949年六七月间，“穆松学社”的肥皂厂便在小龙坎建立起来，并生产出“穆松”牌肥皂上市。起初，生产出来的肥皂质量欠佳，颜色也是灰白灰白的；但在物资缺乏、物价飞涨的日子里，有货不愁没人买，所以，生意很好。问题是原料的进价比产品的卖价涨得快，所以，生产没有多久就难以维系，11月30日重庆解放前的一两个月就破产了。

我作为“穆松学社”社员的一次得意之作，是1948年春赶走了高中部的训导主任汪仁培。如前述，青木关中学成立的第一年，在钟芳铭校长的领导下，学校的民主空气较浓，学生比较活跃。但1947年秋，国民党党棍袁品心接任校长后，加紧高压手段，学生动辄就被记过、开除，弄得全校死气沉沉，学生只得埋头读书，不敢过问国家大事。袁品心的得力爪牙，在高中部就是训导主任汪仁培。他兼任英语教员，骗取了部分同学的赞赏，因而更加强了袁的力量。我和397级的潘金声等同学仔细分析了当时的形势，认为要使学校民主自由的空气活跃起来，就必须首先赶走汪仁培，断袁臂膀。恰好这年（1948年）春节，汪的父母由家乡远道来校，汪却肆意虐待，还在一天晚上与父母亲大吵起来，被我们听见了。我们就以他的不孝为借口，由我用文言文写了篇“讨汪檄文”，历数其不孝之过，质问他如此败坏伦理道德，何以为人师表。落款是“一群学生”，用大字报的形式在晚上贴在刚进高中部校门的那栋学生宿舍墙上。第二天早晨前往观者众多，个个叫好。校方认为此事是老师之间的内讧，故未在学生中追查。接着第二、第三天晚上又连续贴出了两张支持的大字报，迅速传遍全校。汪感到面子丢尽，很快就辞职离校了。袁品心遭此沉重打击之后，在表面上对学生的管束不得不稍有放松。从此，学校的民主斗争，便一浪高过一浪地兴起，直到 1949 年 4 月，大批同学浩浩荡荡，远程步行到沙坪坝参加市学联组织的全市学生“四二一”游行示威，达到最高潮。

（原载《铸秀育英话当年——青木关中学校本教材》，2003 年 10 月内部印发）

（四）1977 年畅游江南小记

1976 年 10 月，以华国锋同志为首的党中央“一举粉碎‘四人帮’”后，我们马列主义教研室我和杨伯琪、赵玉馨（女）、彭跃四位老师奉命去江南各大学院校了解情况、学习取经，以便准备重新开学讲课。趁此机会我们便沿途畅游江南各地名胜。在一个多月时间里，目睹祖国秀丽山河，风光无限，好不欢快！唯不忍欢乐独占，除已将所获教学研究方面的材料、信息成果向组织另做汇报外，特将当时随手记述的游览点滴印象和感想基本上原封不动（只少许“（）”内的注释性文字是笔者在 40 多年后的今天新加的）地进行整理再现出来，以便与大家分享。诚望读者以历史的眼光看待这浅薄的“游记”，或许有所裨益。当然也不免有许多问题，请不吝指正。

1. 在武汉

1977 年 10 月 10 日 12 点 20 分，我们从北京车站出发，11 日上午 8 点到达武昌，下车后即住进大东门饭店。稍事休息后去汉口买好去南京船票，顺便去汉口码头看了一场电影《打铜锣》《补锅》(湖南花鼓戏)，这是北京尚未上演的。看来武汉在文艺战线上似乎比北京思想还解放一些。听说，他们正在准备上演《刘三姐》，省委宣传部并不加阻拦。

我们在那里（指汉口）买好船票回武昌大东门饭店时已是下午4点。稍许，省委宣传部派车来接我们去武昌饭店住宿。我们感到太高级，花钱多，婉言谢绝了。另提出游东湖，由他们专车送我们去游了一圈，并在湖心亭摄影留念。东湖浩大、宽阔，远超昆明湖，比密云水库也大得多，不过容水量倒不一定比它多，因为有些地方湖水较浅。然而毕竟因湖面宽阔，风光无限美。听说朱总司令到此曾题诗赞道："人人都说西湖好，东湖更比西湖强。"真是一语中的，说得恰到好处。

11日白天坐轮渡去汉口，眼见长江滚滚东流去，催生千古多少英雄展奇才，谁说中华民族不是人杰地灵？晚上一行四人又专程去长江大桥，再坐轮渡游江，饱览夜景。只见两岸灯火辉煌，大桥一线，灯光闪烁，犹如金丝银带，更是处处惹人醉。

12日上午乘车去湖北财经学院学习经验（两年后，该校于保民同志被调来我校任马列主义教研室主任。在武昌时我同他并不认识，但后来在一起工作，毕竟因有此缘分，彼此关系特别融洽)。

12日下午在向导的带领下，参观毛主席旧居。在那里还看到了周总理在抗战时期住武汉的旧址，叫林德公寓，听说武汉市（政府）正在筹备把这个公寓建为纪念馆，这太好了，但愿早日建成。接着我们又去参观农民讲习所和"八七"会议旧址。(后者）坐落在汉口鄱阳街139号二层楼上，当时是俄国人的住宅。我们去参观时才刚刚布置起来，还未对外开放，然而却单让我们前往参观，可算是对我们的特别照顾，内心十分感激。历史上著名的"八七"会议震惊中外，但会址却不过是一个小房间，房内有一个小长方桌、六把椅子，加上四周的椅子，一共24把，说明当时参加会议的不超过24人。据（向导）说，其中有两名国际代表，五名青年团代表，两名地方代表；参会者现（指1977年）还在世的有邓小平、陆定一，会址的模样就是根据他们的回忆布置的（据史书记载，毛主席在这次会上首先提出了“枪杆子里面出政权”的著名论点，获得与会者的一致赞成）。会议只开了半天。参加会议的人由交通员个别秘密引进会场，会后立即秘密分头一个一个地走出会场。可见当时革命斗争的形势十分严峻。若无先辈们大智大勇、大无畏的牺牲精神，及时果断地做出改弦更张的战略决策，就绝不能摆脱“四·一二”事变、“七·一五”事变的危机。

13日上午去武汉大学学习经验，也是由省委宣传部派专车送我们去的，回来时仍由宣传部嘱托武汉大学派专车送我们回宾馆。宣传部如此盛情接待、关照，使我们着实过意不去，不胜感激之至（武大还给了我们许多宝贵资料，对我日后关于经济学说史的教学与研究工作非常有用。其后多年来我与武大一直保持密切良好关系，都直接间接与此次访问有关，更使我难以忘怀）。

13日下午，我们趁滞留武汉的最后一段时间畅游蛇山，特别有趣。这个蛇山的山脊狭长，宛若蛇尾卧地，蛇头逼近江岸，与对岸的龟山隔江相望，天生一幅祖国雄伟壮丽的画卷，气势非凡。不信?！有毛主席的千古绝唱为证：“风樯动，龟蛇静，起宏图。一桥飞架南北，天堑变通途。”在蛇头，原有黄鹤楼一座，现（1977年）已撤去，成了长江大桥的桥头。据文物展览馆的同志讲，准备把黄鹤楼重修起来（现早已按原貌重建，并已成为武汉的一座游人必去的地标性的仿古建筑）。

2. 在南京

10月13日晚上，我们乘轮船离汉东去南京。14日在船上待了一整天，沿途饱览了祖国雄伟秀丽的山川。最引人入胜的是高耸入云的庐山。远见云雾蒙蒙，确有“不见庐山真面目”的味道。过鄱阳湖、小孤山，一路景色诱人，我们都一个不落地把它们拍了下来。

15日凌晨两点多钟到达南京。因在深夜无法找到住处，只好在候船室坐到了天亮。天刚蒙蒙亮我们就上街吃早点。这时已见行人熙熙攘攘，自由市场很热闹，都有卖菜、卖鸡、卖鸭、卖蛋、卖鱼的……可算是货色齐全。我饶有兴趣地去打听了一番行情：油菜、白菜大体一角三斤，韭菜一角一大把，与北京大体差不多。母鸡一元二角一斤，鸭子八角一斤。也有用粮票换的，一只约两斤重的母鸡，要 18 斤粮票，鸡蛋一斤要 5 斤粮票（这大概就是 20 世纪 70 年代左右全国“活跃”的自由市场的缩影）。看罢市场，为用早餐，我们在下关一家小食店一人吃了一碗光面。从内容实质来看，在武汉叫小面，南京叫光面，上海叫阳春面。同饮一江水，却名称迥异，你说好玩不？

在下关吃过早餐，便乘车去雨花台。这是国民党统治时期残酷屠杀共产党员和革命群众的地方。据说先后有 10 万以上的人被害于此。其中包括邓中夏、恽代英、毛福轩等同志。解放后政府在这里修建了烈士纪念馆，封山育林，现已成为纪念先烈和参观游览的胜地。我一边参观，一边默想，如果没有他们的英勇牺牲，哪有我们今天的幸福。我们去时，因为乘船，几乎彻夜未眠，虽已疲惫不堪，却仍兴致勃勃地参观烈士们的英雄业绩，并摄影留念，给我们的教育极深。雨花台遍地都有一些光滑的小石头，名曰雨花石。据说邓颖超同志对此有特别深沉的感情。她说：“我看到雨花石，就想起了先烈的血迹。”这在以前我是毫无所知的。但我此次出游离开北京时，我的小女儿（刚满 5 岁）丁海不知从哪里知道有雨花石的故事，再三嘱我给她带雨花石回去。本来我对珍藏石头没什么兴趣，这时也只好到处搜寻几块特别中看的带回去，以了小女儿的心愿（丁海一贯酷爱珍藏石头、贝壳。2015 年，我们一家去南戴河沙滩玩时，她独自一人花重金买了一堆精选的贝壳回来。大家都不以为然，她却如获至宝，视为此行的一大收获。现在我才想起，这或许就是她从小贪恋雨花石引起的。如若其然，她的心思可嘉可爱，为父者竟无所察，惭哉，愧也！）。

15 日上午游过雨花台后，随即去南京大学联系好住处，下午休整，换洗衣服。16 日上午去长江大桥参观，按我们外行看来，它的整个建筑结构与武汉长江大桥差不多，只桥面稍长一些。武汉大桥的江上桥孔有 9 个，南京大桥却有10个；岸上的引桥南京大桥比武汉大桥也稍长一些。在桥头还有三面红旗塑像，显得比武汉大桥更为大气雄伟。应当记得，这是中国“文化大革命”时期杰出的建设成就之一，说明工人们在中国共产党领导下，时时刻刻都是我们社会主义革命和建设的顶梁柱和主力军。

16日下午去游玄武湖。这是比武汉东湖更大的一个风景区，在四周已建起花木繁茂的公园。因湖面很大，公园广阔，我们只游了湖的1/3，天就黑了。

17日上午与南京大学马列主义教研室座谈。据他们介绍，“四人帮”横行时期，他们顶住了撤销马列主义教研室的逆流，我们深为敬佩。据说南京大学，以至南京在反对“四人帮”的斗争中都表现很出色。1976年著名的南京事件，排除干扰、阻挠悼念总理，质问《文汇报》等事件，都发生在南京，而且都是以南京大学为骨干的。

17日下午参观梅园新村30号。这是以周总理为首的中共代表团1946—1947年在南京的办公处，代表团的成员还有董必武同志。我们仔细观看了周总理、邓颖超同志和董老的办公室、卧室、会议室、饭厅和乘坐的汽车等。在那里的每一件文物都引起我们无尽的怀念，想起敬爱的总理等在那白色恐怖的环境里，不畏强暴、时刻保持机智勇敢、出生入死的崇高精神，不禁肃然起敬。为了表示对他们这种崇高精神的敬仰和怀念，特选了在“梅园新邨30号”大门口前拍照留念。

18日上午去燕子矶游览，这是南京的又一处名胜古迹。所谓燕子矶，乃是高耸于逼近南京长江江岸之上的一墩大石头，三面临空，有如燕子展翅欲飞之状，构成了南京江防的天然险要隘口，故名。史传1840年鸦片战争，英军就是由此登陆，进入观音门，逼至迈臬桥，以胁迫南京的。常说无巧不成书，历史有时也能提供巧合的机会。1949年，毛主席、朱总司令指挥百万雄师过大江时，英国为蒋介石撑腰而驻守在南京的军舰，就是被解放军从燕子矶开炮赶走的。这可算是中国人民在受尽西方列强欺凌109年后，终于在同一墩石头之地，报了“一剑（舰）之仇”。我相信，到过燕子矶并知其故事的中国人都会不禁欢呼：中国人雪耻了！中国人民站起来了！

传说乾隆皇帝六下江南，五到燕子矶。那天我们再仔细观赏时意外发现，位居那墩大石头旁，掩映在苍松翠柏之中，就有乾隆御笔碑文，记得最后的两句是：

涨沙落水满绿野，

烟村耕凿久相安。

这是乾隆把自己统治的天下描绘成一幅升平盛世的景象，如果把它用来描绘当今的中国，倒是更贴切些。

在燕子矶附近，还有头台洞、二台洞、三台洞、观音阁等风景，是面临大江，背靠高山，在半岩上凿石修建起来的几处小庙堂，我们一一尽览无遗。当走进观音阁，见一妇女带着两个小孩，地上铺着席子，席上有被子；旁边有一锅，像是住家，又不是家。经询问，她说是从安徽天长县来的，家乡天旱无法维生，只好来此乞讨度日。我问："你们能讨到饭吗？"她满有信心地说："讨得了。"我觉得这自然是说明"普天之下，恻隐之心，人皆有之"；但有所不解的是，解放后党对天灾的一贯方针政策：除政府直接救助和各方积极支援外，天灾在哪里，就在哪里组织当地居民自力更生，生产自救，重建家园。安徽天长县旱了，天长县的人民怎么不去积极抗旱，却出来讨饭呢？难道是受某种影响，当地居民已淡化了自力更生的优良传统？（后来安徽"小岗村"一举闻名四海，据说其带头人也有外出讨饭度日的，是否也有点类似淡化了自力更生精神的问题？）

燕子矶的风景最诱人的是三台洞。它是由下而上共三层堂面构成的联组庙堂。最下面一层最为深广，有一池清泉水，水旁有一洞直通山顶，似天窗。在一层、二层、三层之间，原来都架有石梁木桥，方便往来，但"文革"中已被破坏。我们是沿着陡壁一步一步地爬上去的。因为根本没有路，岩壁又陡峭，稍不小心，就有掉下去的危险，有心脏病的人是绝不敢往上爬的。但我们还是鼓足勇气爬上去了，而且越过三台，直逼山顶。站立高山之巅，顿觉如临天际，心旷神怡，不知人间还有忧愁事；面对宽阔江面，纵观八卦洲，远望南京桥，只见百舸争流，穿梭其间，好一派江河浩荡、经济繁荣的景象。诚如古人所言："涨沙落水满绿野，烟村耕凿久相安。"

在三台洞的庙堂里，据说还有唐代名画家吴道子亲笔画的观音像，但"文革"中遭红卫兵破坏，我们去看时已不见踪影了。整个庙堂都已破烂不堪，隐蔽之处成为天然厕所，臭气熏天。像这种名胜之地，竟败坏至此，多么可惜。在西方有些国家，旅游业是国家的一大宗收入，中国若把各地的名胜古迹重建起来，招来游客，既可赚外汇，又可弘扬祖国古老文明，激发爱国主义热情，一举数得，岂不甚好！

19日我们游览了中山陵、明孝陵、灵谷寺。这些坐落在中山门外紫金山麓，为南京最引人注目的风景区，也是中外游人所必瞻仰之地。我们一早乘车出中山门，只见道路两侧一片青翠欲滴的翠竹、一望无际的林海和路边挺拔成行的梧桐，车子从林荫道上疾驰而过，上午8点到达中山陵车站。我们刚一下车，就见有孙文的站像一尊，陵墓则耸立于海拔158米的高山之上，离此像有700多米，阶梯392级，梯宽30来米。从底层仰望，颇有高深难测的神秘之感，更有一代伟人的浩然气概。我们缓缓一步一步地拾级而上，边走边沉思：斯乃伟人之归宿也。走尽阶梯，举目一望，赫然见有孙文手迹"天下为公"四个大字，刻印在墓室外层拱形大门的门匾上，显得格外庄严肃穆。再走上一层，为墓室正门，刻有"天地正气"四字。我们背靠大门，面向前方远望，层峦叠嶂，一片林海，气势磅礴，象征着一代伟人的伟业，被永远记忆在人间。在墓室正中有孙文坐像，坐像两旁刻有孙文手迹建国大纲。坐像后殿为一圆形大坑，坑内中央平躺着汉白玉雕塑的孙文卧像，供世世代代中外游人瞻仰。

游罢中山陵，再往东走不多远就是灵谷寺。1929年曾建有灵谷塔，加上明代修建的无梁殿等建筑，共同构成灵谷公园。灵谷塔有九层八面，高60米，足有20层楼房那么高。我们沿着塔心螺旋形水泥石梯登至顶层，凭栏往下一望，不觉两腿发软，也如在长江大桥上凭栏下望滚滚江水一样，使人胆战心寒。再极目远眺，四周全是郁郁葱葱的松柏，还有红叶点缀其间。

在这一片林海之中，只露出两座特别醒目的中国古式建筑：一是中山陵，一是美龄宫。据说后者是蒋介石坐镇南京时的住所，想必格外华丽，现已为人民所有，专供高级外宾留宿。据说，最近柬埔寨共产党书记波尔布特来南京访问时就下榻于此（我 1985 年去南京开会期间，美龄宫已整修对外开放，供人参观。我去看时，果不出所料，华丽至极）。这两座建筑在同一个方向，更远处还有南京天文台，三者连成一线，使秀丽的风景显得更加整齐。

走出灵谷寺，再往东走几百步，就是邓演达先生的墓地。他是国民党左派的领导人，孙中山先生的忠实信仰者，北伐军的总政治部主任，国民党的农民部长，武汉农民运动讲习所首席常务委员（另两位常务委员是毛泽东和李克文），南昌起义的参加者，中国农工民主党的创始人，中国共产党的好朋友，1931 年被蒋介石逮捕杀害，不愧为人民立下大功的光荣烈士。1958 年人民政府特于此建墓，何香凝同志题墓碑“邓演达烈士之墓”。这个墓地之宽阔壮观，虽然比不上中山陵，但也绝不是我所见过的，如八宝山一排排烈士陵墓可比。我以为，这充分说明中国共产党是多么重情重义，特别是对立过大功的老朋友和革命先烈一往情深，一贯尊重和怀念。仔细一想，这也是我们党之所以能领导团结全国人民，万众一心，克敌制胜的法宝之一。

离开邓演达墓地后，顺道看了一下明孝陵。一代帝王之墓，原很雄伟，但几经战乱，年久失修，现已远不如北京十三陵完好。

在明孝陵附近还有廖仲恺先生的坟墓，为国民党于 1929 年所建。我是很想去参观一下的，因同行者已觉疲惫未成，甚感遗憾。

据说，在中山陵与灵谷寺之间，还有一个国民党军统特务头子戴笠的墓。他被葬于中山陵侧，实在有辱中山先生的在天之灵，好在“文化大革命”时期已被红卫兵捣毁。前述红卫兵曾把唐代名画家吴道子画的观音像也不分青红皂白一概毁之，当然是极其错误的，另当别论。

我们 10 月 15 日凌晨到达南京，共参观、访问、游览了 5 天，至 19 日结束。

3. 在无锡

20日清晨6点42分，我们离开南京乘车东去，上午9点40分到达无锡，下午游览鼋头渚公园和蠡园。这是沿太湖之滨的两个风景独秀的公园，但又各有特色。鼋头渚公园是依山傍水而建的长条形的、富有自然景色的滨湖型公园，林木茂密，弯曲窄道，沿湖傍山，时上时下，时而又遇凉亭小桥伸展于湖中，并与岸边紧密相连。我们游走其间，犹如漫步仙境。去游鼋头渚公园的人，谁都赞不绝口：处处是景，景景宜人。遥望浩大宽阔的太湖对岸，则是一座座蓝色、红色琉璃瓦装饰的中式别墅，把太湖的风光点缀得更加鲜艳美丽。(后来听说，80年代后湖水变臭，风光已大不如前，不知现在是否恢复往日青山绿水的景色?)

蠡园的规模比鼋头渚公园小一些，但人工修建装饰得却小巧玲珑。外观有落地长窗，配以各种花纹雕刻，房内陈放着古式家具，呈现一派传统文明。外景尽是一些弯弯曲曲的羊肠小道，过了一亭，又一亭；过了一洞，又一洞；过了一桥，又一桥。真是桥外有桥，亭外有亭，布置得非常得体。园旁临湖，可以泛舟，通称蠡湖。据说，这原来是一个大盐商于1934年修建的私人花园。因为更早一些的无锡大资本家荣宗敬——荣毅仁的伯父——修了梅园，这个大盐商陪嫁女儿时，为了与荣家比阔气，就建了这个蠡园。而这个地方，据说是春秋时期越王勾践的功臣范蠡，与倾城倾国的美女西施，在助越灭吴功成名就之后一同出走、隐居休闲之处，故名蠡园。它蕴含着华夏古老文明史诗般的美好记忆。园内的一切布景都是按此故事的想象设置的，极易引发游人的怀古之幽情，或许还思考其中含有的一些人生哲理。比如有人要问：范蠡、西施为什么功成名就后要出走隐居？他们的回答是："狡兔死，走狗烹。""浮云富贵回头早，功成隐退是英豪。"显而易见，这种回答，在过去，乃至理名言，今天则既可参考，也当别论。

21日上午，我们访问了无锡轻工业学院，顺便游览了附近的锡惠公园和寄畅园。这里虽无水湖之美，但有青山之秀。公园修建得也很讲究，园内有个小水池，布置得跟北京颐和园的谐趣园一模一样。据说，谐趣园就是仿此而建的。这里的古迹也不少，有东林党的学士经常集会交谈的场所，现已改为招待外宾的地方。还有一个清泉园池，池底有许多镍币，不知何故。有人告诉我，是因这泉水的表面浮力很大，镍币放在水面不会下沉，我试着丢下一枚，却立刻沉了下去。我想，可能有许多人都和我一样好奇，试着把镍币放在水面，而立刻沉下去的。这个小把戏告诉我们，公园虽小，但游人不少，而且都愿意掷金取乐，虽然不是“一掷千金”。池旁有元代书法家赵孟頫书写的“天下第二泉”五个大字。我怀疑这是公园设计师不敢妄言“天下第一泉”，只得“谦逊”地说自己是“第二”。其实“第二”也很难说就恰如其分，因为在那块招牌下面根本就没有见到一滴水。不过，公园的功能既然是供人休闲，只要游者开心，足矣，又何必事事认真呢！

还有一段神话故事，很是离奇有趣。据说寄畅园是乾隆皇帝三下江南时常来此休息的地方，在一块碑前有一块古铜色石板，有一人长。传说这块石板很灵巧，什么人睡上去都会变得跟睡者一样长。后来有个孕妇睡上去以后就不灵了。因为孕妇肚里还有一个小孩，石板究竟是该按孕妇的长度延长，还是该按小孩缩短呢？遇到了两难的问题，从此石板的长度再也变不了了！这说明民间有无穷的智慧，为了休闲，也会编出一些让人取乐开心的故事来。

4. 在苏州

21 日下午 1 点 6 分，我们乘车离开无锡，3 点到达苏州，住江苏师范学院招待所。第二天上午同该院马列主义教研室的老师们座谈，了解到他们过去受“四人帮”干扰较大，教研室被解散，教师被分到各系参加运动，直到最近才恢复教研室和三门政治课。他们还说，我们去的前几天正值该校揭批“四人帮”高潮，主要的揭批对象是“四人帮”在苏州的代理人华林森。华林森原是某厂一般工人，参加过一贯道，“文革”中为造反派头头，后当苏州市委第二书记，实为第一把手，直接与王洪文拉线，与省委对立。苏州师范学院便是华林森的据点之一，所以受干扰较大，斗争较为复杂。

22日上午座谈后，下午我们四人即去游览西园寺、留园和虎丘三个公园。西园寺的突出之处是有500罗汉堂，“文革”中，虽然据说也有少许“红卫兵”在晚上越墙而入“造反”，但未遭损坏。留园始建于明代，原名“东园”，后改为留园，建筑尚称小巧玲珑，不过比起无锡蠡园，则差之甚远。虎丘是苏州最大的一个公园，建筑陈设无甚特殊之景，只有“剑池”一处景色尚好。池的外围有一园门，门的上方书写“别有洞天”四字，略感温馨。门内有一小池，即所谓剑池是也。传说，吴王夫差之父即葬于池下，当时为了保密，墓修成后修建陵墓的工匠全被杀害于门外大石方前。现大石方略呈淡红色，便是当时被害工匠的鲜血染成的，是为古迹，也可说是后人自发地对被害工匠寄托同情与哀思的载体。尽管带有神话色彩，但大家也乐于信以为真。

23日上午我们继续在苏州游览了狮子林和拙政园。狮子林是400多年前明代一个大官僚的住宅，颇有讲究。到1925年，他的后代又重加修葺建成近代江南风景名胜之一。这个公园规模不大，但陈设很别致。一进大门，便是贵族家庭的中堂，再通过横匾上书有“通幽”二字的侧门进去，却是楼台亭阁。在一小池子中还有一石舫，就像北京颐和园的石舫那样，只体积略小而装饰更精。在小池四周则是弯曲小道，道旁有假山、山洞，把人引入仙宫一般。整个设计安排有点像无锡的蠡园，或许蠡园模仿过狮子林也未可知。在狮子林中，小池旁的山头有一堆奇形怪状的石头耸立于高大松柏之间，就像一群狮子跳舞一般，故名狮子林。离狮子林不远，乃是拙政园。这也是明代某大官僚修建的私人住宅。据说是他退休养老之所，故名。这里比狮子林大得多，还设有茶馆。我们去喝了一阵茶，养足了神，再去观赏园子的景致，觉得格外兴奋。拙政园比之狮子林，不仅规模较大，而且别有一番风格和情趣，亭台楼阁布局处处顺眼。嘉宾亭、香洲、鸳鸯馆，等等，就像秦之阿房宫那样，五步一亭，十步一阁，堂皇富丽之极。在鸳鸯馆前，还有荷花池，池上有小桥，七弯八拐的，游人走上桥去，凭栏下望，观赏池中金鱼戏水，还可投食引鱼争抢，乐趣无穷。

苏州城外有座古庙，名曰寒山寺。诗云："姑苏城外寒山寺，夜半钟声到客船。"久为美诗所动而神往之。可惜因时间太紧，终未成行，游兴未尽。

苏州百般美，难免有瑕疵。我最不习惯的是苏州城的早晨，本想清晨上街呼吸点新鲜空气，却恰不逢时，一出门就闻着家家户户上街倒马桶、涮马桶的臭气。我想，可能是缺乏城市地下污水管道设施之故（想必现已改善）。

5. 在上海

23 日下午 2 点乘车离开苏州，4 点到达上海，稍经周折，最后住上海交通大学。一路上，我们在打听地址时，尽管是素不相识的路人，但一听说我们是初到上海，都莫不热情相告，甚至还立即放下自己的事，或改变自己的行程为我们带路，使我们深感祖国处处有亲人。第二天——24 日先后访问了上海交大、师大。第三天——25 日休整。我乘车去拜访了我的叔岳父顾用中大人，即我岳父顾执中的弟弟。我这次去拜访，虽是初次见面，但一点也不感到陌生。我一进他家门就认出他来。因为他的面容长相几乎跟岳父顾执中大人一模一样，而且他也是值得我尊敬的前辈和文化人。他长于俄文，现在上海人民出版社文学编译室工作，年 65 岁，身体欠佳，组织上照顾他在家办公。他见我去，十分高兴，精神抖擞，谈笑风生，给我介绍了很多上海的名胜风景和与"四人帮"斗争的形势，特别是文学界的人物，现在是个个眉开眼笑，心情舒畅，并已开始重新提笔创作。总之，那天我们谈得很热乎，很随和，一谈就没个完。时近中午，他和叔岳母又张罗了一桌丰盛的午餐，热情招待我，使我格外高兴。

在上海期间，除访问两所高校、叔岳父母外，还参观了桂林公园、西郊公园、黄埔外滩等风景区，和南京路一带高楼大厦，以及早已闻名的上海国际饭店、先施公司、永安公司、新新公司、大世界等。最有趣的是，进入大世界，登上二层楼，在迎面的镜框里，自己变成了矮胖子，再登上三层楼，在迎面的镜框里，又变成了特别瘦长的高个子，引得我们同行者都不约而同地哈哈大笑。原来这就是上海早已有名的“哈哈镜”，只是我们第一次见到而已。

上海是中国的第一座现代化都市，也是近代以来，富有革命传统的临海名城。远者有小刀会的英雄业绩，近者为中国共产党的诞生地，特别是有敬爱周总理在那里英勇斗争的壮举，使人难以忘怀，并鼓舞着我们决心继承其革命遗志，大干社会主义。

6. 在杭州

26 日清晨 6 点 03 分，我们乘车离沪到杭州，住进浙江大学。在这里受到老师们的热情接待，当即便给我们安排好住所，并约定晚上来同我们座谈。从他们那里得知，原来浙大是“四人帮”在浙江的一个据点，有不少人被卷了进去，据说大大小小不下一百余人。因而清理任务重、时间紧。所以，教研室的老师只能抽晚上来谈，这就更使我们感到过意不去，十分感激他们的热情。

这样，在当天下午我们就抓紧时间去游西湖。从浙大住所到西湖只有约两里远，没走多久就到了。由湖岸乘小船到三潭印月。越过弯曲小桥，一连有三个罈（坛的繁体字）（潭）式的小塔，耸立湖上，形成三潭的倒影印入水中，与印入水中的月亮交相辉映，煞似好看，故名三潭印月。看罢三潭印月，又乘船路经湖心亭抵达中山公园。进入园门，迎面是“孤山”两个红色大字。我们登上孤山山顶，纵览西湖全景，什么三潭印月、湖心亭、苏堤春晓……一一排列于湖之一角，远近咸宜，风景独美。

第二天——27 日我们一早又从浙大出发去玉泉。那是一个四合院的景点，院内有一水池，养有二三十斤一条的成群大鱼，供人观赏；在游廊旁有一小池，徐徐冒出水泡，名为“古珍珠泉”，“玉泉”便因此得名。

由玉泉乘车五六分钟就到灵隐寺。这是公元 362 年东晋咸和二年开始建造的一座深山古庙，以后又几经维修，成为江南的一处名胜古迹。传说《水浒传》中的鲁智深晚年就坐化于此。武松断臂之后也在此出家当和尚。我们到了灵隐寺，首先映入眼帘的是“飞来峰”。这是一座高达 219 米的石灰岩山峰，峰险石皱，林木苍翠，且多峭壁石洞。钻进洞去，四通八达，四周摩壁造像共有 330 多个。抬头一望，顶上还有一个圆洞通天，名曰“通天洞”。另一长缝，也是通天的，名曰“一线天”。这群石洞的岩石好像是另有一墩大石头从远地飞来贴靠到这座 219 米高峰岩石上一样，故称“飞来峰”。我看得有趣，就灵机一动，即兴编造了一个神话故事，侃侃而谈地给其他游客讲解，“飞来峰”是怎么从远方跨洲越海飞到这里来的。听者听得津津有味，还以为我是个导游呢！我也自娱自乐很开心。在飞来峰的底部，我们绕过通天洞、一线天，又沿路而上，到了半山腰的一个石柱小亭，小亭独占风水宝地，名曰翠微亭，象征着那是人杰地灵之乡。亭柱左右题有对联一副：

万壑松风和涧水

千年豪杰壮山岳

可算是写尽了飞来峰一带的景色和人文风貌。

与飞来峰相对峙的，便是灵隐寺内的两座大佛宝殿，装饰得金光闪闪，使人感到佛家虽然很迷信，却也留下来了劳动者的精湛工艺和智慧。而历代反动统治者在吸尽人民血汗的同时，还洒向人间都是怨。

游过灵隐寺，再乘车到岳王庙，这是岳飞的墓地。据说原在墓前有秦桧夫妻的跪像，但在“文革”中这跪像被“红卫兵”搬走了，名曰“造反”，真不知他们造的是哪家的反？（2014 年我同全家一起去杭州旅游时，见到秦桧夫妻的跪像已重新展示出来让人唾骂，说明政府始终都很重视这个千古罪人对人民的警示意义）

离岳王庙没有几步就是苏堤。这是宋朝苏东坡任杭州知州时所建，故曰苏堤。堤岸垂柳成行，春来柳树发芽，一见就知春天开始了，故名“苏堤春晓”，颇有诗意。我们漫步于苏堤之上，两旁碧波荡漾，四周青山环绕，谁说这不是赏心悦目的好景致呢!？遗憾的是，景好不尽人都好。在苏堤上，偶见一中年妇女手持一小水瓶，内装有塑料制成的红色、绿色小塔山，颇有西湖意境，在那里叫卖，一角一套，引我心动，想给我小女儿丁海买个回去，使她高兴高兴。谁知当我前去购买时，她见我的同伴们继续往前走远了，就乘机刁难。在争执之间，我冷不防被她撞了一下，只觉她有点流气，令人恶心，当即很快付清钱款，把她打发走了。我转身过了两三分钟一摸腰包，才发现身上的5元钞票被她扒去了。当我回去找她时，却已不见踪影，只好自认倒霉，而且不得不承认，她的扒术是相当高明的。

苏堤的尽头是花港观鱼。顾名思义，这里既有鱼池，又是百花盛开之地。我们稍事观赏，就乘车打道回府了。

第二天，即10月28日上午，我们一行四人租了一条自己划桨的小船游西湖。这是一个风平浪静、阳光灿烂的金秋日子，我们个个十分开心。小船离岸不远，平湖秋月的红柱小亭，便清晰可见。越过平湖秋月，就抵达湖心亭，上岸浏览稍许，又划船穿过苏堤桥洞，驶进西湖的内湖，然后绕过三潭印月，始返回原地。经三个多小时，饱览西湖风光，深感祖国大好河山是多么美好壮丽。我心想如果没有党把重视知识分子的问题提上日程，我们哪有这次出访出游的机会，更谈不上有此亲临其境的感受了。在不胜感慨之余，不禁默自拼凑四句抒怀：

一叶扁舟浮平湖，
四桨翻飞亭潭洞。
绿水青山看不够，
孽障不除焉知秋。

想不到的是，在风平浪静的西湖里，却也并非没有一点波纹。在我们早晨刚上船离岸不远处，伴友彭跃和杨伯琪两同志发生了一场激烈争执，弄得险些翻船，全赖我和赵玉馨同志极力劝解，才化险为夷，同舟共济，畅游不误。

我们游过西湖，接着去游虎跑泉。这原是位于西湖旁深山峡谷中的一座小庙，现已无神像，仅存一只石雕大老虎，虎下有清泉涌出，故名虎跑泉。泉旁还设一茶座，用虎跑泉水泡龙井茶，别有风味，名扬天下，人称“虎跑龙井茶”。我们慕其美名，一人喝了一杯，颇为惬意。这虎跑泉还有一大特点，一分、二分的镍币轻放下去，可浮于水面，我试之，果然如此，是为奇观。

走出虎跑泉，坐两站公交车，穿过钱塘江大桥，就到了六和塔。这是北宋隆兴年间修建的高达 13 层的六面高塔，清乾隆年间又重修一次，并有乾隆御笔题词。说什么北宋修成之后，曾屡毁屡修。毁则有惊浪之虞，修则有安民之庆。意即人之祸福，系于塔之毁修，暗示统治者的一举一动都是在为民谋利。这固然有蒙骗之嫌，但古人建塔修塔，为当朝后世留下古老文明和美丽风景，总是可歌可赞的。实而言之，钱塘江本来每逢旧历初一、十五是涨潮期，波涛汹涌，蔚为壮观，有塔陪衬，更显风光喜人。江上有大桥，乃著名的钱塘江大桥，为解放前茅以升先生设计修建，是中国人民在旧中国独立自主兴建的巨型工程之一，它象征着中国人民历来就蕴藏着无穷无尽的自立于世界民族之林的巨大潜力，只是在中国共产党领导下，才得以充分发挥出来罢了。

我们 28 日一早出发，在西湖、钱塘江一带游览了一整天后，回到湖滨——西湖岸边街道找晚饭吃。碰巧一去就见到一家专卖宁波小汤圆、外加江米甜酒的小食店。这两种小吃都是我很喜欢吃的东西，非常高兴，大家也高兴。记得 1953—1956 年，我在重庆工作时曾常去光顾一家卖杭州小汤圆的食店。一个汤圆只有大拇指头那么大，皮薄如纸，芝麻桂花猪油白糖馅，一看就垂涎三尺，一闻就香，一碗 10 个 1 角钱，一口一个，稍不小心，馅就飞得很远。真是价廉物美，爽口极了！这次到了杭州滨湖之地，虽然食店打的招牌是“宁波小汤圆”，想必至少也不会次于重庆的“杭州小汤圆”，所以，一进店门就很高兴。但每人吃下两碗后，虽算吃饱了肚子，却总觉得还没有得到在重庆时的满足。直言之，味道差远了。再扩而大之，就我个人所享受食品生活的绝对水平来看，似乎我在重庆三年工作期间，随着国家经济的迅速恢复发展，而成为最难以忘怀的黄金时期，在经过困难时期后的 1977 年，当然难以赶上，是完全可以理解的，不足为奇（甚至再经过 40 多年的今天也很难说已赶上，更难说已超过）。

10月29日，按计划，已是我们在杭州的最后一天了。这天早上从浙大出发，乘车两站到黄龙洞。据说这是浙江省道教的发源地，现也成为游览的风景区。在那里有很多斑竹，长得粗壮整齐，成片成林，不愧是茂林修竹之景。在半岩上有一石雕龙头，略向下倾斜，像是要从山上猛扑下来似的。其龙口还不断喷出泉水，象征黄龙得道要喷水淹人了，十分有趣。可惜这有趣的美景在“文革”中龙头被砸坏了，后来又经修复。我们去参观时，新旧痕迹还明显可见。

游过黄龙洞，乘车直奔西湖的柳浪闻莺。这是我们第五次进入西湖风景区了。柳浪闻莺是西湖岸边的一个公园，陈设不多，但粗大的柳树成林，一片绿幽幽的青草盖地。我们时而端坐湖畔，品尝湖水荡漾之温馨；时而仰卧草地，眼望群鸟翻飞起舞，耳闻黄莺啼鸣。是为柳浪闻莺之雅致，除了在西湖之滨可以寻得，又在哪里曾经见过？除了在祖国的大地上可以欣赏，又在哪国能够享受？

屈指一算，我们从26日抵杭州，到今天29日为止一共4天，除访问了浙江大学外，游览了西湖的三潭印月、平湖秋月、断桥残雪、湖心亭、苏堤春晓、花港观鱼、柳浪闻莺，以及环绕西湖的中山公园、岳王庙、玉泉，虎跑泉、飞来峰、灵隐寺、黄龙洞、六和塔、钱塘江大桥16个景点和名胜古迹。这些景点和名胜古迹使整个杭州形成了全国的一个大花园，论风景之美，除杭州外，就要数无锡、苏州一带了。人说“上有天堂，下有苏杭”，名不虚传。久居北京的人，以为北海、颐和园就算天下之冠，游过苏杭，特别是到了西湖，才真感到“楼外有楼”有什么新的含义了。不过尽管山好水好风景好，什么都不如人缘好。我一家独我一人欣赏这天堂般的风光美景，总觉得还没有得到最幸福的满足。因有所感，又吟诗一首：

绿水青山楼外楼，
赏罢百景赞不休。
西湖景好缺意人，
但愿全家再重游。

7. 在南昌

10月29日晚上8点，我们启程离杭，30日早晨9点到达南昌。这是著名的革命英雄城，敬爱的周总理亲自领导“八一”武装起义的地方，我久已向往，今天居然如愿以偿了。因为彭跃同志有个朋友在南昌人民剧团，并正在上演《八一风暴》话剧，我们到达南昌的当晚，就被招待去观看这场富有革命历史意义的演出，而且被安排在第三排中间的最佳座位上，俨若剧场最受尊敬的嘉宾。恰逢革命先烈方志敏之弟，原江西省委书记、时任江西省革委会副主任方志纯同志与夫人朱旦华同志也去观看，并落座后一排正中，与我们紧挨着。当时我们彼此虽互不相识，但在开演前，我掉头去与他交谈时，却得到他（她）们的热情回应。当我说明是来自北京到南方各地学习、参观时，方志纯同志更是不厌其烦地谈起现在南昌的好形势，使我深深感到他是一个十分谦逊、平易近人、热情好客而又健谈的长者。看上去他（她）们的身体都很健壮，精神很好，我们都很高兴。关于《八一风暴》，我曾在北京看过一次。但今晚的印象却与过去有很大不同，感受极深。最重要的是，现在有起义部队的党代表，化名方大来，实为周恩来的化身。扮演者出现在舞台上的容貌举止与总理一模一样。当方大来第一次走出舞台的时候，全场怀着对总理无限热爱的心情，长时间、暴风雨般地热烈鼓掌，我的热泪也随着掌声夺眶而出了。剧中还有贺龙同志的化身师长和朱委员长的化身朱凯，使观众一看就非常亲切，肃然起敬。全剧逼真生动地展现出老一辈革命家如何以无产阶级大无畏的革命气概，机智勇敢地与反动派斗争，翻开了中国共产党武装斗争的第一页。我们来南昌的目的、重点就是要参观“八一”南昌起义纪念馆，瞻仰革命圣地。这场话剧恰好意外地为我们此行的初衷揭开了序幕，加深了这次到南昌游览参观学习的理解，获得了艺术享受与政治学习双丰收。

10月31日，星期一，我们去参观八一南昌起义纪念馆。这天因是该馆的休息日，不开放，只好第二天再去。南昌起义纪念馆是原来“八一”南昌起义时的总指挥部的旧址。旧址原为江西大旅行社，四层楼房，在当时可算是南昌最大最壮丽的建筑了。1927 年 7 月，由共产党所领导和影响的北伐革命军开进南昌后，就把这幢楼房全部包租下来。一楼为会议厅、警卫室，二楼为前敌委员会书记周恩来同志的办公室和其他用房。现在一切陈设都按当年原样复制布置出来，令人倍感亲切，使我们对敬爱的周总理，以及其他诸如朱老总、贺龙、叶挺、刘伯承等老一辈革命家的怀念，对他们为中国革命和创建红军所立下的丰功伟绩，寄予无限的敬仰与感激之情。展览表明，1927 年 7 月 27 日成立了以周恩来同志为首的前敌委员会，周任书记，并决定 7 月 30 日晚举行起义。29 日张国焘赶到南昌进行阻挠，周恩来和恽代英、彭湃等同志坚持革命立场，战胜了张国焘的右倾主张，把起义时间推迟于 8 月 1 日 2 点（本来是 1 日 4 点，临时因发现叛徒出卖，又提前 2 小时），经过 5 个多小时的激战，胜利结束。8 月 1 日上午前敌委员会召开有各省市代表参加的起义革命委员会，发表起义宣言。8 月 2 日由前敌委员会任命起义军各高级干部名单如下：

总指挥——贺龙

前敌总指挥——叶挺

参谋长——刘伯承

第 29 军副军长——朱德

第 11 军军长——叶挺（兼）

党代表——聂荣臻

第 24 师师长——董朗

党代表——颜昌颐

第 25 师师长——周士第

党代表——李硕勋

第 20 军军长——贺龙（兼）

党代表——廖乾吾

第 11 师师长——贺锦斋

党代表——方维夏

第 2 师师长——秦光远

党代表——陈恭

第 3 师师长——周逸群

党代表——徐特立

我们看过八一纪念馆后，又参观了第 20 军军部，贺龙同志的指挥部旧址。此处过去曾为一个小学占用，直到 1977 年 8 月 1 日才整理开放，供大家参观瞻仰。据载，1927 年总理在起义前的 7 月 28 日到过这里，把党关于武装起义的决定通知贺龙，并以前敌委员会的名义任命他为起义总指挥。这些历史事实充分说明，周恩来、贺龙、朱德等同志在大革命失败后，在中国革命危急关头立下了不朽功勋，中国人民解放军就是从这一天开始建立起来的。

11 月 2 日上午，我们继续参观了朱德和叶挺同志的旧居。朱德当时是南昌公安局局长，总理于 1927 年 7 月 25 日到南昌后第一天就同朱住在这里共商起义大计，有如十月革命前夕列宁回到彼得堡后，首先与斯大林共商革命暴动一样，都是一代伟人在革命史上留下的浓重一笔。遗憾的是，朱德旧居展览布置很马虎，使人生气。我们当即给管理人员提出了改进意见。叶挺同志 11 军指挥部旧址布置得较好一些，使我们增加了不少知识。第一，展览室说明了毛主席曾在黄埔军校任过教，这是我头一次知道的；第二，叶剑英同志“八一”南昌起义前曾是张发奎指挥的北伐第二路军参谋长。张于 1927 年 7 月下旬召集贺龙、叶挺到庐山开会而欲逮捕之。叶剑英同志迅即与贺龙、叶挺于九江甘棠湖小船上商议拒绝出席，粉碎了张的阴谋。这表明叶帅从来就是一个足智多谋、关键时刻不含糊的英雄人物。

8. 在长沙

11 月 2 日 12 点多，我们从南昌乘火车，晚上 9 点到达长沙。适逢我们学院马列主义教研室主任金方同志的爱人、同在一个学校工作的王曼云同志的妹妹王曼若同志在长沙市革委会办事组工作，我们虽然到时天早黑了，因有她热情帮助，仍很顺利地被安排在革委会招待所住下，第二天（3日）早晨又改到三人小房间，住上了我们此次离京以来最宽敞舒适的客房。就在这天早晨，我们饭后刚刚出门准备步行去参观，偶遇门前停有参加全国交通会议同志正准备去参观韶山的游览专车，经与商量，得到他们的欣然同意一起乘车前往，真使我们感到像天上掉馅饼样的喜出望外。同时也深深感到，我们生活在温暖的社会主义祖国的大家庭里，到处是同志、朋友和亲人。类似情景，我们在1969—1973年下放河南信阳地区（息县、罗山）“五七干校”劳动期间也经常遇到。我们有事进城，在公路上见有“五七干校”的车路过，哪怕是外单位的，虽素不相识，只要一招手，司机就会停下来让你上车进城去，分文不取。这种好事，在旧社会是想都不敢想的。

我们的专车11月3日上午从长沙出发，行约120里到达湘潭市。这是一座新兴城市，修建了不少高楼大厦，马路也很宽阔、干净，还有湘江大桥耸立于市旁，显出一派朝气蓬勃的景象。过湘潭市几十里处，是韶山引水工程的第一逆渡槽。槽两旁行人，中间引水，可行小船，槽下通车，我们的专车就是从槽下通过的。据介绍，整个工程可灌溉良田100万亩，水渠穿越的隧道就有10个之多，其工程不可谓不大也。我们在那里下车参观、拍照、听讲解后，再上车行约半小时就到达了目的地——韶山冲。

韶山冲是我们伟大领袖毛主席的故乡，现已辟为供人游览、参观、瞻仰的革命圣地。全景区除有毛主席旧居外，还有介绍毛主席生平的革命陈列馆，每天都有络绎不绝的人前往参观，每逢纪念节日，更是人山人海，热闹非凡。我们到时已近中午，只见到处挤满人，家家餐馆高朋满座，每桌准有毛家菜——红烧肉一碗。

毛主席的旧居完全是按原样复制的，与我们通常见到的摄影照片一模一样，只是我们这次去亲眼看见一件一件的实物，一处一处的生活起居住所，感受更实在、更深沉，以致无限怀念敬仰之情油然而生。旧址老屋地处韶山脚下，三面由青翠山林环绕，风景宜人。老屋为南方常见的三合面土墙瓦房。右厢房为邻居，左厢房为毛主席的家。左厢房及与之连接的又一旁屋共同构成一个小型四合面的住房，并形成一天井。天井四周为毛主席及弟弟与他父母亲的卧室、谷仓、磨房（名叫碓房）、牛棚、猪圈和放菜、放农具的地方，加上其他堂屋、厨房、饭厅等，大小共有14间。屋后面还紧连着一个小场院。毛主席15岁前就生活、学习、劳动在这里，14~15岁停学在家帮助劳动，同时在家自学。16岁才离乡到省里的小学堂读书，以后又进湖南第一师范学校学习，积极参加社会活动。在陈列馆里，有他一个小时的同伴，记叙他和毛主席等人一同短途旅行的故事，行至某地相互畅谈理想。毛主席说，西方物质文明，不过是满足衣、食、住的问题，我们应该设法解决中国的经济问题。足见毛主席从小就志存高远。这一切说明，毛主席从小就热爱劳动，勤奋好学，进取心强，而且关注国家大事，抱负非凡。毛主席的父亲叫毛顺生。在他卧室里挂有毛顺生夫妇的照片，从相貌上看，毛主席小时同他母亲模样很像。在毛主席卧室里，除一古式大木床外，还有一方桌和油灯。晚上毛主席便在油灯下读书，可见那时学习条件虽艰苦，但是丝毫也不影响毛主席勤奋学习的意志。今天我们已能在明亮的电灯下读书，当然更没有理由不勤奋学习，努力上进了。

11月3日去韶山参观后，当天晚上返回长沙，第二天上午即去岳麓山游览。岳麓山拔地耸立，高两三百米，满山青翠林木，一片绿海，是长沙市城郊的全国著名风景区，也是长沙城郊的一个天然屏障。值此深秋时节，又渐有一片片红叶掺杂其间，红绿交相辉映，把全山装点得分外妖娆。我们走近岳麓山底，仰望遍山壮丽妖娆的景色，不禁想起毛主席在1925年吟出的“看万山红遍，层林尽染”的千古绝唱，它不仅生动活泼地写尽了山色之美，而且高瞻远瞩地预见到替代黑暗的革命洪流即将滚滚向前。你看，这是多么不同凡响的文采、卓识和气魄啊！

在岳麓山底，隐藏于茂密老林之中的是一条宽阔的柏油马路，弯弯曲曲盘旋而上，直通山顶。顶峰名曰云麓峰，峰上有寺，名曰云麓寺。看来这寺为一古庙，现已完全改修成具有现代化意味的建筑，似乎显得比原庙更神气漂亮，但我觉得这反而有失古庙艺术之美。我们沿着马路漫步，直登云麓峰，在途中，偶然发现有蔡松坡、黄克强革命先驱的陵墓和威风凛凛的铜像，令人肃然起敬，当即一一虔诚瞻仰。在南京，我们看过中山陵，至此，辛亥革命时期顶尖英雄人物的归宿之地，我们都得以过目瞻仰，亦不失为此行之一大收获。我们登过云麓峰，回头下山时，又观赏了半山腰的爱晚亭。这是毛主席少年时期在长沙读书时常去看书和与同学同伴议论时事的地方，因而它不仅是岳麓山风景最亮丽之点，也是中外游人必至的富有革命意义的场所。那里修有一亭，既是古色古香的，又有精美的现代感。亭前有一池塘，位略低于亭，布局得体。相传古时这里也有一亭，是六朝时期所建，其后唐朝诗人杜牧题诗于此：

远上寒山石径斜，
白云生处有人家。
停车坐爱枫林晚，
霜叶红于二月花。

所写风景极美，可能“爱晚亭”之名就由此而来。据说，原来这首诗被刻于亭前碑上，可惜现已不见。清朝乾隆五十七年（公元1792年）重修此亭，1952年又重修一次，在亭顶中央绘上太阳，周围有葵花，蕴含葵花向阳之意，象征着全国人民紧紧团结在以毛主席为首的党中央周围，努力大干社会主义，是很振奋人心的。

11月4日下午，我们从长沙灵官渡乘渡船到橘子洲头。这是长沙市湘江之中的长形小岛，足有四五里长。岛上有住房、工厂、街道和公共汽车，也算热闹。其北端三面环水，右有岳麓山相衬，气势磅礴，名曰橘子洲头。站立在洲头，遥望湘江北去，碧波荡漾，百舸争流，顿觉心旷神怡，胸怀宽阔。夏秋时节，还是游泳的好去处。毛主席在著名的《沁园春·长沙》一词中吟道：

独立寒秋，湘江北去，橘子洲头。

看万山红遍，层林尽染；漫江碧透，百舸争流。

写的就是这片美丽风光。接着毛主席又继续吟道：

鹰击长空，鱼翔浅底，万类霜天竞自由。

怅寥廓，问苍茫大地，谁主沉浮？

携来百侣曾游，忆往昔峥嵘岁月稠。

恰同学少年，风华正茂；

书生意气，挥斥方遒。

指点江山，激扬文字，粪土当年万户侯。

曾记否，到中流击水，浪遏飞舟？

为了纪念毛主席青少年时期在这首词中所表达的胸怀全球、指点江山、激扬文字的浩然正气，解放后长沙市政府将橘子洲头建为小型公园，并栽有成片的橘子树。我们去参观时累累橘子压得树枝触地，成了名副其实的橘子洲头。我们兴之所至，便在这里集体和个别地拍照留念。一件令人感激难忘的事情也在此刻发生了。我因拍照时把脱下的绒衣放置一旁，转身却忘记带走。过了半个多小时，因天晚渐凉才想起绒衣没有了。心想这里来往人多，恐难找回来了。哪知我回原地找时，却见一穿红衣的女士坐居其旁，当我弯下身来向她打听，说明我失物的特征，她很热情爽快地顺手把绒衣交给我，还叮嘱我以后不要忘事。我连声道谢。暗想这是多么好的一个女同志啊！谁知在长沙会有这种不幸中之幸呢！同行的几个同志跟我开玩笑说，在杭州苏堤你遇到“黑娘子”，被扒去了 5 元钱；这次在橘子洲头却遇到了“红娘子”，得救了。应该说，在这大治之年，毕竟“黑娘子”是旧社会留下的残余，是极少数。喜看今日之中国，红旗插遍，到处都有“红娘子”这样的好人。

11 月 5 日上午，我们继续在长沙参观毛主席学习、工作过的湖南第一师范学校的旧址，这里共有 9 个展馆，使我们对毛主席当年学习、工作、生活的场所及其各方面都有了较具体的了解和感受，进一步增强了对毛主席的崇敬之情。稍感不足的是，在展览中对当时与毛主席有密切关系的如杨昌济、徐特立等人和事都没有任何反映或说明。随后，我们又参观了离长沙县城约50公里的板仓老屋。这是毛主席的亲密战友和亲爱的夫人杨开慧同志的老家旧址。毛主席在1920年冬与杨结婚，1921年参加党的一大后回湖南就住在那里。不多久毛主席又与杨开慧一起搬到长沙市郊小吴门外清水塘居住，并于10月10日在那里建立了中国共产党湖南支部，以后扩大为中共湘区委员会办公室（秘密机关）的所在地。当时和随后几年，毛主席、杨开慧及杨的母亲（父亲杨昌济已于1920年初不幸病逝）、毛岸英、毛岸青都住在那里或板仓老屋。现旧址旁建有一大型纪念馆，我们都一个不漏地参观，仔细听讲，给我们留下深刻记忆和无限怀念。

9. 在桂林

11月5日晚上9点，我们乘车告别长沙，第二天早晨8点到达桂林。这是一个山清水秀，素有“桂林山水甲天下”之美名的城市。城市虽不算很大，但位置特殊。城郊四周，陡峭山岩平地拔起，好似一支支利箭，把全城紧紧围在中央；更有碧绿常清的漓江之水穿城而过，山水相连，又好像是一个大盆景，衬托着一座桂林城。

11月6日上午到达桂林后稍做休整，下午即去参观城郊的七星岩。它的由七座山峰组成，通称七星山，山脚有一洞，因名七星岩。进入洞去，又深又大，顿感惊奇。游程全长1公里，最开阔处，宽49米，高27米，顶、地平坦，很像天生的一个大礼堂，足可容纳上千人开大会。而且经过开发装饰，四壁在红绿灯光照映下，我们就恍如走进天宫，不知自己是否还在人间!？越过“大礼堂”，再往前走才发现，整个洞内各个景点都安置有彩色灯饰，照得天然的石柱、石笋、石林等绽放出奇光异彩、千姿百态，真是妙趣横生，引人入胜。解说员还按其景点的自然景色、形态，编撰出很多有趣的故事，并冠以相应动听适宜的名字。从进洞开始，依次是：古榕迎宾、广寒宫、白兔山鸡、仙姑下凡、水泥天花板（即“大礼堂”）、边塞风光、狮子回头望骆驼、收租院、丰粮山、玉石镇蛇、群龙戏水、水莲洞、花果山、唐僧晒袈裟、云山壁画、江山如此多娇、雾海云山、牛郎织女、石林幽静、双狮戏熊猫、叶公好龙、洞洞洞、万里长城、双蛇入洞、月浑而风、无底深(深达 23.5 米),孔雀开屏、送客蟠桃,共有 28 个景点。游者见此多姿多彩、奇形怪状的石洞,无不为之惊叹不已。

第二天(11 月 7 日)上午我们参观了芦笛岩。这个岩洞比七星岩更为离奇,是在 1962 年才开发整理出来供人游览的。因洞口长有芦笛草而得名。此洞游程虽然只有 500 米,仅及七星岩的一半,但比七星岩好看得多。进得洞去,到处都是石柱、石蔓、石花,奇形怪状,多彩多姿。加之,灯光配置得当,红绿辉映,五彩缤纷,好像整个洞内都是用珍珠、玛瑙、宝石、珊瑚和翡翠装饰起来的,堪称是一座天赐的艺术之宫。我们走进洞中,灯光亮处,但见一片森林似的石柱、石笋。其间还有一墩石头,状如狮子在朝霞照射下刚刚起身一样,标名为“狮林朝霞”。接着一些景点名叫:花菜丰收、深山采药为人民、菇山全有、原始大森林、顶天柱、林外凝山等,最令人叫绝的是水晶宫的景色。这是一个圆形大厅,高约 20 米,周围长约 500 米,可容纳约 5 000 人,厅内有一石柱,顶天而立,说是孙悟空的金箍棒。还有神灯、海螺挂于顶上,四周从石缝射出五颜六色光波,使人感觉走进了海底龙宫般的神奇惬意。戏说这就是孙悟空大闹龙宫的地方,故名水晶宫。看过水晶宫,再沿梯而上,回头一望,约七八十米的低处,在灯光闪闪之下,就像一座城市,城旁有山有水,还有工厂高楼。有说像上海的外滩,有说像山清水秀、洞奇石美的桂林城,反正就像耸立在很远地方的一座城市,故取名为“远望山城”。看过“远望山城”,接着又看了天然舞台、珍珠金鱼、桂皮、雄狮送客等,真是玲珑剔透,栩栩如生。祖国如此瑰丽壮观、多姿多彩的大好河山,不由得不使人骄傲自豪!

我们看过全景,走出洞来,迎面就是两座高耸入云的陡峭山峰。两峰之间为一峡缝,直透山峰座底,而且两边岩石更加陡峭笔直,就像盘古王开天辟地时用大刀把一座整山劈成两半一样，蔚为奇观。在这山峰半腰处，修有一西式两层楼房，专供游人休息、观景之用，堪称是游览观景必争的最佳风水宝地。于是我们也兴致勃勃地前往，谁料管理员却说：此楼专供外宾、华侨享用，对国人不予开放。我们碰了一鼻子灰，大为扫兴，更是气愤。认为如此美景，生长在中国土地上竟然不让中国人欣赏，过去旧上海有过“华人与狗不准入内”的耻辱影子，今天怎么在桂林又重现了。

当然，对游人来说，桂林的优势还是很诱人的。一是风景好，二是吃饭便宜。可以说是我们离京以来吃饭最便宜的一个城市。如一盘熏肉，只需5角钱，北京要1元；最贵的恐怕要算南昌了，一盘素炒扁豆加上两片猪头肉，就需2角，还是冷的，吃得怪不舒服。这菜价的差异，在一定程度上也可反映各地食品经济的发展状况。

11月8日上午，我们乘游览船去阳朔，沿漓江顺水而下，行经7小时到达。我们刚一上岸，就望见一座高两百多米的莲花山耸立江边，因形若含苞待放的荷花而得名，是为阳朔主峰。在其半山腰，游人远远就可看见刻着“山高水长，江河锁钥”八个大字，点明了此峰地形之险要。其旁还有“一带山河，少年努力”（说法很多）八字组成的一个“带”字，是为绝笔。据说，这些题字，已有1 000多年的历史。我们上岸后，逐级登上半山腰处，还可看到近代游人的题诗。不妨抄录其中江西某名人于1935年题的一首供欣赏：

桂林山水甲天下，
阳朔堪称甲桂林。
群峰倒影山浮水，
无水无山不入神。

这四句简明朴实的文字，我看已把阳朔的风貌刻画得淋漓尽致了。

我们越过莲花山峰，再绕过一个山腰小亭，沿石梯而下，拐弯就进入了阳朔大街。大家一见大街两旁摆满了金桔、橙子、柑子、白果等土特产，价钱也很便宜，大都只两毛一斤，而且像白果这种果品，在北京见都很难见到，大家各自十斤八斤的买上一大包，准备带回北京去。

我们11月8日去阳朔游览后，当晚就回到桂林，十分凑巧，我们去住旅馆时，碰上了郝国印同志（改革开放后，曾先后任国家统计局《中国信息报》副社长，教育培训中心副主任，官至厅级退休。退休后又任过北京民办黄埔大学校长等职。）也住宿在那里。他说第二天就启程回京。于是我托他把我刚买的一大包白果带回北京，他欣然同意，使我十分感激。事后想来，我不仅是感激，而且很内疚。因为他当时也还有几千里的行程，谁不想轻装而行呢，我却给他增加那么沉重的额外负担。

10. 在湛江、江门

11月9日上午8点40分我们乘车离开桂林，晚上8点到达广东的湛江。这是中国陆地最南端的一个城市。原很担心到后因时间太晚不好找住处，但下车后，当我们说明是从北京来的，却受到当地人的热情欢迎，很顺利地把我们安置在市革委会第二招待所，而且住得很舒适，睡上双人床，凉席、蚊帐、拖鞋，样样俱全，使我们感到特别温暖。第二天早晨，我们从招待所出发，乘公共汽车到霞山码头。这是祖国大陆最南端的海边。我们一见大海，心就像要跳出来一样，真有说不出的高兴，过去连做梦也没有想过我们能从祖国的首都来到最南端的海岸，能够见到这么茫茫一片的大海。从霞山码头，坐轮渡只花7分钱就到了对岸的麻斜岛。这是一个住有几百户人家的小岛，自由市场很热闹，只是价钱太贵，一斤白菜8分、一斤猪肉2.5元、猪肝3.5元、海杂鱼1元（象皮鱼例外，一斤只1角钱）、花生米一斤1.2元。据说，这里工资属四类地区，比北京（属六类地区）低，而物价反比北京高，可见人民生活水平远不如北京。在麻斜岛上，不仅有自由市场，还有一个海军军营，有几只军舰停泊的码头。在营房前，我们见有值勤的军官同志，就上前说明我们是来自北京参观学习的，当即受到热情接待，亲自引领我们前往码头、登舰参观，并且为了保证我们不受大浪冲击，安稳渡海，特意选择一艘较大的舰艇让我们绕岛一周观赏后，再送我们渡海回到大陆的霞山码头。这一意外的热情接待相送，简直使我们受宠若惊，深深感到，人民解放军真正是人民自己的军队，军民一家亲，比自己的亲人还要亲！

我们当天回到霞山码头，吃过午饭后，又到临海的海滨公园游览。这个公园因临海岸，沿海有堤，就像上海的外滩公园，沿黄埔江岸筑堤一样。这里只是在堤内栽有一排排的椰子树，显出一派久仰的南海风光。海风吹来，椰子树上的树叶飘动，更增了一层温馨宜人的寒意，提醒自己现已是初冬时节了。当时我还因昨天乘车着凉头晕，趁机躺在堤旁的水泥长凳上，一面欣赏南海风景，一面休整养神。我躺了约 20 分钟，起身一看，海水已退出沙滩之外 20 多丈远了。原来海水漫上沙滩，透映出海水一片黄色，海水退出沙滩后，黄色的海水就消失不见了。这种瞬息万变的奇异景色，只有到过南海的人才有资格说：海水会变色。一念之间，便平添了几分自我得意的满足。更为得意的是，当我休整养神已足后，遂抓紧时机去旁边的海水游泳池游泳。这是我第一次海水游，一切都感到非常新鲜——涌进嘴里的水是咸的，怪难受；水的浮力很大，我仰天躺在水面上，不用一点力气，也不下沉。我的三个同伴因不会水在岸边欣赏，等着我游，也算是对我的支持和鼓励，足见我们一路相处是相当融洽温暖的。

11 月 11 日凌晨 5 点，我们乘公交车离开湛江，当晚到达江门。我们沿途经过恩平、新惠县境，眼见公路两侧居民住房都比较讲究，尽是砖瓦房，还有不少人家修有四五层高的雕楼。据说，这一带华侨较多，约有 60%的人家都有人旅居海外，把钱汇回来，为保障安全就修筑雕楼自卫。还有说，这一带临海，常有台风袭击，因而普遍盖起砖瓦房。可见，这一带虽然住房比较讲究，但不一定据此说明居民普遍富裕。

11. 在广州

11 日晚到江门后，休息约两小时，又连夜登上轮船，沿珠江顺水而下，到第二天（12 日）清晨 6 点抵达广州。到时正是广交会会期（10 月 15 日—

11 月 15 日)，旅店很紧张，幸有王曼云同志的妹妹王曼若同志的介绍信，仍很顺利地在广州警备区后勤部第二招待所住下，并于第二天（11 月 13 日）上午参观了广交会。会上国产商品琳琅满目，显示出中国经济发展水平已非旧日可比，更非崩溃边缘。可惜因时间仓促，未及一一细看。总的印象是，广交会要比我过去在北京参观的工业学大庆的工业展览会、农业学大寨的农业展览会的规模和水平，都要大得多，高得多。因为它不仅有丰富的农产品也有丰富的工业品，其中包括许多现代化的机械、化工产品，甚至大寨大队的模型也出现在展览会上了。

11 月 13 日下午，我们又抓紧时间参观了越秀公园、农民运动讲习所、广州烈士陵园（包括广州公社起义烈士陵园和黄花岗七十二烈士陵园)。

越秀公园是广州最大最优美的一个供人休闲之地。它的景致依自然山麓修建，林木茂密、气势磅礴，有点像岳麓山那样雄伟。在山顶上建有一座四五十米高的孙文纪念塔，塔上刻有“总理遗嘱”，塔基署名为李济深动土奠基。在纪念塔的山脚下，为孙中山纪念堂，并有孙文铜像，与塔共同构成了一座纪念孙中山先生的整体建筑，可谓雄哉，伟也。

离越秀公园不远就是农民运动讲习所。所内一切陈设与武汉农民运动讲习所大同小异，给我们印象最深的是，课程中有敬爱的周总理讲授“农民运动与军事问题”；肖楚女同志讲授“帝国主义”和“社会主义问题”。授课老师可算是我们政治课教师的老前辈，感觉格外亲切，令人敬佩。

离农民运动讲习所不远，就是广州起义烈士陵园，始建于 1954 年。在一个用红栏杆装饰的大门两旁，竖有两墩大方石柱，刻有“广州起义烈士陵园”，其下签有“周恩来”三个字。这是我们很少见到的周总理的手迹。总理一生为人谦逊，在偌大的中国土地上，很少见到有他亲自留名的题字。所以，这次在广州见到感到格外亲切和尊贵，旋即摄影留念。我们从大门进去发现，整个陵园建筑得宽阔秀丽、庄严肃穆。说它宽阔，主要是指它拥有约 18 万平方米的面积；说它秀丽，指它是一个很好的供人游览的公园。游陵园的人，有的是瞻仰怀念先烈，有的也可能是休闲消遣，或二者兼而有之，甚至有谈情说爱的。我们亲眼见到在烈士墓旁的树荫下的石凳上，有不少一对对，一双双男女青年在那里低声细语。这种热烈场面，我只在上海外滩公园见过。但这比外滩条件好多了，后者一对对紧挨着依凭石栏而语，既无石凳，也无树荫。

在陵园，我们还见到建有中苏血谊亭、中朝血谊亭，纪念参加广州起义牺牲的苏联和朝鲜的战友。中苏血谊亭是解放初期建的，在石碑上刻有陈郁同志题的“中苏两国人民的战斗友谊万古长青”，今天苏联领导集团变修了，两国友好关系破裂，但中苏两国人民之间的友谊，还是“万古长青”，亲切可贵的。中朝血谊亭是 1964 年修建的，石碑上刻有叶剑英同志题的“中朝两国人民的战斗友谊万古长青”。这在今天看来，就更加显示出它的强大生命力和丰富而深刻的含意。

陵园的右侧是广州公社烈士的墓地。整个陵墓为一个拱圆形的土堆，四周用石头水泥垒成一道围墙，在围墙正面石碑上有朱总司令题的“广州公社烈士墓”几个字。这说明朱总司令和周总理一样都很重视公社烈士墓的建立。但墓地设计者的设计似乎稍简单一点，不仅没有任何说明，连一个烈士的姓名也没有。过若干年后，游园者恐怕连公社起义是怎么回事，都很难知道了。

11 月 14 日我们参观了既定行程的最后一个游览地——黄花岗七十二烈士陵园。它始建于 1929 年，最初叫红花岗，后改为黄花岗，以示节烈之意。在陵园大石门上刻有孙文手书——“浩气长存”四个大字，一下就把烈士们的鲜血装点得英气昂然，永垂不朽！进入大门，在七十二烈士墓前为一排大石碑，碑是用若干方石砌成，方石上刻有捐献人的姓名。捐献者均为海外华侨，主要是南北美洲和南洋一带的国民党支部或党员。这说明此烈士墓是由华侨捐款修建的，因而陵园不仅是国人缅怀纪念革命先烈的场所，至今也是华侨与祖国联系的重要纽带和象征。我们去参观时就见到不少华侨也在那里参观、游览、摄影。

12. 归途

我们在广州滞留三天多，11 月 15 日下午告别，各自分道回京。我是同杨伯琪同志一道，于下午 3 点 1 刻在白云机场乘波音 707 回北京的。赵玉馨同志另乘火车回京，彭跃同志因有事绕道四川回京。这样，我们四人一同从北京出发，做了一次愉快的畅游江南之旅后，各自分头回家了。

这是我第一次坐飞机，感觉特别新鲜。飞机在地面滑动 7 分钟后起飞了。刚离开地面时，机身约呈 60°斜角迅速上升，我就像乘斜式电梯一样在上行。顷刻之间，飞机上升到万米高空后，机身平稳前进，乘务员宣布："大家可以吸烟了"（现在不行了）。原来飞机在倾斜上升时容易出事，是不准吸烟的。据说波音 707 设备十分完善，每个座位顶部都有调节空气的机关，在平稳飞行时，抽烟也不会使空气受污染。但我怀疑，抽烟总是对广大乘客不利，特别是对类似我这样不抽烟的人不利，还是希望禁止抽烟为好。飞机从广州起飞时，满天云层，当穿过云层上升到万米高空时，就见阳光灿烂，晴空万里，不见一丝云迹。当往下一望，却是一片白茫茫的云海，在阳光照射下，又像白皑皑的棉花铺成的地毯一样，时而云块缓缓移动，更像是在无边无际海面上结成的无数冰山。此前我未坐过飞机，怎么也想象不出有如此引人入胜的奇观。不多久，飞机大概已到长沙、武汉一带上空，云层散去，我们可清晰看到地面一片绿色壮丽的山河，特别是长江及一些大山、公路、城市、大桥、楼房建筑等都看得清清楚楚。遗憾的是自己地理不熟，分辨不出城市、山脉的具体名称。我们经过两个多小时的飞行，于下午 5 点 30 分在首都机场着陆，回家了，全部行程就此结束。

13. 结束语

此行从 1977 年 10 月 10 日开始，到 11 月 15 日结束，整整 37 天，共游览、参观、访问了 12 个城市，8 个高等学校，饱览了祖国江南的大好河山、无数的秀丽风光美景和名胜古迹，同时也增加了许多政治、历史、经济、文化知识，并获得了兄弟院校提供的教学研究资料、信息，为自己后来的教学研究创造了极为有利的条件。所以我可以说是满载而归，获得丰收。而这一切都有赖于党的领导和支持。现深感内疚的是，我离京后，家务全落在妻子一人身上，她身体欠佳，动过手术缝合的乳房，突然开线出血，全靠热心的邻居们帮助照料，5 岁的小女儿也靠吃“百家饭”度日。这些困难我在外却一无所知，回到家时，竟已平安渡过。我内心除万分感激同志加邻居们的热心相助之外，更深感内疚，在家里遭遇严重困难的时刻，自己却出差在外，过着逍遥自在的日子，没有尽到一份共渡难关的责任。

（2018 年 7 月 20 日整理追记，8 月 22 日修订）

（五）我一生的四个高度

我一生多谨慎，横穿马路时总把“宁停三分，不抢一秒”的警句，当作圣旨一样信守不渝。但有时也想冒一点风险，以求平时不可能拥有的喜悦。掐指算来，我曾有过与风险相伴的 4 个高度，是可聊以自慰、自慰的。

第一次是 1949 年 5 月在青木关中学高中毕业的前夕，我到重庆市区两路口市图书馆看书时，见旁边有一座跳伞塔，可供市民自由跳伞，而且不取分文。不知为什么有如此好玩的地方，却很少有人去光顾，于是我就好奇地爬上塔去跳伞了。当时只在塔顶有一个管理人员教你如何结绳、拉伞、下跳。说实在的，我第一次爬到近百米高的塔上往下看，心里真有点不自主的紧张害怕，又没有任何保险，仅凭着对管理人员的信任，就放心地鼓着勇气往下跳了。若以今天而论，我当时绝不可能、也不敢去跳的，因为首先要高昂的门票，就不是一个穷学生所能支付得起的。但那时我却不期然而然地达到了一生第一次近百米的高度。

第二次是在1969年由北京下放到河南“五七干校”，学习、锻炼前夕，为了对北京留下一个深刻的记忆，我与本校体育老师朱自福同志一起从东郊骑自行车去50多里外的香山爬最高峰“鬼见愁”。那峰顶离地面约200米，鬼上去都会发愁的，何况我凡人之辈，那时上山不像现在有索道、缆车，甚至连石板路也时有时无。我们全是从无人走过的路上翻越坡坡坎坎，一步一步地爬上去的，及至峰顶，往前看，晴天可见天安门，往下看，就如狼牙山五壮士就义处的悬崖绝壁，不亦险哉！这是我一生达到的第二次约200米的高度。

第三次是1981年5月我去成都参加一次学术会议，顺道去峨眉山旅游。早晨7点半从成都出发，11点半到达山脚下的枫林寺吃午饭，1点半即启程上山。那时山路没有汽车，更没有缆车，全凭两腿的功夫。因坡度很大，有的在70度以上，若不是年轻力壮的小伙子，一般都上不去；上去了也下不来，只得雇滑竿抬下来，或者雇壮汉背下来，我当时已是51岁的人，却毫无畏缩之意，跟年轻人一样，迈开双腿，翻过一座高山又一座高山，大约走了50里路到达离金顶（峨眉山最高峰）还有一半路程的洗象池住宿。若是平地，不用说走50里，就是100里也不在乎，但那走的是重重叠叠的高山和羊肠小道，而且坡陡路滑，每跨出一步都要付出不少的艰辛。当走到最后一座山时，实在走不动了，两腿发软，就像不是自己的腿一样，一点不听使唤，只得靠两手着地，一步一停地爬上了山。那座山只不过两三百米高，却足足爬了两个多小时，到晚上十一点才到达住地。我们跨进住地的大门，室外就狂风大作，还下着大雨和鸡蛋般大的冰雹。天哪，好险呀！安危之差，仅存于顷刻之间，据说，洗象池海拔2 000米，这可算是我一生经历的既艰难又惊险的第三个最高度。

第四次是2004年6月下旬去昆明参加学术会议，会后顺道去丽江登玉龙雪山观光。丽江离昆明有约几百里之遥，素有四季如春的美誉，但毕竟是6月暑天，在高山之上尚有冰雪覆盖，不能不说是一大奇观。我以十分好奇的心情，兴致勃勃地登了雪山（这次是乘索道上去的）。那雪山海拔 4 571 米，除 8 000 多米的珠穆朗玛峰外，在国内就算是人迹可到的高峰了。因为山高缺氧，有心脏病的人是绝对不能去的，没有心脏病的人，不带氧气瓶也不敢贸然前往。我当时虽已 74 岁，仍不信邪，随身携带的氧气瓶也没有打开就登上了高点。这是我达到 4 571 米的第四个高度。

回顾以往一次高过一次的 4 个高度，终于使我悟出了一个道理：人生的道路犹如登山，只有不畏艰难与风险，才可望登上你那理想的高度。马克思说得好，“在科学上没有平坦大道，只有不畏艰苦沿着陡峭山路攀登的人，才有希望达到光辉的顶点”。这句名言实在是说得再精辟不过了。

（原载级友通讯：《山芭奇》2006 年 4 月第 10 期，内部刊物）

（六）丰富的退休生活——2013—2019 年

1. 游白洋淀

2013 年 7 月，我们一家五口（丁冰、顾凌英、李大国、丁海、李琢）自驾车去白洋淀游玩；同去的还有大国的二姐一家三口，及其邻居一家两口，其乐融融，尽兴而归。偶有所感，留诗在此，以志不忘。

船到尽头，举目眺望；
荷海荡漾，岸柳成行；
中有拱桥，点缀生辉；
旁有观音，耸入云霄；
景色之美，敢赛苏杭。

（写于 2013 年 7 月下旬）

2. 游多伦记

2014年8月14日，我们一家五口（丁冰、顾凌英、李大国、丁海、李琢）自驾车去多伦。早6点出发，13点30分到达，与头天到那里的大国的大姐、二姐一家5口及其邻居母子俩汇合，一共三家十二人同游多伦，第二天下午即返京。游玩间我们相互关照，十分热情，说说笑笑十分融洽。兴之所至，不禁留下一首打油诗：

望蓝天白云,看遍地牛羊;
登多伦之巅,临滦河之源;
三家十二人,个个心舒坦;
夜游水上园,日穿大森林[①];
景景放异彩，处处竞争艳;
风光惹人醉，天堂在人间。

（写于2014年8月19日）

① 指靠近赤峰之南的塞罕坝国家森林公园。在那里遍山尽是密密麻麻的参天绿树,层峦叠嶂,郁郁葱葱,一望无际。我们驱车穿过,行程约五六十公里,蔚为壮观。

3. 游北戴河记

2015 年 4 月 4 日至 6 日，我们一家五口（丁冰、顾凌英、李大国、丁海、李琢。遗憾的是，还有丁又锋、方兴二人因出差未能同行）自驾车出游北戴河、南戴河、山海关和长城临海处的老龙头，并从秦皇岛穿城而过。

清明艳阳天，全家五口游北戴。进野林，狮虎为伴，恍入非洲境界；狗熊挺立，拱手求食，点点滴滴惹人爱；孔雀开屏，与客争艳，琢琢最欢。

转东山，海天一色，小小扁舟荡天边；碧波击岸，漫入沙漕成黄河，好不壮观，三代同戏水，个个尽开怀。

隔日驱车北上，登龙头，攀雄关，春光无限；若无山河一统，何来南北游览；伟人早去①，业绩犹存，留给后来者，尽享幸福万万年。

（写于 2015 年 4 月 18 日）

（**评语**：好！这篇小文记述了游北戴河的三部分。语言由活泼明快转为雄壮有力，结尾更抒发别样感慨，读之令人豪情顿生，是成功之作。小外孙李琢评，时年 14 岁。）

① 指从秦始皇到毛泽东为开拓疆土、统一中华民族做出杰出贡献的历代伟人。

4. 游雁栖湖有感

2015年5月1日是一个天气晴朗、心情愉快的“五一”劳动节，我们一家五口自驾车去怀柔雁栖湖游览。那是去年专门为由我国主办的APEC非正式峰会所新建的会场所在地。会议期间确定要建立由我国创导推动的亚洲基础设施投资银行。尽管遭到美国极力阻挠，但仍出人意料地有包括美国最忠实盟友英国在内的57个国家排队抢着申请加入。亚投行这样开门红的热烈场面，很可能是美国的经济霸主地位由盛而衰的历史转折点。这次雁栖湖之游不禁让人产生如下联想，也可说是对我的文章——《从奥巴马“国情咨文”看美国霸权主义》（载李慎明主编《社会主义是人类历史发展的必然》，社会科学文献出版社2015年5月出版）的一个解读。

背靠大山，层峦叠嶂；面向栖湖，碧波荡漾。一座古雅、雄伟大楼就在这里巍然耸立。站得高，看得远，这边风景独好。借汉唐雄风，重启丝路；集两岸英豪，纵论天下，揽月捉鳖，驱霾见蓝，人神共鉴；投行引路，众江归海，势所必至矣！且看苍茫大地，究竟谁主沉浮。

（写于2015年5月19日）

5. 观看9.3天安门“70”阅兵盛典有感

环视全球，
军演阵阵，
烟雾弥漫，
冲突难免。

七零胜利，
红天同庆①，
波澜壮阔，
阵线初显。

中俄联手，
天下无敌，
三个“必胜”②，
当无悬念。

（写于2015年9月4日）

① 为庆祝世界反法西斯战争胜利70周年，俄罗斯和中国先后分别于2015年5月9日莫斯科红场和同年9月3日北京天安门广场隆重举行阅兵庆典，盛况空前。

② 习近平主席在2015年9月3日庆祝反法西斯战争胜利70周年阅兵庆典大会讲话结尾时提出：正义必胜、和平必胜、人民必胜。

6. 重游野三坡——和平阳光之下不和平

2015 年 10 月 3 日，趁国庆节日我们一家五口（丁冰、顾凌英、李大国、丁海、李琢。）欢乐出游。先去长阳国际城留住一夜，第二天驱车前往野三坡。因 2013 年夏天我们曾去那里玩过一次，所以可算是旧地重游。在此时刻，恰是国际局势在我国刚刚取得“九・三”阅兵庆典伟大胜利而阵线初显之后，迅即又出现微妙、复杂、紧张的局面，不禁感慨万端。深感普京胆识过人，善于捕捉有利时机，出奇制胜；习近平也能以柔克刚，暂制强敌。特借景抒怀，以志不忘。

节日火爆遍神州，秋高气爽五人乐。
夜宿长阳胜别墅，昼往三坡喜重游。
脚下溪流叮咚响，不知源头在何处？
抬头望天蓝一线，估定喷泉在山峰。

联大和战风声紧，五洲英豪显神通。
南海绿波暂平静，欧洲难民又横流。
平静横流因何在？叙战炮声说端由。
世道不平人神怒，乱世方见真英雄。

（写于 2015 年 10 月 5 日）

7. 人民大会堂猴年春节团拜会赞

2016 年（猴年）春节前一天（2 月 6 日），我荣幸应中共中央办公厅、国务院办公厅的邀请参加春节团拜会（另写有小文《参加猴年春节团拜会之念》作了较具体记述）的一点感慨。

巍巍人民大会堂，
光芒四射彩飞扬。
春节团拜年年有，
今逢猴年不寻常。
我被邀请喜前往，
犹如踏进琼林场。
全场两千多人士，
不是领导也英豪。
上上下下互祝福，
亲亲密密一家人。
畅叙辉煌忆过去，
满怀信心看前程。
长风破浪会有时，
敢叫沧桑早来临。
五洲四海瞧中华，
更加灿烂在明天。

（写于 2016 年 2 月 11 日）

8. 游狼牙山记

2016年3月4日至6日，我和凌英、又锋随旅游团出游保定直隶总督府、冉庄地道战遗址、狼牙山等景区。其中除地道战遗址可算是旧地重游外，最值得景仰的当属狼牙山。特留诗记之，以志不忘。

峭壁千仞密如林，
险峰盖过九州地。
天生一片游击区，
日寇扫荡遭强敌。
自古赵燕多豪杰，
怎比狼牙五壮士。
气吞山河泣鬼神，
人潮如涌往拜祭。

（写于2016年3月7日）

9. 三游黄果树——山美、水美、人更美

全球名村黄果树，
壮丽瀑布冠亚洲。
两次重游看不够，
今再前往喜心头。

马岭河谷一线天，
万峰林岭侧成行；
水上森林琼瑶池，
潺潺流水把歌唱。

苗家寨古色古香，
苗家妹像花一样，
满身银玲叮当响，
歌声脆甜音绕梁。

走遍东西南北中，
黔南绝非独枝俏，
众说美欧风光好，
哪有我山河多娇！

（写于 2016 年 4 月 27 日夜从贵阳乘机返京路上）

10. 看英国“脱欧公投”有感

2016年6月23日，英国举行了一次竞争异常激烈、规模空前的是否“脱欧”的全民公投。公投结果，脱欧派以近52%的票数险胜留欧派而决定脱离欧盟。消息一出，立即引爆英国、欧洲，全球资本主义发达经济体的政治、金融、经济的激烈震荡，使股市、汇市急剧下跌；在英国，不仅是卡梅伦首相即刻宣布辞职，苏格兰也出现了要公投独立的声音，甚至还出现了有三百多万人签名要求重新公投的浪潮，真可说是乱成一锅粥了。但与此同时，中国国家主席习近平于6月17至24日应邀访问塞尔维亚、波兰、乌兹别克和参加“上海合作组织”成立15周年元首理事会议，卓有成效地致力于加强欧亚各国人民的团结。就在24日，会议、会谈刚一结束，又立即连夜飞返北京，迎接第二天即25日旋风式到访的俄罗斯总统普京，通过诚挚亲密友好的会谈，提升了双方全面战略合作伙伴关系，除签订30多个重要经济协议外，还签订了具有重大战略意义的四个“联合声明”，凸显双方在举世关注的中国南海问题、东北亚问题、东欧与中东、中亚危机等热点问题相互支持，共同应对企图称王称霸的美帝国主义势力挑衅的决心。我坚信，中俄联合将无敌于天下。按照社会发展规律发展的最终结局，必然是：正义必胜、和平必胜、人民必胜、共产必胜。

风云激荡引西天一片混乱，
分崩离析与紧密团结同现，
尽显不同制度优劣两重天。
且问明日路何在？
不求佛来不求仙，
人民必胜乃自然。

（写于2016年6月28日）

11. 赏月

我全家：丁冰、顾凌英、丁又锋、李大国、丁海、李琢（方兴因忙缺席）于2016年9月15日（农历八月十五中秋节）齐聚房山长阳国际城度假住宅欢度中秋。适逢我国首个天空实验室天宫二号在当夜22点升空。故而感慨万端，特一笔以记之。

中秋皓月当空时，
天宫二号升天日。
全家欢聚长阳城，
观宫赏月共一夕。
喜看科技齐腾飞，
综合实力更骄人。
任由美日逞凶狂，
哪有醒狮怕熊罴！

（写于2016年9月15日中秋节之夜）

12. 晨练有感

2017 年 7 月 14 日我和凌英与往日一样，在太阳刚刚升起的时刻就去有如伊春天然氧吧的企业文化园，是为近年来每天晨练的必修课。在那里，地域空旷辽阔，在蓝天下有一群鸽子和无人机相互穿梭，自由飞翔，成了林园乐趣无穷的一大景观。我不免触景生情，写下“晨练”，以兹留念。

迎朝阳，进林园，入氧吧，满心舒畅，幸福尽享。

抬头望，一群鸽，无人机，竞相穿梭，自由飞翔。

论天下，东西斗，虎狼争，乱象丛生，没完没了。

近九十，事业就，食无忧，胸有壮志，好梦一场①。

（写于 2017 年 7 月 14 日）

① 这是一句双观语。昨日我刚完成了一篇纪念十月革命胜利100周年的长文，深感我国先辈继承列宁发动十月革命终极目标的遗愿，成就辉煌，迄今为止，也还大有希望。但后人能否矢志不移，未来前景如何，令人担忧。只可肯定的是，最终共产必胜无疑，哪怕时间很长。而对年逾古稀之人来说，纵有鸿鹄壮志，也不过是可望而不可即的好梦而已。

13. 游北欧有感

2017年8月14日至28日我们全家：丁冰、顾凌英、丁又锋、方兴、丁海、李琢（李大国因工作未能成行）去俄罗斯和北欧芬兰、瑞典、丹麦、挪威四国旅游。这是我们全家第一次出国旅游，也可能是最后一次出国旅游。因我和凌英曾去过一次俄罗斯，故此只着重于对北欧旅游的记录。

之一

全家万里出游到北欧，
乘巨轮畅游于波海域[①]，
进舱就如走进摩天楼，
豪华超市酒店样样有，
登闸板是观景好去处，
眼望海天一色山移动，
更有海鸥伴随任飞舞，
正是海阔天空人无忧。

之二

瑞典西侧临海小渔村[②]，
排排红顶白墙好渔场，
近看民宅远看似天堂。
转过身来登上波海岸，
岸边乱石堆中有平板，
好似天赐游客野餐馆。

---

① 2017年8月19日登上10万吨级、名为诗丽雅号的豪华巨轮，从赫尔辛基出发，沿波罗的海北侧航行，翌晨9点到达瑞典首都斯德哥尔摩。其后所游览的景点多与波罗的海的背景和风情相关。

② 指离瑞典哥德堡不远的一个小镇斯莫根。

我们席地而坐用午餐，
难得一群海鸥也飞来，
人都乐得分食与海鸥，
大鸥却争食称霸逞强。
敢问人鸥区别今何在，
人间必将扫尽恶霸王。

之三

挪威气象万千日三变，
大巴朝发奥城天透蓝，
刚过熊镇乌云盖满天，
突然倾盆大雨难往前，
稍不留神则人仰车翻。
进峡谷两旁林木葱葱，
抬头望遍山冰雪皑皑，
还有斜坡银柱一排排。
大车越过峰岭盘山下，
穿过百里隧道人更欢，
进入松恩峡湾古德望，
再乘轮船火车到安达，
沿途山峦起伏好景色，
最终见到世界大奇观。
万丈汹涌瀑布从天降，
半腰闺秀歌舞显奇才，
游人惊喜仙女下凡来。

之四

挪威奇特之处在高寒，
哈当厄尔峡弯山峰岭，
海拔千米临近北极圈，
高温部分冰雪化成湖，
大量冰雪仍留遍满山，
身披绒衣犹感侵骨寒。
当夜下榻山岭赫韦德，
敢比京都五星大酒店，
竟然全用木材来构建。
店外夕阳景色无限好，
我们四人①尽情去欣赏。
离店数里草丛森林旁，
有一碧波荡漾清水塘，
塘岸耸立螺式转形楼，
塘楼交相辉映人留恋，
只因暮色降临才离开。
返程途中顺便看超市，
孰知虽地处高寒偏远，
竟生意兴隆热闹非凡。
要问原因究竟在哪里？
原是滑雪健儿竞赛台。

① 丁冰、丁又锋、方兴、丁海。

之五

有说北欧安详又富裕，
仿佛一片世外桃源区，
此行半月方知大不然。
瑞典首都的瓦萨战舰①，
各国留下的城堡炮台，
都佐证哲人名言可鉴②。
导游每到一个城市前，
准提醒大家谨防受骗，
显然这并非耸听危言。
北欧福利虽多令人羡，
却非人人都富有亿万。

后记

我们这次随团出游，可说是一次收获颇丰、十分难得的增强和睦、和谐、欢快之旅。全团25人，基本上都是成双成对或全家出游，老中青幼都有。大家相互关照，谦让有加。小的可数李琢表现最为显眼。他刚满12岁，却似乎成了团里的小技师、小翻译。团中有人不会涮卡开门、上电梯的找他；不会手机连接的找他；寻找失物、问路、购物、退税等需要翻译的也找他。他都高兴地一一去应承，屡建奇功。所以，大家都夸他聪敏过人，是个小机灵。

（写于2017年9月5日）

① 在瑞典首都斯德哥尔摩一博物馆陈列着一艘据说于1682年沉没、1962年捞起的名为瓦萨的战舰，长73米、高52米，全为木质结构的帆船。舱有四层，大炮排列两层，战力极强盖世，堪称当时航母。这是当时瑞典的征服统治者，丹麦国王为欲称霸北欧而造，又因其称霸心切，多加了一层大炮超重而沉没。这既可看出当时欧洲人已掌握精湛的造船技术，值得赞赏；同时也说明统治者一旦有可能便会对外称霸，兵戎相见，对内压迫，残酷斗争，与其他国家并无本质区别。

② 马克思说："至今所有一切社会的历史都是阶级斗争的历史"是为至理名言。

14. 企业文化园的春晨

2018 年 3 月 27 日早晨去亦庄开发区企业文化园锻炼时，见到花叶初芳，一片春意盎然的美景，偶有所感，提笔志之，以备不忘。

天明望窗外枯枝冬眠，
走进文化园景色骤变。
清水湖岸柳绿郁葱葱，
伴有百花争艳报春来。
全球智能热浪波涛涌，
惊天动地动到家门前①。
欣闻无人驾车驶我区，
科技超越美帝在明天。
吓得对手忌妒又胆寒，
小肚鸡肠竟恶言相待②。
劝君识大局把心放宽，
原本冬去春来是天意，
锁定后来居上理自然。

① 据报李彦宏的无人驾车已得在我家住地亦庄开发区上路测试的牌照。

② 指西方对我国的所谓“威胁论”“抗衡论”。

15. 旅顺军港颂

2018年8月23日至26日，我全家——丁冰、顾凌英、李大国、丁海、李琢——趁暑假秋日去大连、旅顺游览（丁又锋、方兴因忙未去）。24日第一站参观旅顺军港，令人振奋，特记备忘。

天高云淡鸥飞翔，
秋风送爽人欢畅。
遥望海口通前线①，
两山对峙好屏障。
已非昔日任敌欺，
湾内军舰列成行，
海门紧锁似金汤，
谁敢来犯谁就亡！

（2018年8月27日初稿，8月29日修订。）

附：旅顺军港简史

旅顺军港，门户天成，闻名中外，是世界五大军港之一。港口东西两山对峙，港内隐蔽性和防风险性良好，战略上易守难攻。

旅顺军港始建于1882年9月，耗银139.35万两，1890年竣工建成。号称北洋第一军港，成为清朝北洋水师重要根据地。1894年中日甲午战争爆发，因清政府无能，致使北洋舰队全军覆没。日本占领旅顺口后，沙俄勾结德、法制造“三国干涉还辽”，迫使日本退出旅顺口。1905年日俄战争结束，日本重新侵占旅顺，开始长达40年的殖民统治。

1945年8月，苏军解放旅顺口。1955年撤离，旅顺军港正式回归祖国怀抱。

（2018年8月24日抄自“旅顺军港岸边”介绍）

① 指当前东北亚美日韩抗衡前线。

16. 大寒之恋

2019 年 1 月 20 日，适逢农历大寒节，窗外阳光灿烂，不忍舍弃难得的好天，我和凌英便兴致勃勃地在中午最佳时段去宅旁企业文化园散步，感慨良多，是为记之。

大寒之日游企园，
数九隆冬心犹暖。
园林虽大叶已枯，
景色壮丽仍震撼。
仰望千里无云迹，
阳光灿烂人舒坦。
但见飞机风筝舞，
竞相翱翔在长空。
白头偕老湖岸走，
彼此沉浸温馨中。
双双辛勤数十载，
喜得甜蜜度晚年。
待到复兴圆梦时，
后人幸福更胜前。

（写于 2019 年 1 月 20 日）

17. 畅游大湾区

2019年2月18日至24日，适逢新中国成立70周年和初春寒假时节，我同全家5人（丁冰、顾凌英、丁又锋、丁海、李琢，李大国、方兴二人因事未去。）去珠海拜访有近80年深交的挚友，著名力学家薛大为教授及其全家，相聚欢快至极，还设盛宴款待。随后我们又参观游览久已向往的粤港澳海湾大桥（2018年10月24日正式通车），令人震撼。回京途中，5人包厢，家事、国事、天下事，个个开怀畅谈，享尽天伦之乐。为志不忘，特此记之。

赴珠海，访亲友，登上石景山，伸手可摸天。
睁开眼，朝前看，巨蟒卧大海，头尾都不见。
下山来，上大桥，穿过大隧道，香港紧相连。
好气派，大湾区，百里跨海桥，引五洲惊叹。
波澜壮阔七十年，祖国又谱出，一壮丽诗篇！

（写于2019年7月2日）

18. 老年颂歌

之一

夏时烈日当空照，
午觉醒来精神爽。
送来一碗西瓜汤，
喝下肚去甜又凉。
颐养天年幸福日，
谁说海内不如洋。

（写于 2019 年 7 月 5 日）

之二

晨起台前观风景，
朝霞四射彩云边，
卧地青龙①摇摆尾。
霞光青龙相争艳，
难坏台上观景人，
不知天上或人间？！

（写于 2019 年 7 月 6 日）

之三

条条青龙卧楼前，
边道小哥送货忙。
互联网络大发展，
老人购物不出房。

（写于 2019 年 7 月 7 日）

① 我家住宅窗台下的绿化带，有4列青色平行弯曲约1米高的冬青小树，就像4条青龙躺在地上一样。

之四

夕阳红兮红满天，
自豪文明五千年。
鸦片战起受欺凌，
先贤力图把身翻。
我虽力衰志不减，
再出两书[①]做贡献。
前有马列毛开路，
今有习近平领航。
男女老少齐奋起，
何愁复兴不实现！

（写于2019年7月10日）

① 已计划在今明两年出版《当代西方经济学原理》修订第7版和《丁冰自选集》两书。

19. 探望旧友到西安

我们全家，除丁又锋、方兴因事留家外，有丁冰、顾凑英、李大国、丁海、李琢，及大国的二姐与其小儿子共7人一起热热闹闹地出游西安、成都等地。

秦皇汉武,一统天下,拓疆固土;
唐宗盛世,国泰民安,四方来朝。
世之中心,当推长安,无话可讲。
兵马俑群,威风凛凛,震慑四方;
碑林镌刻,千载文明,永世传扬。
久仰之地,同窗住所,更令神往;
今日有幸,全家出游,夙愿得赏;
深交老友[1],欢聚一堂,举杯同贺;
白头偕老,功成名就,幸福吉祥。

(写于2019年8月12日)

① 指有70多年深交的同窗老友黄作华、杨仪学夫妇。他们不仅是钻石婚白头偕老的幸福一对,与自己的命运差不多,而且都是为社会做出了重要贡献的科学家、医学家,甚至连大公子也是为社会主义祖国做出贡献的教授级专家,值得庆贺。

20. 喜与忧

在西安,晚宴后,观夜景,紧靠长城边。
大平台,人潮涌,唐装戏,乐声撑破天。
看喷泉,月光下,雁塔前,四周人围满。
现而今,夜经济,长安城,当全国领先。
忆往昔,夜总会,垃圾坑,但愿不再现。

(写于2019年8月13日)

21. 重游青城山

青城天下幽,人称西蜀第一峰。
三十八年前[①],山高路险待游客;
全靠两条腿,真是难于上青天。
今次再重游,眨眼条件已大变:
进山有车送,登山索道往上攀。
坐进缆车厢,呼啸而上无风险。
扭头往下看,只见深渊绿地毯。
登至最高峰,周围山峦皆小滩。
层峦叠嶂秀,茂林修竹郁葱葱。
偌大遍山野,人潮如涌流不断。
掀起旅游热,山河壮丽惹人欢。
折射七十年,到处是绿水青山。

(写于2019年8月15日)

---

① 1981年我赴蓉开会,曾顺便集体前往游览青城山,距今有38年。

22. 探望旧友回重庆

秀木千丈叶归根，
年近九旬多在京。
今偕家人归故里，
千里迢迢回重庆。
不辞路遥与酷暑，
只为思念老友[①]情。
我俩初识在人局，
两个单身同房住。
哪管寒冬冰雪天，
照例晨起凉水浴。
不嫌破屋当宿舍，
戏称月楼乐融融。
从此一生胜兄弟，
点点滴滴记心头。

（写于 2019 年 8 月 9 日）

① 指有近70年深交的挚友田雁兄长。

23. 国庆圣典展前程

波澜壮阔七十年，
英雄辈出理自然。
八枚国级勋章闪①，
敢比诺奖更体面。
过去中国科技弱，
而今赶超不用愁。
狂人狂吠图遏制，
自讨苦吃白费工。
神州舜尧齐奋起，
国力大增攀岭峰。
谁敢前来逞凶狂，
必将惨败而告终！

有道是：

“70年前的今天，毛泽东同志在这里向世界庄严宣告中华人民共和国成立，中国人民从此站立起来了。这一伟大事件，彻底改变了近代以后100多年中国积贫积弱、受人欺凌的悲惨命运，中华民族走上了实现伟大复兴的壮阔道路。

“70年来，全国各族人民同心同德、艰苦奋斗，取得了令世界刮目相看

① 2019年国庆前两天即29日，习近平主席颁发国家最高级别奖“共和国勋章”给予于敏、孙家栋、申纪兰、李延年、张富清、黄旭华、袁隆平和屠呦呦等8人。他们个个都是建国70年来为国尽忠效力，富有强烈的爱国情怀，直接为祖国的富强和人民的幸福服务，而且是功勋卓著的顶级英雄模范。其中有5人还是登上现代世界科技前沿舞台的顶级科学家。更可自豪的是，这5人中有一半以上是在中国大地上“土生土长”出来的。这事实有力地彻底粉碎了华人不如洋人的自卑感，因而必将大大增强国人可望快速赶超美欧科技，从而促进整个国民经济和国防现代化更快速发展的信心，横扫“四美”（恐美、崇美、媚美、亲美）之晦气。一句话：国人获此国家最高级别“共和国勋章”奖，敢比获诺贝尔奖更有意义，更光彩，更体面。

的伟大成就。今天，社会主义中国巍然屹立在世界东方，没有任何力量能够撼动我们伟大祖国的地位，没有任何力量能够阻挡中国人民和中华民族的前进步伐。”

习主席在70年国庆盛典上发出如此突出毛泽东思想、言简意赅、落地有声、气势磅礴的庄严宣示，近40年来还是头一回，令人倍感振奋。我相信，这必将更加凝聚民心，催人奋进，极大地鼓舞全国人民同心同德、团结一致，为实现伟大民族复兴的中国梦，和人类命运共同体的远大目标而努力奋斗。

（写于2019年10月7日）

第五篇

丁冰作品年表

（1959—2020）

一、著作类

（一）独著

序号	书名	出版社	出版时间	字数（万字）	本人承担任务	备注
1	马克思主义政治经济学简史	四川人民出版社	1983.9	21.6	全部正文	吴世泰撰写“前言”2 720字 丁冰、吴世泰著
2	资产阶级古典政治经济学	重庆出版社	1984.12	23.6	全部	
3	圣西门、傅立叶和欧文	经济科学出版社	1986.8	10.6	全部	
4	当代西方经济学原理	首都经济贸易大学出版社	1988.8	25.3	全部	现已修订出第七版，重印30次
5	当代西方经济学流派	首都经济贸易大学出版社	1993.6	33.4	全部	
6	瑞典学派	武汉出版社	1996.4	18.2	全部	
7	战后科技革命与现代资本主义经济	贵州人民出版社	1998.6	16.3	全部	
8	资本主义国家市场经济研究	山东人民出版社	2001.1	29.0	全部	
9	原凯恩斯主义经济学	经济日报出版社	2006.1	32.0	全部	

续表

序号	书名	出版社	出版时间	字数（万字）	本人承担任务	备注
10	静态经济学	中国经济出版社	1993.12	6.0	全部	收入傅殷才主编《当代中国经济大辞库——国际经济卷》
11	丁冰学术文选	首都经济贸易大学出版社	2004.10	38.4	全部	
12	中国经济热点问题研究	中国经济出版社	2010.9	26.8	全部	
13	国内外若干经济热点问题研究	中国经济出版社	2013.11	32.0	全部	
14	从中国走向世界——着重于经济视觉的分析	中国经济出版社	2017.8	25.7	全部	
15	丁冰自选集	首都经济贸易大学出版社	2020.4	37.8	全部	

（二）合著

序号	书名	出版社	出版时间	字数（万字）	本人承担任务	备注
1	外国国民经济史讲稿	高等教育出版社	1959.11	49.5	近1/5	四川大学经济系56级全体同学集体编写，丁冰为5位主笔之一
2	《帝国主义是资本主义最高阶段》学习参考纲要	人民出版社	1975.8	12.4	约1/2	丁冰为主笔，“编写小组”著

续表

序号	书名	出版社	出版时间	字数（万字）	本人承担任务	备注
3	政治经济学原理的历史考察	上海人民出版社	1988. 4	31. 4	绪论（约 2. 6 万字）	周成启、李善明、丁冰合著
4	外汇市场国际惯例	贵州人民出版社	1992. 9	11. 7	牵头	丁冰、杨建刚、张力炜合著
5	动态经济学	中国经济出版社	1993. 12	6. 0	1/2	与李海珍合著，收入傅殷才主编《当代中国经济大辞库——国际经济卷》
6	《当代西方经济学原理》第三版辅导与练习	首都经济贸易大学出版社	2001. 12 2002. 1	14. 7	约 1/5	丁冰、张连城合著
7	我国利用外资和对外贸易问题研究	中国经济出版社	2006. 6	30. 6	1/2	丁冰、崔英、车卉淳、刘静合著

（三）参与合著

序号	书名	出版社	出版时间	字数（万字）	本人承担任务	备注
1	现代西方经济理论十五讲	江苏人民出版社	1986. 6	23. 0	1/15（一讲）	陶大镛主编
2	马克思主义经济学说史研究	兰州大学出版社	1988. 1	33. 4	论文 1 篇	宋涛主编，丁冰为编委之一
3	《资本论》第四卷研究	四川省社会科学院出版社	1988. 4	28. 0	论文 1 篇	周成启主编

续表

序号	书名	出版社	出版时间	字数（万字）	本人承担任务	备注
4	外国经济思想史新编	江苏人民出版社	1990. 6	43. 0	第五章	陶大镛主编
5	马克思主义经济思想史	江苏人民出版社	1991. 6	27. 0	第一章	陶大镛主编
6	《资本论》第一稿研究	山东人民出版社	1992. 2	30. 0	论文 1 篇	赵洪主编
7	《资本论》第二稿研究	山东人民出版社	1992. 2	31. 9	论文 1 篇	李善明主编
8	经济学说史教程	中国人民大学出版社	1992. 6	51. 1	第四篇 3 章	陈孟熙主编，2003 年修订再版，迄今每年重印一次
9	现代资本主义论	江苏人民出版社	1996. 6	78. 0	第三章	陶大镛主编
10	当代世界经济概论	北京师范大学出版社	1997. 7	30. 0	第一章	杨国昌主编
11	马克思经济学体系的继承与创新	北京师范大学出版社	2004. 5	45. 0	第五章	杨国昌主编

（四）主编

序号	书名	出版社	出版时间	字数（万字）	本人承担任务	备注
1	现代西方经济学说	中国经济出版社	1995. 12	45. 0	主编	2002 年修订再版，加上张连城第二主编，并邀王军参加修订

续表

序号	书名	出版社	出版时间	字数（万字）	本人承担任务	备注
2	当前外国经济学说的新动向与我国经济学的发展	经济科学出版社	1998.12	37.0	主编之一	主编：胡代光、吴易风、丁冰
3	经济全球化与西部大开发兼论西方经济学的新进展	北京大学出版社	2001.4	37.0	主编之一	主编：厉以宁、吴易风、丁冰
4	外国经济学的新进展	中国经济出版社	2002.9	39.0	主编之一	主编：吴易风、丁冰、李翀
5	西方经济学与世界经济发展	中国经济出版社	2003.9	31.5	主编之一	主编：吴易风、丁冰、李翀
6	开放下的宏观经济与企业理论研究	中国经济出版社	2004.9	32.5	主编之一	主编：吴易风、丁冰、李翀
7	经济全球化与新自由主义思潮	中国经济出版社	2005.10	42.5	主编之一	主编：吴易风、丁冰、李翀
8	马克思主义视角中的西方经济学	中国经济出版社	2006.10	38.0	主编之一	主编：吴易风、丁冰、李翀、程恩富
9	当代经济学理论与实践	中国经济出版社	2007.7	99.8	主编之一	主编：吴易风、程恩富、丁冰、李翀
10	当代经济理论研究	中国经济出版社	2008.9	65.0	主编之一	主编：吴易风、程恩富、丁冰、李翀、丁堡骏
11	现代西方经济学与中国经济发展	中国经济出版社	2009.10	40.0	主编之一	主编：吴易风、程恩富、丁冰、李翀、刘长庚
12	外国经济学说与中国研究报告	社会科学文献出版社	2010.9	52.3	主编之一	主编：程恩富、丁冰、李翀、林勇

续表

序号	书名	出版社	出版时间	字数（万字）	本人承担任务	备注
13	现代外国经济学大系丛书（共12本）	经济日报出版社	2005—2008	353.2	第一主编	主编：丁冰、张连城

（五）副主编与工具书

序号	书名	出版社	出版时间	字数（万字）	本人承担任务	备注
1	国际经济惯例丛书	贵州人民出版社	1992—1995	（43册）	第一副主编	主编：周成启 副主编：丁冰、毛希谦
2	外国经济学家辞典	海南出版社	1993.2	115.0	副主编之一	主编：李善明、周成启、赵崇龄 副主编：丁冰等12人
3	西方经济学与我国经济体制改革	中国社会科学出版社	1994.11	27.2	副主编之一	主编：高鸿业 副主编：吴易风、丁冰、王箴禹
4	西方经济学与我国经济体制改革（第二册）	中国社会科学出版社	1996.7	31.9	副主编之一	主编：高鸿业 副主编：吴易风、丁冰、王箴禹
5	现代西方经济学辞典	中国社会科学出版社	1996.12	132.5	副主编	主编：胡代光、高鸿业
6	西方经济学大辞典	经济科学出版社	2000.5	320.0	副主编	主编：胡代光、高鸿业

二、论文与译文类

序号	题目	刊、书、报名（发表媒体）	发表时间	发表字数（千字）	备注
1	论李斯特的经济学与古典学派	经济问题探讨	1981 年第 3 期	10.5	收入学会论文集《外国经济学说研究》四川人民出版社 1984 年出版
2	怎样划分生产劳动和非生产劳动	学术月刊	1982 年第 5 期	8.0	
3	评罗尔《经济思想史》对马克思经济学的评价	经济问题探讨	1983 年第 7 期	10.0	
4	经济增长论	经济问题探讨	1983 年第 7 期	19.6	
5	马克思在《1857—1858 年经济学手稿》中对劳动力商品学说的创立	《〈资本论〉研究：全国〈资本论〉学术讨论会论文选》	1983.10	14.0	江苏人民出版社出版
6	新技术发展与资本主义失业问题	学术月刊	1985 年第 5 期	7.0	
7	关于劳动力商品学说的形成问题	《资本论》研究资料和动态	1985 年第 6 期	15.0	
8	略评霍吉斯金的经济思想	马克思主义来源研究论丛（第 7 集）	1986.3	11.5	商务印书馆出版
9	加强精神文明的可贵贡献	贵州社会科学	1987 年第 1 期	4.0	书评

续表

序号	题目	刊、书、报名（发表媒体）	发表时间	发表字数（千字）	备注
10	简析凯恩斯的消费论及其影响——兼论我国应否实行鼓励消费的政策	学术月刊	1987 年第 5 期	11.0	
11	评《当代西方经济学简明教程》	财经研究	1987 年第 9 期	3.0	书评
12	评《关于德国国家经济状况的认识》	汉译世界学术名著评论集（第 1 集）	1988.9	11.9	商务印书馆出版
13	略论我国通货膨胀的原因和启示	城市科学研究	1989 年第 1 期	12.0	《首都经济》1989 年第 6 期转载
14	我国通货膨胀的理论思考	群言	1989 年第 2 期	4.5	
15	怎样看待西方总供给、总需求和市场机制理论	学术月刊	1990 年第 8 期	8.0	
16	住房商品化不等于住房私有化	经济理论与经济管理	1990 年第 5 期	8.0	与艾春岐合作由艾执笔
17	对凯恩斯主义最成功的研究	经济评论	1991 年第 2 期	4.0	书评
18	垄断竞争为什么可以说是不完全竞争——答傅晨同志	经济与管理研究	1991 年第 2 期	4.3	
19	喜看外国经济思想研究的新成果	经济学动态	1991 年第 4 期	3.0	用笔名“钦平”发表

续表

序号	题目	刊、书、报名（发表媒体）	发表时间	发表字数（千字）	备注
20	应如何坚持持续、稳定、协调发展经济的方针	经济评论	1992 年第 3 期	8.0	
21	加快经济发展不要忽视持续、稳定、协调的方针	经济学家	1992 年第 3 期	1.2	
22	非理性预期模式研究	西方经济学教育通讯	1992 年第 2 期	10.5	
23	非理性预期的三种模式	经济学动态	1993 年第 2 期	10.0	
24	评《反通货膨胀论》	学习·研究·参考	1993 年第 2 期	4.0	书评
25	新制度学派的现状及其理论借鉴意义	社会科学（上海）	1992 年第 12 期	5.5	与臧红合作，由臧执笔
26	一部分析通货膨胀的力作	当代思潮	1993 年第 1 期	4.0	书评
27	公有制是不是社会主义的本质特征	当代思潮	1993 年第 5 期	11.0	《科学社会主义月刊》1993 年第 12 期转载
28	马克思劳动力商品学说的创立及现实生命力——兼析劳动力商品学说“过时”论	经济评论	1993 年增刊	8.0	
29	认清西方产权理论的实质	高校理论战线	1994 年第 4 期	3.0	
30	《劳动管理和劳动输出国际惯例》序		1994.5	2.3	贵州人民出版社出版

续表

序号	题目	刊、书、报名（发表媒体）	发表时间	发表字数（千字）	备注
31	国家干预是现代市场经济的重要特征	工商时报	1994.5.27	2.5	
32	股份制与搞好国有企业	西方经济学与我国经济体制改革（论文集）	1994.11	13.00	中国社会科学出版社出版
33	也谈社会所有制	当代思潮	1994 年第 6 期	7.5	
34	谈谈西方经济学中效率与公平问题	长江经济导报	1995.1.28	1.9	
35	漫谈效率与公平	群言	1995 年第 2 期	3.1	
36	澄清思想，贯彻精神	高校理论战线	1995 年第 2 期	1.9	
37	怎样进行国有大中型企业改革	高校理论战线	1995 年第 3 期	1.8	
38	合理利用外资的关键在于重视评估，加强管理，调整政策	长江经济导报	1995.4.5	2.5	
39	略谈效率与公平	高校理论战线	1995 年第 6 期	10.0	《财经研究》1995 年第 7 期转载
40	效率与公平问题	经济学动态	1995 年第 7 期	5.0	
41	评介《反通货膨胀论》	总揽全局，强化国家宏观调控（论文集）	1995.5	2.4	当代中国出版社出版
42	如何理解国有制和政企分开	长江经济导报	1995.9.30	2.2	

续表

序号	题目	刊、书、报名（发表媒体）	发表时间	发表字数（千字）	备注
43	坚决拥护搞好国有企业的正确方针	中国教育报	1995. 10. 27	1. 5	《高校理论战线》1995 年第 11 期重载
44	增长方式必须实行三个根本转变	长江经济导报	1995. 11. 15	1. 5	
45	不能把技术进步的希望主要寄托在利用外资上	群言	1995 年第 11 期	1. 6	
46	从“非国有化”的改革方案说起	工运论坛	1995 年第 10 期	4. 5	
47	出售国有小企业要持慎重态度	学习·研究·参考	1995 年第 12 期	2. 2	
48	正确对待国有企业的改革	群言	1995 年第 12 期	2. 1	
49	如何正确处理三大产业的关系	高校理论战线	1995 年第 12 期	2. 0	
50	试析“非国有化”的改革方案及其思想基础	财经理论与实践	1996 年第 1 期	14. 8	
51	研究西方经济学的新成果——评《现代西方经济学说》	学习·研究·参考	1996 年第 2 期	2. 5	书评，用笔名“长青”发表
52	谈谈目前我国利用外资问题	经济评论	1995 年增刊	10. 8	
53	“非国有化”改革观试析	学术月刊	1996 年第 3 期	14. 0	

续表

序号	题目	刊、书、报名（发表媒体）	发表时间	发表字数（千字）	备注
54	一部全面科学介评凯恩斯主义的优秀著作——评傅殷才教授主编《凯恩斯主义经济学》一书	世界经济与政治	1996年第3期	2.8	书评
55	一分为二与盲目照搬——由陈岱孙的意见谈我国学者怎样对待西方经济学	北京青年报	1996.4.1	2.5	
56	我们怎样对待西方经济学——对陈岱孙“序言”的一点体会	中国经济时报	1996.4.26	2.0	
57	经济当事人不都是“经济人”	长江经济导报	1996.4.30	2.3	
58	什么是新自由主义	农村改革与发展	1996年第3期	0.8	
59	什么是生产三要素	农村改革与发展	1996年第3期	0.8	
60	全面认识马克思的经济思想——读《〈资本论〉续篇探索》	马克思主义与现实	1996年第2期	4.5	书评
61	出售国有小企业要持慎重态度	政策研究荟萃	1996年第6期	2.2	
62	略论效率与公平	现代市场经济理论与实际（研究会论文集）	1996.7	7.5	胡代光主编 商务印书馆出版

续表

序号	题目	刊、书、报名（发表媒体）	发表时间	发表字数（千字）	备注
63	试析理性预期理论	经济学动态	1996 年第 8 期	7.5	
64	如何看待国有企业改革中的“非国有化”——记者走访丁冰访谈录	改革内参	1996 年第 17 期	2.1	
65	共和党与供给学派	瞭望	1996 年第 39 期	1.9	
66	从西方国家干预看我国当前加强宏观经济调控的迫切性	西方经济学与我国经济体制改革（论文集）第二册	1996.7	14.0	中国社会科学出版社出版
67	应怎样进行国有大中型企业的改革	西方经济学与我国经济体制改革（论文集）第二册	1996.7	7.5	中国社会科学出版社出版
68	试析西方经济学中的理性预期学派	高校理论战线	1996 年第 9 期	9.0	
69	论社会主义的本质特征	当代思潮文选	1996 年第 6 期	7.1	
70	战后科技革命与现代资本主义经济	群言	1996 年第 12 期	4.3	
71	非国有化及其在各国的推行	长江经济导报	1997.1.15	3.0	
72	济源之路——从整体上搞好县（市）属国有经济的榜样	高校理论战线	1996 年第 7 期	12.0	与胡钧、樊建新合作（国家教委高校社科发展研究中心赴济源调查组）
73	评萨缪尔森《经济学》第 14 版	人民日报	1997.2.13	0.9	

续表

序号	题目	刊、书、报名（发表媒体）	发表时间	发表字数（千字）	备注
74	坚持和发展劳动价值论的新贡献——读《垄断价格机理研究》	经济学动态	1997 年第 2 期	4.3	书评，丁冰、吴易风
75	当前应怎样搞好国有企业——兼论双星集团蓬勃发展的启示	当代思潮	1997 年第 1 期	8.5	
76	应当消除西方“经济人”分析在我国的不良影响	财经研究	1997 年第 4 期	4.0	
77	党的领导是搞好国有企业的组织保证	高校理论战线	1997 年第 4 期	0.7	
78	评萨缪尔森《经济学》第 14 版	世界经济与政治	1997 年第 4 期	4.0	
79	简析新经济增长论及其对我国经济增长方式转变的启示	学术月刊	1997 年第 5 期	11.5	
80	应当消除张五常先生“经济人”分析的不良影响——读程恩富教授“十问”中“六问”有感	西方产权理论评析——兼论中国企业改革	1997.5	8.0	当代中国出版社出版
81	必须适当控制民工进城规模	群言	1997 年第 4 期	2.5	
82	从乐凯的发展看民族工业的振兴	高校理论战线	1997 年第 10 期	7.0	丁冰、李新中合写
83	略论剩余索取权与“年薪制”	当代思潮	1998 年第 2 期	10.7	

续表

序号	题目	刊、书、报名（发表媒体）	发表时间	发表字数（千字）	备注
84	国有企业经营者“年薪制”析	求是“内部文稿”	1998 年第 2 期	4.0	
85	如何理解知识经济——《战后科技革命与现代资本主义经济》读后感	群言	1998 年第 9 期	2.1	
86	国有小企业为什么不能一卖了之	高校理论战线	1998 年第 10 期	7.0	
87	高新技术发展对经济理论几点影响	群言	1999 年第 4 期	3.2	
88	新中国前 30 年生产建设的伟大成就	高校理论战线	1999 年第 10 期	7.0	被收入沙健孙、龚书铎主编《社会主义与新中国五十年》一书中，统计出版社 2001 年出版
89	评三种否定社会主义的谬论	真理的追求	1999 年第 11 期	5.3	
90	高新技术对经济理论的影响	党政干部学刊	1999 年第 5 期	4.0	辽宁省委党校校刊
91	西方经济学的演变及其影响	人民日报	1999.12.5	0.8	书评
92	试论社会主义市场经济与资本主义市场经济的本质区别	国史研究学会参阅资料（14）	2000.3	30.0	当代中国研究所办公室印发
93	新中国前 30 年生产建设的伟大成就不容否定	庆祝中华人民共和国建国五十周年——社会主义与中华民族的伟大复兴（中）	2000.3	15.6	当代中国出版社出版

续表

序号	题目	刊、书、报名（发表媒体）	发表时间	发表字数（千字）	备注
94	为贸易保护主义声辩——读《碰撞》有感	当代经济研究	2000年第4期	4.5	书评
95	简析“社会所有制”和“公有制”	马克思主义来源研究论丛（第20集）	2000.2	8.0	商务印书馆出版
96	对经济全球化与我国“入世”的思考	首都经济贸易大学学报	2000年第3期	9.6	
97	《区域经济差距与协调发展》序		2000.6	2.2	新疆人民出版社出版
98	解读经济理论界的意见分歧	光明日报	2000.10.26	1.1	书评
99	对我国当前经济中的几个困难问题和出路的一点思考	国史研究参阅资料	2000年第9期	14.7	河南国史学会印
100	谈谈当前我国经济中的困难和出路	首都经济贸易大学学报	2000年第6期	9.0	
101	国企改革岂能全面退出	真理的追求	2001年第2期	6.2	
102	不能忽视新自由主义思潮的侵蚀	当代思潮	2001年第2期	3.4	
103	西部大开发，新疆怎么办	新疆师范大学学报	2001年第2期	0.7	
104	略论新经济对西方经济理论和经济制度的影响	广西经济干部管理学院学报	2001年第4期	11.3	本文曾提供2001年中南、西南、西北中华外国经济学说研究会学术讨论会，被授予优秀论文特别奖，并收入方林佑主编《新经济与经济全球化》一书

续表

序号	题目	刊、书、报名（发表媒体）	发表时间	发表字数（千字）	备注
105	新经济对经济理论和经济制度的影响	当代思潮	2001 年第 6 期	8.7	
106	新经济对西方经济理论的影响	首都经济贸易大学学报	2002 年第 1 期	5.4	
107	浅谈新经济对西方经济理论的挑战	福建论坛	2002 年第 1 期	6.0	
108	国内生产总值增长的速度不等于是价值量增长的速度——解析劳动价值论中的一个问题	思想理论教育导刊	2002 年第 4 期	5.5	
109	新自由主义与经济全球化——试析经济全球化的消极影响	当代经济研究	2002 年第 6 期	6.0	
110	评吴易风《马克思主义经济学与西方经济学》	经济评论	2002 年第 4 期	3.0	书评
111	从生产劳动说起——兼析私营企业主是否劳动者	深化认识劳动价值论过程的一些认识问题	2002.9	7.0	胡钧、樊建新主编经济科学出版社出版
112	略论新经济对西方经济理论的挑战	外国经济学的新进展	2009.9	6.0	中国经济出版社出版
113	新自由主义与阿根廷金融危机	北京行政学院学报	2002 年第 6 期	11.0	
114	解读诺贝尔经济学奖——《诺贝尔奖经济学家学术传略》评介	管理世界	2003 年第 1 期	5.0	

续表

序号	题目	刊、书、报名（发表媒体）	发表时间	发表字数（千字）	备注
115	读《与中国著名经济学家对话》（第5集）有感	高校理论战线	2003年第7期	3.0	
116	“四代四杰”的经济学研究与创新	海派经济学	2004年第5辑	3.0	
117	阿根廷金融危机的缘由和启示	西方经济学与世界经济发展	2013.7	5.2	
118	从芒德尔—弗莱明模型看人民币汇率问题	经济学动态	2004年第1期	10.0	
119	囊括中外，纵论古今——读蒋自强新著《经济思想通史》	中华魂	2004年第3期	2.0	书评
120	谈谈社会主义市场经济与资本主义市场经济的区别	中华魂	2004年第4期	5.5	
121	对西方经济学理论体系的批判与借鉴	国外经济理论动态	2004年第8期	8.0	
122	唐·帕廷金：凯恩斯政策思想的发展	财经译丛	1988年第1期	12.0	丁冰译自《经济效率论》1980年英文版第11章，姚子范校
123	密哈罗·索克：发展中国家政府贸易组织之间的合作	国外经济文献摘要	1982年第4期	1.0	丁冰译自南斯拉夫《国际贸易事务评论》1981年752—3期
124	西方经济学的变化与马克思主义经济学理论体系	马克思经济学体系的继承与创新	2004.5	40.0	杨国昌主编 北京师范大学出版社出版

续表

序号	题目	刊、书、报名（发表媒体）	发表时间	发表字数（千字）	备注
125	略论经济全球化与我国入世问题	经济全球化与西部大开发——兼论西方经济学的新发展	2001. 4	6. 0	北京大学出版社出版
126	简析新自由主义及其对我国的负面影响	当代经济研究	2004 年第 1 期	5. 5	
127	评“国有企业低效率”论	中华魂	2005 年第 2 期	4. 2	
128	不能盲目崇拜新自由主义	收入《丁冰学术文选》	2004. 1	3. 5	首都经济贸易大学出版社出版
129	科斯产权理论与我国国企改革	产权理论与国企改革	2005. 3	14. 0	何秉孟主编 社科院文献出版社出版
130	剥削问题之我见	中华魂	2005 年第 6 期	1. 5	
131	新自由主义及其在我国的侵蚀与反侵蚀	华南师范大学学报	2005 年第 4 期	4. 5	中国人民大学“书报资料中心”转载
132	回避与滥用，异曲同工——再谈剥削问题之我见	中华魂	2005 年第 9 期	7. 0	
133	丁冰学术思想述要	高校理论战线	2005 年第 9 期	14. 0	
134	社会主义的基本特征是“社会公平+市场经济”吗？——与吴敬琏先生商榷	当代经济研究	2005 年第 10 期	4. 5	
135	陈岱孙教授写的“序言”难道不是真的吗——澄清一个被晏智杰歪曲了的事实	社会科学报	2006. 2. 23	2. 4	

续表

序号	题目	刊、书、报名（发表媒体）	发表时间	发表字数（千字）	备注
136	如何正确对待马克思主义经济学与西方经济学	南京财经大学学报	2006 年第 1 期	5.0	中国人民大学“书报资料中心”转载
137	丁冰教授学术思想述要	学术评论（双月刊）	2017 年第 5 期	7.7	
138	简评《西方规制经济学的变迁》	经济理论与经济管理	2006 年第 7 期	1.5	书评
139	自主创新是我国赶超世界先进技术水平唯一正确的战略选择	福建论坛	2006 年第 7 期	8.0	
140	基尼系数能否适用于我国	中华魂	2006 年第 12 期	8.0	
141	略论我国“走出去”的发展战略	当代经济研究	2006 年第 12 期	7.8	
142	瑞典学派	当代西方经济学流派与思潮	2005.1	8.0	吴易风主编首都经济贸易大学出版社出版
143	论新自由主义对我国的影响	重庆工商大学学报	2007 年第 1 期	12.0	中国人民大学“书报资料中心”转载
144	基尼系数在我国的适用性分析	中州学刊	2007 年第 2 期	12.0	
145	我国应走瑞典民主社会主义道路吗？	中华魂	2007 年第 6 期	7.5	《马克思主义文摘》2007 年第 7 期摘要转载
146	新自由主义给我国带来的经济后果	马克思主义文摘	2007 年第 5 期	3.0	《论新自由主义对我国的影响》一文的摘要

续表

序号	题目	刊、书、报名（发表媒体）	发表时间	发表字数（千字）	备注
147	民主社会主义思潮可以休矣——学习胡锦涛同志6.25讲话	中华魂	2007年第8期	4.0	
148	从瑞典经济模式看民主社会主义——兼论“保障社会主义”的实质	高校理论战线	2007年第8期	8.0	
149	简析新自由主义与我国的股权分置	金融改革与经济安全	2007.7	15.0	社科文献出版社出版何秉孟主编
150	我国当前基尼系数过大的主要原因何在——与吴敬琏先生商榷	当代经济研究	2007年第12期	9.3	
151	我国当前各种市场价格上涨及其原因分析	福建论坛	2007年第11期	12.0	
152	《资本论》与西方经济学的理论体系比较	经济学动态	2007年第12期	9.0	四川省《社会科学研究》2008年第1期重载
153	近年来我国马克思主义者对西方经济学的研究与评价	海派经济学	2007年第18期	23.0	
154	民族企业：走独立自主之路——接受记者采访	东方企业文化	2008年第2期	4.5	
155	试析当前我国基尼系数过大的主要原因	中华魂	2008年第3期	7.0	
156	评某人在经济学方面的高见	中华魂	2008年第4期	4.5	

续表

序号	题目	刊、书、报名（发表媒体）	发表时间	发表字数（千字）	备注
157	丁冰经济思想述要	海派经济学	2008年第19期	23.7	
158	舒尔茨“人力资本”论的意义与马克思资本理论的比较	山东社会科学	2008年第7期	13.0	
159	利用外资与经济安全	中国教育报	2008.9.4	1.8	
160	简析当前我国利用外资的经济安全问题	福建论坛	2008年第9期	7.5	
161	如何认识当前的国际金融危机——访首都经济贸易大学丁冰教授	高校理论战线	2008年第11期	7.5	
162	看西方学者如何批评新自由主义	红旗文稿	2009年第3期	6.0	
163	当前国际金融危机的特点及对我国的影响	思想理论教育导刊	2009年第2期	7.5	
164	巨大成就：坚持基本路线的胜利	刘国光等26位学者多视角解析纵论改革开放	2008.12	8.0	河南人民出版社出版
165	澄清一个被晏智杰歪曲了的事实	刘国光旋风实录	2006.5	6.0	中国经济出版社出版
166	如何正确认识与对待马克思主义政治经济学和西方经济学	刘国光旋风实录	2006.5	7.2	中国经济出版社出版
167	为什么马克思主义政治经济学被边缘化了	马克思主义经济学研究	2006.6	3.5	黄志亮等主编 人民日报出版社出版
168	当前国际金融危机标志新自由主义彻底破产	中华魂	2009年第6期	5.0	

续表

序号	题目	刊、书、报名（发表媒体）	发表时间	发表字数（千字）	备注
169	新自由主义不是当前国际金融危机的主要原因吗？	马克思主义研究	2009年第4期	7.0	《马克思主义文摘》2009年第9期摘要转载
170	陈岱孙学术思想研究（上）	高校理论战线	2009年第7期	13.5	
171	陈岱孙学术思想研究（下）	高校理论战线	2009年第8期	8.0	
172	透过现象看本质——喜读《美元霸权与经济危机》	经济学动态	2009年第8期	3.0	
173	新中国建设：六十年铸就辉煌	红旗文稿（半月刊）	2009年第20期	6.7	
174	马克思主义经济学理论体系与西方经济学理论体系比较研究	马克思主义经济学与西方经济学比较研究	2009.9	25.0	吴易风主编（三卷本）丁冰文章载第一卷中 中国人民大学出版社出版
175	喜看新中国前30年工业建设之巨大成就	36位著名经济学家者纵论新中国发展	2009.10	10.8	马克思主义研究学部编 中国社会科学出版社出版
176	略论新中国六十年来工业建设的快速发展和巨大成就	管理学刊（双月刊）	2009年第1期	11.0	
177	略论新自由主义与国际金融危机	福建论坛	2010年第3期	11.0	
178	陈岱孙论正确对待西方经济学	马克思主义文摘	2010年第5期	4.4	

续表

序号	题目	刊、书、报名（发表媒体）	发表时间	发表字数（千字）	备注
179	坚持公有经济的主体地位是我国当前不容忽视的一项重要任务——兼评对“国进民退”的指责	思想理论教育导刊	2010年第7期	10.0	2013年12月荣获该刊颁发优秀论文二等奖
180	新自由主义与当前国际金融危机	国际金融垄断资本与经济危机的跟踪研究	2010.7	10.0	何秉孟主编、傅军胜副主编社会科学文献出版社出版
181	新自由主义者忏悔录	中国社会科学报	2010.9.14	2.2	《马克思主义文摘》2011年1期转载
182	对我国当前物价上涨原因和相关矛盾的分析	红旗文稿	2011年第6期	6.0	
183	坚持公有经济主体地位是坚持中国特色社会主义的生命线——兼析指责国企垄断的各种观点	福建论坛	2011年第3期	7.5	
184	贯彻加快“调结构，变方式”的战略方针，必须坚持公有经济主体地位——兼论巩固发展国有垄断经济的必要性	当代经济研究	2011年第3期	7.5	
185	对央企“分红权”激励与“全民平均分红”的实质辨析	国企	2011年第4期	8.0	

续表

序号	题目	刊、书、报名（发表媒体）	发表时间	发表字数（千字）	备注
186	《新疆区域经济发展中少数民族人力资源开发研究》序		2010.9	1.5	中国经济出版社出版
187	后金融危机时期我国通货膨胀原因和相关矛盾分析——为庆祝中国共产党成立90周年而作	36位著名学者纵论中国共产党建党90周年	2011.7	12.0	马克思主义研究学部编 中国社会科学出版社出版
188	后金融危机时期我国物价上涨及相关矛盾分析	社会科学辑刊	2011年第4期	11.3	
189	《新疆区域经济发展与大学生就业研究》序		2011.8	2.0	中国经济出版社出版
190	试析我国利用外资与国家经济安全	当代经济研究	2011年第11期	12.0	载有："当代马克思主义经济学家——丁冰"
191	不能以反垄断为借口反国有企业	管理学刊（双月刊）	2011年第5期	4.6	《马克思主义文摘》2011年第12期转载
192	对央企"分红权"激励与"全民平均分红"的实质辨析	综合竞争力	2011年第4期	9.0	修补重发
193	国际金融经济危机的新发展和我国应对战略	国外经济理论动态	2011年第12期	7.5	
194	利用外资须重视维护国家经济安全	红旗文稿	2011年第24期	4.5	
195	评"全民均分国有资产论"	共同理想的基石	2012.1	11.0	刘国光主编 经济科学出版社出版 本文系丁冰与周新城合写

续表

序号	题目	刊、书、报名（发表媒体）	发表时间	发表字数（千字）	备注
196	简析国家经济安全与引进外资	国企	2012 年第 2 期	4. 0	
197	“市场经济不完美论”剑指何方	国企	2012 年第 3 期	3. 5	
198	当前欧洲债务危机及其应对	世界社会主义研究动态	2012 第 总第 965 期	7. 0	
199	简析当前美欧债务危机及其意义	管理学刊	2012 年第 2 期	6. 0	
200	简析《世行报告》的出笼和主要要求	观察与思考（内部交流）	2012 年第 11 期	8. 8	
201	国企的进退该交由市场决定——兼析《世行报告》	国企	2012 年第 7 期	3. 4	《马克思主义文摘》 2012 年第 11 期全文转载
202	理性看待央企“审计门”	国企	2012 年第 7 期	1. 0	记者王平采访报道
203	当前欧洲债务危机和我们的对策建议	观察与思考（内部交流）	2012 年第 9 期	11. 4	
204	丁冰：批判与创新	当代中国马克思主义经济学家：批判与创新	2012. 5	6. 0	刘思华编著 世界图书出版公司出版
205	学经典、明方向，坚定信仰不动摇——重读《共产党宣言》有感	38 位著名学者纵论马列主义经典著作	2012. 12	9. 0	马克思主义研究学部编 中国社会科学出版社出版
206	接受记者采访：基尼系数与贫富差距	国企	2013 年第 1 期	2. 5	记者王平采访报道
207	再论正确看待国有企业的效率问题	马克思主义研究	2013 年第 2 期	9. 0	《马克思主义文摘》 2013 年第 6 期全文转载

续表

序号	题目	刊、书、报名（发表媒体）	发表时间	发表字数（千字）	备注
208	扶贫履责，央企最有条件和实力	中国企业报	2013.2.5	2.0	记者万斯琴采访报道
209	试析“行政垄断”论——学习习近平同志最近一系列讲话的一点体会	重庆工商大学学报	2013年第3期	10.0	
210	坚定不移地沿着中国特色社会主义道路前进——学习党的十八大报告有感	30位著名学者纵论党的十八大	2013.5	8.0	马克思主义研究学部编 中国社会科学出版社出版
211	从欧洲当前债务危机看主权债务与经济危机的关系	福建论坛	2013年第6期	7.2	
212	评胡世祯著《〈资本论〉研读》	思想理论教育导刊	2013年第6期	3.0	书评
213	西部与央企共享万亿投资盛宴	中国企业报	2013.9.3	1.5	记者万斯琴采访报道
214	得了吧，盛先生——我们为什么不能打倒国企	国企	2013年第9期	1.5	
215	究竟要把我国引向何处	中华魂	2013年第10期	6.0	
216	央企“抢滩”上海自由贸易区与风险并存	中国企业报	2013.10.8	2.5	记者万斯琴采访报道
217	国企上缴红利将近30%，分档仍需细化	中国企业报	2013.11.26	2.2	记者万斯琴采访报道
218	缅怀胡代光先生	当代经济研究	2013年第10期	4.5	

续表

序号	题目	刊、书、报名（发表媒体）	发表时间	发表字数（千字）	备注
219	试析当前世界经济变化中的资本主义新动向	世界社会主义和左翼思潮：现状与发展趋势	2014. 10	6. 0	李慎明主编 社会科学文献出版社出版
220	《国内若干经济热点问题探析》前言	马克思主义文摘	2014 年第 1 期	1. 1	
221	混合所有制一路走来多家央企已先行探索	中国企业报	2014. 3. 4	3. 0	记者万斯琴采访报道
222	批判与创新：著名经济学家丁冰教授素描	管理学刊	2013 年第 1 期	5. 0	
223	从我国国营企业的建立和发展说起——庆祝毛泽东同志诞辰 120 周年	33 位著名学者纵论毛泽东	2014. 3	9. 8	马克思主义研究学部编 中国社会科学出版社出版
224	略论当前世界经济的温和复苏与深沉隐患	学术评论（双月刊）	2014 年第 3 期	8. 0	又载：李慎明主编 《世界格局与我国安全战略》 2014. 10
225	正确理解《政府工作报告》的精神——简评《从政府工作报告取消“坚持公有制主体地位”》说起	思想理论教育导刊	2014 年第 7 期	10. 0	
226	警惕有人故意歪曲“混合所有制”	国企	2014 年第 7 期	2. 5	
227	警惕和消除世行施放的“橄榄枝”式毒药的影响	某网日刊	2014. 10. 13	9. 0	

续表

序号	题目	刊、书、报名（发表媒体）	发表时间	发表字数（千字）	备注
228	突破重围，打出一片广阔的新天地	社会主义是人类历史发展的必然	2015. 5	8. 0	李慎明主编 社会科学文献出版社出版 本文最先发表于《华夏之音》2014 年总第 4 期
229	坚持依法治国、依法执政——热烈庆祝即将到来的第一个国家宪法日	某网日刊	2014. 11. 30	1. 6	
230	热烈庆祝毛主席诞辰 121 周年——简议当前国有企业的命运	某网日刊	2014. 12. 25	1. 6	
231	阶级分析法是无产阶级制胜的法宝	马克思主义研究	2014 年第 12 期	1. 3	
232	坚持走中国特色社会主义道路的伟大胜利	38 位著名学者纵论邓小平理论	2014. 12	12. 0	马克思主义研究学部编 中国社会科学出版社出版
233	深切缅怀邓力群同志	从中国走向世界	2017. 8	1. 2	丁冰著 中国经济出版社出版
234	新自由主义在中国之路——复辟资本主义到亡国之路	环球视野网站	2014. 2. 20	4. 5	中农网等转载
235	坚持依法治国是保证社会主义旗帜不倒的最后一道防线	42 位著名学者纵论全面深化改革与依法治国	2015. 7	8. 5	马克思主义研究学部编 中国社会科学出版社出版
236	从奥巴马国情咨文看美国霸权主义	福建论坛	2013 年第 8 期	9. 0	又载李慎明主编《时代与霸权——中国话语权研究之三》社会科学文献版社出版 2016. 10

续表

序号	题目	刊、书、报名（发表媒体）	发表时间	发表字数（千字）	备注
237	搞 PPP 不能侵蚀国家权益，不能削弱国有经济	红歌会网	2015. 11. 13	7. 0	
238	谈谈毛泽东同志对马克思主义政治经济学的伟大贡献——纪念毛主席诞生 125 周年	丁冰自选集	2020. 4	4. 2	首都经济贸易大学出版社出版
239	喜看马克思主义经济理论体系的新发展——学习习近平同志 2015 年 11 月 23 日学习会上的讲话	中华魂	2016 年第 2 期	3. 0	
240	学界泰斗，光耀照人——缅怀张培刚教授	张培刚传（修订本）	2016. 6	3. 5	华中科技大学出社出版
241	坚持马克思主义的指导地位是我们研究经济学的无往不胜的法宝和灵魂	思想理论教育导刊	2016 年第 9 期	6. 0	
242	简论现代帝国主义在经济学上的文化霸权	领导权与话语权:“颜色革命”与文化霸权——中国话语权研究之二	2016. 10	10. 0	李慎明主编 社会科学文献出版社出版
243	论马克思政治经济学体系中国化的形成与实践	45 位著名学者纵论政治经济学	2016. 9	11. 0	马克思主义研究学部编 中国社会科学出版社出版

续表

序号	题目	刊、书、报名（发表媒体）	发表时间	发表字数（千字）	备注
244	安培经济学的破产及其对我国的启示	山东社会科学	2017 年第 1 期	10.0	福建论坛 2016 年第 11 期全文转载
245	简析欧洲当前的经济形势和前景	外国经济学说与中国研究报告（2016）	2016.11	5.9	程恩富、刘灿主编 西南财经大学出版社出版
246	简析当前美欧发达国家的经济形势	从中国走向世界	2017.8	11.0	丁冰著 中国经济出版社出版
247	新旧更替的洪流不可阻挡——推动形成经济全球化新格局（新知新觉）	人民日报	2017.2.16	1.2	
248	黑天鹅事件，凸显美国资本主义的衰落	思想理论教育导刊	2017 年第 3 期	8.8	《外国经济学说与中国经济研究报告（2017）》重载
249	重读列宁《国家与革命》有感——纪念伟大十月革命胜利 100 周年	福建论坛	2017 年第 10 期	18.0	
250	评《吴易风文集》	思想理论教育导刊	2018 年第 3 期	7.0	收入《吴易风经济思想评说》第二辑 中国经济出版社出版 2018.2
251	“一带一路”是我国“走出去”的大手笔、大智慧	从中国走向世界	2017.8	7.2	丁冰著 中国经济出版社出版

续表

序号	题目	刊、书、报名（发表媒体）	发表时间	发表字数（千字）	备注
252	实现中华民族伟大复兴的中国梦必将计日程功	35位著名经济学者纵论改革开放	2018.11	17.0	马克思主义研究学部编 中国社会科学出版社出版
253	试析“一带一路”与我国特色大国外交的关系	世界社会主义研究（月刊）	2018年第11期	7.5	
254	“一带一路”是推进中国特色大国外交的重要经济基础	思想理论教育导刊	2018年第12期	8.0	

后　　记

本书从刍议到与读者见面，尽管受到新冠肺炎疫情的干扰，仍仅仅一年时间便顺利完成了，着实令人兴奋，喜不胜喜。但这却远非一己之功。首先，在资料、照片的搜集整理，电脑的操作，个人经历的回忆等，都得到家人的全力支持和帮助；同时，某些重要情节、框架，还得到相关同志、朋友们的热情指点、修补、核实和润色；特别是在出版环节上，幸有首都经济贸易大学经济学院院长王军教授等领导的厚爱、鼓励和全力支持；最后是首都经济贸易大学出版社社长兼总编辑杨玲编审，以及出版社其他同志们的精心编辑、装帧和辛勤劳动。没有他们的支持，本书出版是根本不可能的。在此，特向他们表示衷心的感谢和深切的敬意。